Clovis, To

Godefroid Kurth

Alpha Editions

This edition published in 2023

ISBN : 9789357956086

Design and Setting By
Alpha Editions
www.alphaedis.com
Email - info@alphaedis.com

Contents

LIVRE IV

LA GUERRE DE BURGONDIE

Maître du royaume le plus vaste et le plus solide de l'Europe, Clovis était devenu l'arbitre de l'Occident. Seul, parmi les souverains de son voisinage, il se sentait vraiment roi. Les Francs barbares vénéraient en lui le représentant le plus glorieux de leur dynastie nationale; les Francs de race Gallo-Romaine[2] le saluaient comme le défenseur de leur foi et de leur civilisation. Il pouvait, sans inquiétude, tourner toute son attention du côté du midi; en arrière de lui il n'avait que des alliés, dans son royaume que des sujets fidèles. Il n'en était pas de même de ses voisins, les rois visigoths, ostrogoths ou burgondes. En Burgondie, tout spécialement, le trône était assiégé de soucis sans nombre, et le roi ne pouvait envisager sans inquiétude l'avenir de la dynastie. Les troubles confessionnels étaient à l'ordre du jour, la défiance sévissait entre indigènes et barbares; au sein de la famille royale elle-même régnaient des dissensions fatales. Il y avait là autant d'invitations tacites à l'intervention étrangère. Jeune, ambitieux, chef d'un peuple belliqueux, conscient du courant de sympathies qui du fond des royaumes ariens dirigeait vers lui les espérances catholiques, Clovis ne pouvait manquer de répondre avec empressement à un appel explicite qui lui viendrait de Burgondie. Cet appel ne tarda pas à se faire entendre, et il partit de la dynastie burgonde elle-même.

[2] Voir pour la justification de ce terme mon mémoire sur *La France et les Francs dans la langue politique du moyen âge. Reçue des questions historiques*, t. 57.)

Le royaume des Burgondes avait eu, dès l'origine, une destinée bizarre et semée de vicissitudes. En 413, à la suite des troubles de la grande invasion, les Burgondes étaient parvenus à passer jusque sur la rive gauche du Rhin, où Worms était devenue leur capitale. Là, au contact des indigènes catholiques, une partie d'entre eux avait embrassé la foi romaine[3], et l'on eût pu croire qu'ils étaient appelés à remplir quelque grande mission dans l'histoire du monde naissant. Les traditions épiques de l'Allemagne ont conservé le souvenir de ce premier royaume burgonde, et le poème des *Niebelungen* a enchâssé dans ses récits la description de la brillante cour de Worms, où trois rois jeunes et vaillants régnaient entourés d'un peuple de héros. Mais le royaume de Worms n'eut qu'une existence éphémère. Aétius, en 435, infligea à l'armée burgonde une défaite sanglante, dans laquelle périt le roi Gunthar, et, deux ans après, les Huns, sans doute excités par lui, exterminèrent presque le reste. C'est ce dernier désastre qui est devenu plus tard, dans l'épopée germanique, le massacre des héros burgondes à la cour d'Attila. Il était cependant de l'intérêt de l'Empire de conserver les débris d'une nation qui lui avait déjà rendu des services dans sa lutte contre les Alamans, et qui avait toujours fait preuve de dispositions plus bienveillantes que les autres barbares. En 443, il accueillit donc sur son territoire les Burgondes fugitifs, et leur assigna sur les deux rives du Rhône, avec Genève pour capitale et à peu près pour centre, la région montagneuse alors connue sous le nom de Sapaudia[4]. Ce fut là le noyau du deuxième royaume des Burgondes. Les barbares s'y établirent et partagèrent le sol avec les propriétaires indigènes, d'après un règlement calqué sur celui qu'on appliquait, dans les provinces, à l'occasion des logements militaires. Les Romains durent livrer chacun à son *hôte*,—c'est ainsi que la loi appelait le soldat,—le tiers de sa maison et de ses esclaves, les deux tiers de ses terres et la moitié de ce qu'il possédait en forêts[5]. Seulement, ces logements militaires d'un nouveau genre étaient définitifs, et l'*hôte* s'installa pour toujours avec femme et enfants. On comprend les souffrances que l'arrivée des nouveaux venus dut causer à la population indigène, et que d'amers souvenirs soient restés attachés, pour elle, aux premiers jours de la nationalité burgonde. Les racines du royaume plongeaient, pour ainsi dire, dans une spoliation universelle qui ne se laissait pas oublier, toute légale qu'elle fût, et que de nombreuses violences individuelles devaient rendre plus insupportable encore. Un saint de cette époque a flétri avec une courageuse indignation les excès que les barbares se permettaient envers des populations inoffensives et désarmées, et dans une de ces inspirations prophétiques comme en avaient si souvent les grands solitaires, il prédit aux Burgondes l'arrivée d'autres *hôtes* qui leur appliqueraient leur propre mesure, et avec lesquels il leur faudrait partager à leur tour[6].

[3] Paul Orose, VII, 32.

[4] Longnon, p. 69; Binding, pp. 16 et suiv.

[5] Prosper, a. 443; Marius, a. 456; *Lex Burgundionum*, tit. 54; Frédégaire, II, 46. Voir sur cette question des partages Gaupp, *Die Germanischen Ansiedelungen und Landtheilungen*, pp. 85 et suivantes.

[6] *Vita Lupicini*, dans les *Acta Sanctorum* des Bollandistes, t. III de mars (25). p. 265.

Les années, en s'écoulant, n'avaient en rien amélioré cette situation de malaise et d'hostilité mutuelle. Deux nations restaient en présence l'une de l'autre, ou, pour mieux dire, vivaient l'une sur l'autre. Partout le Romain sentait sur ses épaules le poids de ce barbare qui avait pris son bien, qui parlait une langue inintelligible, et qui était étranger à sa vie sociale et intellectuelle. Tout l'éloignait de lui, et ce qui aurait dû l'en rapprocher, le voisinage et la cohabitation, ne servait qu'à rafraîchir sans cesse le souvenir des humiliations et des violences de la première heure. La religion, ailleurs si puissante à éteindre les conflits et à rapprocher les cœurs, restait désarmée ici: au lieu d'unir elle divisait. Car les Burgondes, séduits par l'exemple des autres nations de leur race, venaient de passer en grande majorité à l'arianisme, si bien qu'on ne se rencontrait plus même au pied des autels. Telle était la situation intérieure dans celui des royaumes hérétiques où le vainqueur était le moins inhumain, et où les rois veillaient avec le plus de soin à préserver les droits de leurs sujets de race romaine. Aussi, tandis que dans le royaume franc la fusion des races se fit dès le premier jour, avec une rapidité étonnante, en Burgondie, elle était à peine commencée au début du VIIᵉ siècle. Chaque fois que le chroniqueur national de ce peuple parle d'un de ses compatriotes, il a soin de nous dire s'il est de race burgonde ou romaine[7], et le fait d'une constatation pareille est à lui seul la preuve que l'on continuait d'avoir conscience de la distinction des deux peuples.

[7] V. mon article ci-dessus cité. pp. 375-376.

Les Burgondes, d'ailleurs, ne furent jamais les ennemis de l'Empire. Campés, comme on vient de le dire, au milieu d'une province romaine, ils entendaient payer l'hospitalité qu'ils recevaient. Ils étaient les soldats de Rome, et ils observaient loyalement le pacte conclu entre eux et les empereurs. En échange des terres romaines, ils donnaient leur sang, et le versaient sans marchander. Ils furent à Mauriac en 451, combattant sous les drapeaux de cet Aétius qui, fidèle à la politique romaine, se servait tour à tour des Huns contre les Burgondes, et des Burgondes contre les Huns. Tant qu'ils vécurent comme peuple, ils gardèrent une vraie dévotion à l'Empire. Que le maître du monde fût à Rome ou à Byzance, ils ne cessèrent d'être à ses pieds, et de lui parler dans des termes d'une obéissance humble et pour ainsi dire servile. Rome les récompensa avec des insignes et avec des dignités. A l'un de leurs rois, Gundioch, celui que le pape Hilaire appelait son fils[8], elle donna le titre de maître des milices; un autre, Chilpéric, reçut les honneurs du patriciat. Les rois burgondes étaient donc de grands personnages, mais comme fonctionnaires romains plus encore que comme monarques indépendants. Gondebaud hérita du titre de patrice qu'avait porté son oncle; cela lui permit, à un moment donné, de créer un empereur: il est vrai que c'était le faible et éphémère Glycérius. Ces rois se considéraient de plus en plus comme faisant partie du corps de l'Empire, et comme constitués à sa défense. Ils ne prêtèrent pas l'oreille aux suggestions de Romains qui, comme le préfet Arvandus, leur offraient le partage de la Gaule avec les Visigoths. Lorsque ceux-ci, ambitieux et entreprenants à l'excès, mirent la main sur Arles et sur Marseille, et manifestèrent l'intention de soumettre toute la Gaule, les Burgondes furent dans ce pays les meilleurs soutiens de l'Empire agonisant, et ils allèrent tenir garnison à Clermont en Auvergne, pour mettre à l'abri d'un coup de main ce dernier poste de la civilisation romaine[9]. On ne leur en sut pas gré dans ce monde de décadents: on trouvait qu'ils faisaient fuir les Muses, et qu'ils sentaient mauvais avec leurs cheveux frottés de beurre rance[10]. Finalement, un empereur de rencontre abandonna sans combat, aux conquérants barbares, cette province qui n'avait eu que des barbares pour défenseurs. Euric et ses Visigoths entrèrent à Clermont en vertu du pacte conclu avec eux par Julius Nepos, malgré les supplications désespérées des patriotes arvernes. Quant aux Burgondes, dupés mais chamarrés d'honneurs stériles, ils purent voir, pendant qu'ils restaient volontairement enfermés dans leurs montagnes, les Visigoths parcourir la Gaule jusqu'à la Loire, et leur fermer à jamais l'accès de la mer, en s'emparant de ces côtes lumineuses et parfumées de la Méditerranée, l'éternel objet des convoitises des hommes du Nord.

[8] Sirmond, *Concil. Gall.*, I, p. 132. Ce qui ne prouve pas qu'il fût catholique, car ce titre est donné par le même pape au prince visigoth Frédéric Sirmond, *o. c.*, I. p. 128), et par le pape Jean à Théodoric le Grand.

[9] Sidoine Apollinaire, *Epist.*, III, 4 et 8.

[10] Id., *Carm.*, XII.

Ainsi, comme leurs voisins les Alamans, les Burgondes ne parvinrent pas à se procurer le grand débouché de l'Océan: ils restèrent, pour leur malheur, un peuple sans issue. Ils avaient, il est vrai, élargi leur domaine primitif. Après Mauriac, l'heure avait sonné où quiconque voulait mettre la main sur l'héritage de Rome en avait emporté sa part. Les Burgondes avaient pu s'étendre du côté du sud jusqu'à Avignon, de l'est jusqu'à Windisch, du nord jusqu'à Besançon, à Langres et à Dijon. Ils n'allèrent jamais plus loin, parce qu'ils ne surent pas profiter des occasions propices. Non qu'ils manquassent d'ambition, ou qu'ils fussent exempts de l'âpre passion du barbare pour la terre romaine et pour le butin. Mais ils n'avaient ni le génie militaire ni l'esprit politique de leurs puissants congénères. Lorsque la guerre d'Odoacre et de Théodoric éclata dans leur voisinage, elle leur offrit une occasion unique d'intervenir comme arbitres souverains entre les deux adversaires. Au lieu de cela, ils se contentèrent de tomber en pillards sur la haute Italie, où ils allèrent chercher du butin et des captifs. Après quoi ils furent trop heureux, lorsque finalement Théodoric fut resté le maître, d'obtenir la main de sa fille pour leur prince Sigismond. C'est ainsi qu'ils devinrent presque les vassaux du dernier venu de l'invasion, eux qui avaient vu, à plusieurs reprises, les destinées de la Gaule et de l'Italie entre leurs mains. Si l'on ajoute que la Burgondie, pas plus qu'aucun autre royaume barbare, n'échappa aux inconvénients du partage forcé, ce fléau de toutes les monarchies germaniques, on aura l'idée achevée d'une nation sans frontières naturelles, sans unité morale, resserrée entre trois voisins également redoutables, et privée de boussole au milieu des incertitudes de ce temps agité.

Gondebaud est resté, devant l'histoire, le vrai représentant de son peuple, dont il a, si l'on peut ainsi parler, incarné les grandeurs et les faiblesses. C'était un barbare lettré, car il savait le latin et même le grec[11], lisait volontiers, s'intéressait aux hautes questions théologiques, et aimait à les faire discuter devant lui. Il s'entourait de ministres romains, se préoccupait de la condition des populations romaines de son royaume, et légiférait en leur faveur. Arien, il était dépouillé de toute prévention contre l'Église catholique, à ce point que, sur des questions qui ne touchaient pas aux points discutés entre les deux confessions, il prenait volontiers l'avis des prélats orthodoxes, comme saint Avitus. Les bonnes relations qu'il ne cessa de garder avec les évêques de son royaume donnèrent même aux catholiques l'espoir d'une conversion que malheureusement ses hésitations perpétuelles empêchèrent d'aboutir. Il était humain, modéré, accessible aux affections de la famille, et l'on ne peut lui imputer aucune action sanglante dans une époque où le sang coûtait si peu à verser. De plus, il avait des préoccupations de civilisateur, et il mérita que Théodoric le Grand le complimentât des progrès, que, sous sa direction, les Burgondes faisaient dans la vie sociale[12]. Mais Gondebaud ne trouva pas la vraie voie du salut. Il n'eut ni le regard assez perspicace pour la voir, ni le cœur assez ferme pour rompre les attaches du passé. Il resta, lui et son fils, l'obséquieux vassal de la cour de Byzance. Il ne sut pas s'émanciper davantage des liens de l'arianisme, qui était l'obstacle à la fondation d'une vraie nation burgonde. Nature élevée, mais caractère faible et indécis, il échoua en somme dans l'œuvre de sa vie. Mais il faut dire qu'avec un génie plus grand, Théodoric échoua comme lui. Les grands hommes de l'arianisme n'étaient pas dans le courant de l'avenir.

[11] S. Avitus, *Contra Eutychen*, I. II, p. 22 (Peiper).

[12] Per vos propositum gentile deponit. Cassiodore, *Variar.*, I, 46.

A côté de Gondebaud, et plus grand que lui, parce qu'à l'énergie d'une volonté droite il joint l'intuition vive et lumineuse des vérités latentes, se dresse l'homme illustre qui est la principale gloire du royaume burgonde. Alcimus Ecdicius Avitus appartenait à une de ces grandes familles gallo-romaines dans lesquelles le sacerdoce catholique semblait héréditaire. Il était né dans la grande ville de Vienne, dont son père avait occupé le siège épiscopal, et des liens de parenté le rattachaient au dernier lettré de la Gaule, au célèbre Sidoine Apollinaire, évêque de Clermont. A la mort de saint Mamert, en 490, l'église de Vienne l'appela à sa tête, à peu près vers le même temps que son frère Apollinaire prenait possession du siège épiscopal de Valence. Éloquent et lettré, et de plus fort versé dans l'Écriture sainte, il avait toute la haute culture intellectuelle de son temps, et aucun des problèmes qui préoccupaient ses contemporains n'a passé devant son intelligence toujours en éveil, sans qu'il lui ait donné une réponse. Mais cet esprit, qui par tous ses souvenirs plonge dans le monde ancien, appartient par toutes ses aspirations au monde nouveau. C'est la Rome des papes et non plus la Rome des Césars, qui est la patrie de sa pensée et de son cœur. Rien ne lui est plus cher que la prérogative du siège de Pierre, et quand la cause des souverains pontifes est en jeu, sa voix s'élève et vibre d'une émotion communicative. Il salue dans la papauté la tête du genre humain incarné dans l'Église universelle, l'institution providentielle qui préside aux destinées de la civilisation. Mais l'Église, pour lui, ne se borne pas au clergé et aux évêques: l'Église, selon sa magnifique expression, doit être le souci commun de tous les fidèles[13]. La mettre partout et tout ramener à elle, voilà le programme d'Avitus, et sa vie entière a été consacrée à le réaliser. Avec l'ardeur sacrée de l'apôtre et l'habileté consommée du diplomate, il se fait le champion, l'avocat, l'interprète de l'Église auprès de ce monde bizarre et nouveau qui l'entoure et qui cherche sa voie. Il n'attend pas qu'on vienne à elle; il ne s'enferme pas dans l'orgueil de son sang de patricien, il va aux barbares, il va aux hérétiques, il se fait l'ami de l'arien Gondebaud, dont il gagne le respect, de son fils Sigismond, qu'il convertit, de Clovis, à qui il envoie ses félicitations avec ses encouragements. Il a le pressentiment des grandes choses qui vont se faire par les barbares, et de l'ordre nouveau qui va surgir des ruines de l'antiquité. Lui-même, qui a passé par les écoles des rhéteurs, et qui a gardé, dans sa prose, l'empreinte de leur enseignement, il sait, quand il le faut, renoncer aux thèmes usés et frivoles de l'ancienne littérature qui séduisent encore un Sidoine, pour chanter, avec un souffle digne de Milton, la création du monde et la chute des premiers humains.

[13] Non ad solos sacerdotes Ecclesiae pertinet status; cunctis fidelibus sollicitudo ista communis est. S. Avitus, *Epist.*, 36.

Avitus est déjà une physionomie moderne, autant par l'élan hardi de son intelligence vers l'avenir, que par les hautes préoccupations qui visitent son âme de chrétien et de pontife. Il est très intéressant de savoir que cet illustre représentant de l'Église catholique chez les Burgondes était en relations épistolaires avec saint Remi, le patron spirituel de Clovis[14]. La Providence, qui a rapproché les noms et l'activité de ces deux grands hommes, leur a cependant assigné une destinée bien différente. L'un disparaît presque dans la pénombre de l'histoire, derrière l'ampleur magnifique de l'œuvre à laquelle il se voua; l'autre, debout sur les ruines d'une nationalité qu'il n'a pu sauver, semble à première vue un génie trahi par la fortune, et qui survit à ses travaux. Mais non: si l'édifice politique du royaume burgonde a croulé, l'arianisme seul a été écrasé dans sa chute, et les Burgondes, rentrés dans l'unité catholique, ont survécu comme nation à la catastrophe de leur dynastie. L'apostolat d'Avitus n'a donc pas été stérile, car nul n'a plus contribué que lui à ce grand résultat.

[14] Flodoard, *Hist., rem.*, III, 21 (éd. Lejeune). Il est vrai que M. Schroers (*Hinkmar, Erzbischof von Reims*, p. 452) suppose que Hincmar, qui nous apprend l'existence d'une lettre d'Avitus à Remi (Flodoard, *l. c.*), a confondu avec la lettre d'Avitus à Clovis, et que, selon M. Krusch (*Neues Archiv.*, XX, p. 515), cette confusion est manifeste. Mais je ne voudrais pas me porter garant de la conjecture de ces deux érudits.

Combien apparaît vaine et fausse, pour qui a contemplé de près cette noble physionomie d'évêque, la supposition de certains historiens qui veulent que ce grand patriote fût, au moins par l'intention, un traître envers son peuple et son roi, et qu'il ait en secret désiré la domination franque! Ni l'ardeur de son zèle catholique, ni les termes enthousiastes dans lesquels il s'adresse à Clovis converti, ne donnent le droit de proférer contre lui une accusation aussi injurieuse. S'il se réjouit du baptême de Reims, c'est qu'il ne reste étranger à rien de ce qui intéresse le royaume de Dieu. Sa vaste correspondance le montre s'associant avec la même chaleur de sentiment à toutes les causes catholiques. Nulle part dans le monde il n'entend un cri de joie ou de douleur sortir du sein de l'Église sans que son âme vibre à l'unisson. «Je suis une vigie, dit-il quelque part, je tiens le clairon, je n'ai pas le droit de me taire[15].» Et qui ne voit tout ce qu'aurait perdu l'archevêque de Vienne à passer sous le joug des Francs restés aux trois quarts païens, lui qui était l'ami de ses souverains, et qui voyait les Burgondes, conquis par l'exemple de leur prince royal, revenir toujours plus nombreux à sa foi? A moins donc de vouloir que tout prélat orthodoxe, vivant sous l'autorité d'un monarque arien, ait été nécessairement un traître de profession, il faut bien admettre qu'Avitus avait intérêt, plus que tout autre, au maintien du royaume et de la dynastie, et se résigner à laisser intacte cette gloire si haute et si pure de l'Église de Burgondie[16].

[15] S. Avitus, *Epist.*, 49: Speculator sum, tubam teneo, tacere mihi non licet.

[16] Arnold, *Caesarius von Arelate*, pp. 202-215, a tracé de ce grand homme une véritable caricature: il ne peut lui pardonner son *ultramontanisme*, et c'est peut-être le secret d'une injustice qui étonne chez cet auteur, dont les jugements ont d'ordinaire plus de sérénité.

Gondebaud et Avitus, c'est, si l'on peut ainsi parler, toute la nation burgonde en résumé; c'est l'image vivante et fidèle des contrastes et des dissidences qui l'empêchèrent de se constituer. D'un côté, le doute, l'indécision, l'hésitation mortelle au carrefour des destinées, c'est le peuple burgonde, c'est la dynastie arienne; de l'autre, le coup d'œil juste et sûr, l'assurance sereine, l'imperturbable fermeté de direction, c'est l'épiscopat, c'est l'Église catholique. Mais ces éléments sont opposés, et la nation, tirée en deux sens, se trouble et se disloque. Elle n'aura jamais son crédo, elle n'arrivera jamais à la fière et joyeuse conscience d'elle-même, de son unité, de sa mission providentielle. Tout ce qui fait la force et la grandeur du jeune royaume franc lui est refusé, et elle est fatalement destinée à devenir quelque jour la proie d'une puissance mieux organisée.

Ce jour n'était pas encore arrivé, mais les événements le préparaient. La succession de Gundioch n'avait pas laissé de créer de sérieuses difficultés entre ses fils. Un écrivain burgonde prétend qu'à la mort de ce roi,

Gondebaud s'était emparé des deux tiers de l'héritage, ne laissant qu'un tiers à son frère Godegisil; mais ce renseignement ne peut pas être tout à fait exact[17]. Et même s'il l'était, il faudrait admettre que Godegisil dut couver bien longtemps son ressentiment avant de le satisfaire, car Chilpéric était mort avant 493, et la guerre des deux frères n'éclata qu'en 500. Ce qui est certain, c'est que la supériorité matérielle de Gondebaud sur son frère, reconnue par les contemporains et attestée par quantité de faits, devait être bien blessante pour l'amour-propre de celui-ci. Quoi qu'il en soit, une rivalité d'intérêts et de vanité reste encore l'explication la plus plausible de la guerre fratricide qui allait mettre aux prises les deux oncles de Clotilde. S'y mêla-t-il aussi une querelle religieuse? Nous n'en voyons pas de trace dans les relations personnelles entre les rois; mais il est possible que les dissentiments confessionnels aient eu une certaine influence au moins sur leurs peuples. La fermentation qui régnait dans le pays, vers 485 et pendant les années suivantes, permet de croire qu'au moment dont nous parlons il en restait encore quelque chose. Ce qui est probable, dans tous les cas, c'est que les deux frères appartenaient à deux confessions opposées: tandis que Gondebaud restait l'espoir et l'appui de la secte arienne, Godegisil paraît avoir été catholique ainsi que sa femme[18].

[17] *Vita sancti Sigismundi* dans Jahn, *Die Geschichte der Burgundionen und Burgundiens*, t. II, p. 505.

[18] La dynastie fut toujours divisée au point de vue religieux. Godegisil fut le tuteur des deux princesses catholiques, filles de Chilpéric: pourquoi, plutôt que Gondebaud, s'il n'avait pas été catholique? De plus, pendant le peu de temps qu'il fut maître de Lyon, Godegisil construisit dans cette ville, avec sa femme Théodelinde, le monastère de Saint-Pierre. Voir Pardessus, *Diplomata*, I, p. 136, et cf. Binding, *Das burgundisch-romanische Kœnigreich*, p. 160. Il est vrai que Grégoire de Tours, *Hist.*, *Franc.*, livre III, préface, considère Godegisil comme arien; mais Grégoire ne connaît toute l'histoire de Burgondie qu'à travers la légende.

Quoi qu'il en soit, incapable de soutenir seul le poids de la lutte contre son frère, Godegisil appela Clovis à son secours. Le roi des Francs avait, semble-t-il, plus d'un bon motif pour intervenir en sa faveur. C'est Godegisil, on l'a vu, qui avait été le tuteur de Clotilde et de sa sœur; elles avaient grandi à sa cour, et, sans doute, assise sur le trône des Francs, la fille de Chilpéric gardait un souvenir reconnaissant au protecteur de ses jeunes années. Si, comme nous l'avons supposé, Godegisil partageait la foi de Clotilde et de Clovis, il ne lui aura pas été difficile de les intéresser à sa cause. A ces raisons, il faut ajouter l'intérêt politique qu'avaient les Francs à protéger le plus faible des deux rivaux contre le plus fort, et aussi la promesse faite par Godegisil de leur payer un tribut annuel aux taux qu'il leur plairait de fixer[19].

[19] Grégoire de Tours, II, 32.

A en croire notre chroniqueur, l'accord entre Clovis et Godegisil aurait été négocié dans le plus grand secret, et Gondebaud ne se serait douté de rien. Bien plus, voyant les armées franques envahir son territoire, il aurait imploré l'aide de son frère, et celui-ci lui aurait promis main forte à l'heure même où il s'ébranlait pour aller rejoindre l'armée de Clovis. Rien de moins probable. Si, comme il ressort du récit de Grégoire lui-même, des rivalités et des dissentiments existaient déjà entre les deux frères, comment Gondebaud aurait-il pu se méprendre sur le sens de l'intervention de Clovis, et n'y pas voir le fait d'un accord préalable avec Godegisil? Comment les négociations entre les deux complices auraient-elles pu lui rester tellement cachées, qu'il eût la naïveté de compter sur le secours de son frère jusqu'au moment où les troupes de celui-ci, sous ses propres yeux, allèrent rejoindre les étendards des Francs? De pareilles méprises ne sont possibles que dans les récits populaires, où la vraisemblance est sacrifiée au besoin de produire un effet dramatique; on ne saurait les supposer chez un homme d'État qui a donné plus d'une preuve de perspicacité et d'intelligence[20].

[20] L'exposé de l'origine de la guerre burgonde que nous faisons ici est en contradiction manifeste avec le *Collatio episcoporum* où Clovis apparaît comme l'agresseur. Mais on a reconnu de nos jours que ce document est apocryphe; v. l'Appendice. Quant au récit de Procope, *De Bello gothico*, I, 12, c'est un tissu d'inexactitudes: il a manifestement confondu la guerre de 523 et celle de 500, et il attribue à Théodoric une attitude qui jure avec toute sa politique, et qui est d'ailleurs d'une parfaite invraisemblance. Dubos, III, p. 221, et Pétigny, II, p. 469, ont tort d'accueillir la version de Procope, que Fauriel passe prudemment sous silence, et que Manso, *Geschichte des Ostgothischen Reiches*, p. 69, note; Junghans, p. 75; Binding, p. 154, note, rejettent catégoriquement. Il faut écarter la version du *Liber historiæ*, c. 16, suivi par Hincmar, *Vita sancti Remigii*. 91. (*Acta Sanctorum* des Bollandistes, t. I, d'octobre, p. 153 E), qui prétend que Clovis dut marcher contre Godegisil et Gondebaud unis. Pour Roricon (dom Bouquet, III, p. 12) et Aimoin, I, 19 (*ibid.*, III, p. 40), ils sont dans la logique de la légende en soutenant que Clovis entreprit la guerre de Burgondie pour venger les injures de Clotilde. En effet, si Clotilde a eu des griefs, il est inadmissible qu'elle ait attendu la mort de son mari, et qu'elle les ait fait venger par ses enfants!

Selon toute apparence donc, les choses se sont passées beaucoup plus simplement. Soit que les deux frères fussent déjà aux prises, soit que l'entrée en campagne de Clovis ait été le commencement des hostilités, Gondebaud ne paraît pas s'être trompé un instant sur la gravité de l'intervention franque.

Rassemblant à la hâte toutes ses forces disponibles, il courut au-devant de son dangereux adversaire avant qu'il eût pénétré au cœur de ses États, et le rencontra sous les murs de Dijon.

Cette ville était située dans une plaine agréable et fertile, au pied des coteaux vineux de la Bourgogne, dont les crus étaient célèbres dès cette époque, et au confluent de deux rivières, l'Ouche et le Suzon. Ce dernier entrait en ville par une arche ménagée sous une des portes, et en sortait par la porte opposée. L'enceinte formait un quadrilatère dont les massives murailles, de trente pieds de hauteur et de quinze pieds d'épaisseur, étaient construites en grandes pierres de taille depuis le bas jusqu'à une hauteur de vingt pieds; le reste était en petit appareil. Elle était percée de quatre portes s'ouvrant aux quatre points cardinaux, et flanquée de trente-trois tours. A l'intérieur de la ville s'élevaient une église et un baptistère; au dehors surgissaient deux basiliques, et des moulins tournoyaient avec une grande rapidité sur le cours des rivières. Protégée par sa puissante muraille, la localité avait gardé son importance pendant que Langres, dont elle dépendait, était tombée en ruines; aussi les évêques affectionnaient depuis longtemps le séjour de Dijon, et Grégoire de Tours s'étonnait que la ville n'eût que le rang d'un simple *castrum*, alors qu'elle méritait le titre de cité[21].

[21] Grégoire de Tours, III, 19: Longnon, *Géographie de la Gaule au sixième siècle*, p. 210.

Du haut de leurs murs, les habitants de Dijon purent assister à la rencontre des deux armées. Gondebaud, accablé par des forces supérieures dut prendre la fuite. On ne sait s'il essaya de tenir quelque temps à Lyon et à Vienne, et il est assez difficile de supposer qu'il ait cru tout perdu après une première rencontre. Dans tous les cas, nous ne le retrouvons qu'à l'extrémité méridionale de son royaume, à l'abri des hautes murailles d'Avignon[22]. La légende, qui s'est mêlée dans de fortes proportions au récit de la guerre de Burgondie, n'a pas voulu s'en tenir là; elle a imaginé que le roi des Francs serait allé assiéger Gondebaud à Avignon, et que le Burgonde n'aurait été sauvé que grâce à la ruse d'un de ses fidèles nommé Aredius. Ce dernier aurait passé dans le camp de Clovis, aurait gagné la confiance de ce roi en se faisant passer pour un transfuge, et l'aurait finalement décidé à lever le siège, et à se contenter d'un tribut annuel que lui payerait Gondebaud. Là-dessus, le roi franc se serait bénévolement retiré, laissant à son rival les mains libres pour tirer une éclatante vengeance de son frère[23].

[22] Ce point est historiquement établi par l'accord de Grégoire de Tours II, 32 et de Marius d'Avenches (M. G. H, *Auctores Antiquissimi* XI, p. 234) et par la Table Pascale de Victorius ad ann. 500: Gundubadus fuit in Abinione. (Même collection, t. IX, p. 729).

[23] Grégoire de Tours, I. c.

Qui croira que Clovis, s'il avait poursuivi Gondebaud jusqu'à Avignon, dans l'intention de s'emparer de lui et de le mettre à mort, se serait laissé gratuitement détourner de son projet par un transfuge[24]? Selon toute apparence, après que tout le pays eut été soumis, Clovis, croyant Gondebaud réduit à l'impuissance et ne voulant pas d'ailleurs l'accabler, considéra sa tâche comme terminée. Il partit donc, laissant auprès de Godegisil un corps de troupes franques de cinq mille hommes environ, qui devaient l'aider à s'affermir dans sa nouvelle conquête, et maintenir autour de lui le prestige de l'alliance franque[25]. On ne sait quel profit personnel le roi des Francs retirait de la campagne, car le tribut annuel promis par Godegisil ne fut jamais payé, et rien ne nous autorise à supposer, avec certains historiens, que son allié aurait acheté son concours au prix d'une partie du territoire burgonde[26]. Au surplus, les événements se précipitèrent de telle sorte que l'histoire est hors d'état de noter les menus faits qui remplissent les intervalles entre les catastrophes.

[24] Je renvoie, pour la démonstration du caractère légendaire de l'épisode, aux pages 253-264 de mon *Histoire poétique des Mérovingiens*. Aux auteurs que j'y cite en note page 255, je ne sais si je ne puis pas joindre Dubos, III, pp. 235 et suivantes: il est certain qu'il a fait, à son insu, la démonstration la plus piquante de l'impossibilité du récit de Grégoire de Tours, en essayant «d'expliquer les causes des *malheurs surprenants* et des *succès inespérés* de Gondebaud durant le cours de l'année 500» (p. 237).

[25] Grégoire de Tours, II, 33. Frédégaire, III, 23, est seul à faire mention d'un chiffre. Je crois avoir prouvé l'historicité de cet épisode. Voir *les Sources de l'histoire de Clovis dans Grégoire de Tours*, p. 402, et l'*Histoire de Clovis d'après Frédégaire*, pp. 92-93.

[26] Binding, p. 159. Jahn, II, pp. 30 et 125, croit même savoir que Godegisil céda à Clovis Lyon et toute la partie du royaume située sur la rive gauche de la Saône et du Rhône, mais que Gondebaud, après avoir triomphé de Godegisil, reprit possession du tout. Il n'y a rien de tout cela dans les sources, sinon que, d'après Grégoire de Tours II, 32, Godegisil, après la victoire de Dijon, aurait promis à Clovis une partie de son royaume (*promissam Clodovecho aliquam partem regni sui.*) Mais, à supposer qu'il eût fait cette promesse, il ne dut pas avoir le temps de la tenir; d'ailleurs, elle est en contradiction avec le récit du même Grégoire, disant quelques lignes plus haut que Godegisil s'engagea à payer tribut à Clovis. La promesse d'un tribut et celle d'une cession de territoire ne sont pas tout à fait la même chose. J'avoue cependant que la seconde est plus vraisemblable que la première, surtout s'il s'agit du territoire conquis sur Gondebaud que les vainqueurs se seraient partagé. Cf. Junghans, p. 75.

Godegisil, comme on l'a vu, s'était installé dans la capitale de son frère, à Vienne, et s'y abandonnait à toute l'ivresse de son triomphe. Son bonheur fut de courte durée. A peine le roi des Francs était-il rentré chez lui que, sortant de sa retraite d'Avignon, Gondebaud venait à la tête d'une armée assiéger l'usurpateur dans la ville conquise. Pour s'expliquer un si prompt revirement de fortune, il faut admettre que ses malheurs ne lui avaient pas enlevé la fidélité de tous ses sujets, et que, derrière l'armée étrangère qui se retirait, le pays se soulevait pour accueillir son roi légitime. Cette supposition contrarie, sans doute, les idées de ceux qui exagèrent l'importance des dissensions confessionnelles, et qui croient que les partis politiques étaient toujours déterminés, dans la Gaule du sixième siècle, par des mobiles religieux. Plus d'une fois encore, dans le cours de ce récit, on aura l'occasion de se convaincre que les populations catholiques, malgré leur attachement à leur religion, ne se croyaient pas dispensées de servir loyalement un souverain hérétique. La fidélité d'un homme comme saint Avitus, le dévouement d'un catholique illustre comme Aredius[27], prouvent suffisamment le contraire pour les catholiques de Burgondie, et l'accueil que Gondebaud reçut en rentrant dans son royaume honore à la fois les sujets et le roi qui en fut l'objet.

[27] Aredius est un personnage historique, bien qu'il ne soit généralement connu que comme héros de deux récits légendaires, à savoir, les *Fiançailles de Clotilde* et le *Siège d'Avignon*, et d'un épisode apocryphe, le colloque de Lyon. Il y a une lettre de saint Avitus, *Epist.*, 50, qui lui est adressée.

Au surplus, il est probable que, dans cette réaction contre un frère intrus, Gondebaud aura compté sur ses alliances autant que sur ses propres forces. Nous voyons, par une marque de déférence qu'il donna au roi des Visigoths après la campagne, qu'il cherchait tout au moins à se concilier les bonnes grâces de la cour de Toulouse. Et rien n'interdit de croire qu'Alaric, effrayé dès lors des succès croissants de Clovis, aura voulu relever un homme qui avait le même ennemi que lui. Ainsi s'expliquerait encore la neutralité que Clovis crut devoir garder pendant cette seconde lutte entre les deux frères, ne voulant pas se créer un nouvel ennemi pour le seul plaisir d'obliger Godegisil[28]. Peut-être aussi, quand même il l'aurait voulu, il ne serait plus arrivé à temps pour conjurer la chute de son allié.

[28] Cf. Jahn, *Die Geschichte der Burgundionen und Burgundiens*, II, p. 125.

La brusque apparition de son frère au pied des murailles de Vienne fut un coup de foudre pour Godegisil. Il n'avait pris, ce semble, aucune précaution en vue d'une pareille éventualité, et elle le trouva entièrement au dépourvu. Si les solides murailles de la vieille cité romaine suffirent pour la mettre à l'abri d'un premier assaut, en revanche, la ville mal approvisionnée n'était pas en état de soutenir un siège quelque peu prolongé. Or Gondebaud, décidé à reconquérir sa capitale à tout prix, en avait fait un investissement en règle, et bientôt les souffrances de la faim commencèrent à se faire sentir parmi les assiégés. On recourut au moyen cruel et dangereux usité en pareil cas: on expulsa les bouches inutiles. Parmi les malheureux frappés par cette mesure se trouvait l'ingénieur préposé à l'entretien des aqueducs de la ville. Indigné, il alla trouver Gondebaud, et lui offrit de faire pénétrer ses soldats dans la place. A la tête d'un corps de troupes qu'on lui confia, et précédé d'ouvriers munis de leviers et d'autres engins, il s'engagea dans le conduit d'un aqueduc qui avait été coupé dès le commencement du siège, et, parvenu au cœur de la cité, fit soulever la lourde pierre qui couvrait l'œil du conduit. Aussitôt les soldats de Gondebaud se précipitent dans les rues en sonnant de la trompette, et courent ouvrir les portes de la ville à leurs frères d'armes. Les assiégés, surpris en désordre, sont massacrés[29]. Godegisil se réfugie dans l'église arienne, espérant qu'elle le protégera plus efficacement qu'un sanctuaire catholique; mais la colère des vainqueurs ne respecte pas le droit d'asile; ils pénètrent dans le sanctuaire et massacrent le roi ainsi que l'évêque arien[30]. Le corps de troupes franques laissé par Clovis auprès de son allié échappa seul au carnage. Ces soldats s'étaient réfugiés dans une tour; ils purent capituler et eurent la vie sauve, car Gondebaud avait expressément défendu qu'on touchât à leur personne. Il les envoya à Toulouse, à son ami Alaric, qui tenait ainsi des otages de Clovis[31].

[29] Cette prise de ville n'a rien d'invraisemblable: Bélisaire s'est emparé de Naples grâce au même stratagème, v. Procope, *de Bello goth.*, I, 10.

[30] De même on voit, en 531, le roi Amalaric, attaqué à Barcelone par Childebert, se réfugier dans une église. Grégoire de Tours, III, 10. Cf. *Histoire poétique des Mérovingiens*, p. 263, note.

[31] Grégoire de Tours, II, 33. Frédégaire, III, 23, prétend qu'il les fit périr: il n'y a là qu'une des preuves de la négligence avec laquelle il résume Grégoire.

La vengeance de Gondebaud fut atroce et indigne de lui. La curie de Vienne, qui existait encore et qui comptait quantité de personnages distingués, parmi lesquels plusieurs se glorifiaient du titre d'*illustres*, fut saignée largement. Tous ceux de ses membres qui avaient embrassé le parti de Godegisil périrent dans des supplices raffinés[32]. Le même sort frappa ceux des Burgondes qui s'étaient rendus coupables de la même trahison. La terreur régna dans le pays, retombé tout entier, depuis la prise de Vienne, au pouvoir de Gondebaud. Après les hécatombes des premiers jours, le vainqueur s'attacha à ramener par la douceur de son gouvernement les cœurs qu'il avait pu s'aliéner par ses violences. C'est des années qui suivirent ces événements que date la *loi Gombette, ce code plus doux, fait*, au dire d'un chroniqueur peu suspect, *pour empêcher les Burgondes d'opprimer les Gallo-Romains*[33]. Les leçons de l'expérience avaient profité au vieux roi: il s'était rendu compte de la nécessité de ménager les populations indigènes, seule base d'une nationalité stable et forte. Il semble même avoir entrevu l'urgence de combler l'abîme religieux qui le séparait de la plus grande partie de ses sujets: ses conférences religieuses avec saint Avitus se multiplièrent à partir de cette date, et, s'il en faut croire Grégoire de Tours, il aurait même demandé à l'évêque de Vienne de le recevoir en secret dans la communion catholique[34]. Mais il ne put se décider à faire publiquement l'acte d'adhésion qu'on exigeait de lui, et la crainte des Burgondes ariens l'arrêta toute sa vie sur le seuil de la maison de Dieu.

[32] Interfectis senatoribus Burgundionibusque qui Godigiselo consenserant. C'est la leçon d'un des meilleurs manuscrits de Grégoire de Tours, le *Casinensis* (voir l'édition de Grégoire par W. Arndt, p. 25). Les autres manuscrits omettent le *que*, ce qui rend le texte inintelligible. En effet, en Burgondie, tous les *senatores* sont romains et tous les *Burgundiones* sont barbares: des *senatores Burgundiones* seraient des Romains-Germains ou des civilisés barbares.

[33] Grégoire de Tours, II, 33.

[34] Grégoire de Tours, II, 34.

Somme toute, il avait seul profité de la guerre entreprise pour le dépouiller du trône, et dans laquelle il avait passé par de si singulières vicissitudes. Elle lui avait permis de rétablir l'unité burgonde, de se débarrasser d'un rival dangereux, et de forcer le roi des Francs lui-même à compter avec lui. La neutralité de Clovis, quel qu'en ait été le motif, contribuait à rehausser encore le prestige de Gondebaud auprès des siens, et Avitus était sans doute l'interprète de l'opinion publique en Burgondie lorsqu'il lui écrivait: «Tous vos dommages se sont tournés en profit; ce qui faisait couler nos larmes nous réjouit maintenant[35].» Quant au peuple franc, étonné de voir son souverain, pour la première fois, revenir d'une guerre les mains vides, il se persuada qu'il y avait là-dessous quelque ruse déloyale qui lui avait enlevé les fruits de sa vaillance, et il imagina la légende que nous avons résumée plus haut.

[35] S. Avitus, *Epist.*, 5: *ad Gundobodum.*

Cependant les relations entre les deux monarques semblent s'être améliorées de bonne heure. Une ou deux années après la guerre, Gondebaud et Clovis eurent une entrevue aux confins de leurs royaumes, sur les bords de la Cure, affluent de l'Yonne en amont d'Auxerre[36]. Selon l'étiquette barbare, les deux souverains se rencontrèrent au milieu du cours de la rivière, chacun dans une embarcation avec son escorte: c'était le moyen imaginé par la diplomatie pour qu'aucun des deux ne fût obligé de poser le pied sur le sol d'autrui, et que les négociations pussent avoir lieu en pays neutre, dans des conditions de sécurité et de dignité égales de part et d'autre[37]. On devine quel fut l'objet principal de l'entretien des deux rois. Chacun désirait effacer le souvenir des dissentiments anciens; il ne fut donc pas difficile de s'entendre. Mais un point plus délicat, et qui fut certainement abordé par Clovis, ce fut la question de l'alliance franco-burgonde[38]. Gondebaud n'ignorait pas qu'elle signifiait pour lui la rupture avec les Visigoths, ses alliés d'hier, et qu'elle l'entraînerait dans tous les hasards où voudrait s'aventurer la politique de son jeune et ambitieux parent. Il est possible qu'il n'ait pas cédé sur l'heure, et qu'il ait voulu prendre le temps de la réflexion; ce qui est certain, c'est qu'en somme l'alliance fut conclue, et les Visigoths abandonnés par le roi des Burgondes. Vienne le jour où éclatera l'inévitable conflit entre le jeune royaume catholique et la vieille monarchie des persécuteurs ariens, et le roi des Burgondes sera aux côtés de Clovis, comme un auxiliaire sûr et éprouvé.

[36] Ou du Cousin, affluent de la Cure, selon M. Thomas, *Sur un passage de la Vita sancti Eptadii*, dans les *Mélanges Julien Havet*, Paris, 1895. Le texte, qui n'est conservé que dans deux manuscrits, est fort corrompu; M. Krusch par des conjectures très arbitraires (S. R. M. t. III, p. 189, c. 8), n'a fait que l'altérer davantage. Je garde la leçon de M. Thomas. (V. l'Appendice.)

[37] Le *Vita Eptadii*, par qui nous connaissons cette entrevue, n'en marque pas la date; mais d'aucune manière elle n'est postérieure à 507. Jahn, t. II, p. 109, qui ne cesse de se distinguer par l'excessive faiblesse de sa critique, s'avise cette fois de déployer une rigueur non moins excessive en contestant le témoignage du *Vita Eptadii*, mais ses raisons n'ont aucune valeur. Quant à la date, M. Levison (*Zur Geschichte des Frankenkönigs, Clodowech*) croit que le texte fait penser plutôt à 494, attendu que notre épisode y est raconté avant un autre (ch. 11), qu'il croit de cette date. Mais, outre que ce dernier point est fort discutable, le passage du *Vita Eptadii* nous montre que l'entrevue des deux rois a lieu *pacis mediante concordia*, termes qui s'expliquent le mieux après une guerre.

[38] Eodem tempore quo se ad fluvium Quorandam, pacis mediante concordia, duorum regnum Burgundionum gentis et Francorum est conjuncta potentia. *Vita Eptadii*, dans Bouquet, III, p. 380. Voir toutefois l'Appendice.

Un épisode de l'entrevue sur la Cure a été heureusement conservé par l'histoire. Il y avait alors, aux confins des deux royaumes, un saint personnage du nom d'Eptadius, que Clovis désirait vivement attacher à la destinée des Francs. Il pria Gondebaud, dont cet homme était le sujet, d'abandonner ses droits sur lui, et de permettre qu'il devînt évêque d'Auxerre. Gondebaud, dit l'hagiographe, ne céda qu'à grand'peine, et comme quelqu'un à qui on demande de renoncer à un trésor; finalement, il ne put pas se dérober aux sollicitations de son nouvel allié, et il accorda l'autorisation demandée. On eut plus de peine à vaincre la modestie du saint que la constance de son roi. Eptadius eut beau être élu à l'unanimité par le clergé et par le peuple, il ne voulut pas accepter le redoutable honneur qu'on lui destinait, et il s'enfuit dans les solitudes montagneuses du Morvan. Il fallut, pour le décider à revenir, que Clovis s'engageât à respecter ses scrupules et lui fournît les ressources pour racheter les prisonniers qui avaient été faits pendant la guerre. Alors le saint reparut, et, encouragé par le roi, reprit avec une énergie redoublée sa noble tâche de rédempteur des prisonniers. Il est bien probable que les deux souverains secondèrent son action en se rendant spontanément l'un à l'autre les captifs qu'ils avaient faits: ainsi la religion fermait les plaies qu'avait ouvertes la guerre, et effaçait la trace des dissentiments d'autrefois.

C'est un chef-d'œuvre de la diplomatie de Clovis d'avoir gagné à son alliance la Burgondie arienne, et toute frémissante encore des récentes humiliations qu'il venait de lui infliger. Peut-être, en la détachant de l'amitié des Visigoths, le roi des Francs pensait-il déjà à sa campagne d'Aquitaine, qu'il n'aurait pu entreprendre s'il avait eu sur ses flancs les Burgondes hostiles. Mais comment s'expliquer cette volte-face de la politique burgonde, lâchant le Visigoth, qui est son allié naturel, pour entrer dans l'alliance du Franc qui l'a dépouillé? L'attitude équivoque d'Alaric II, qui, après avoir accepté la garde des prisonniers francs faits par Gondebaud, les avait renvoyés à Clovis, avait sans doute cruellement blessé le roi burgonde, en lui montrant le peu de fond qu'il devait faire, le cas échéant, sur un allié aussi versatile. Il pouvait aussi avoir une raison plus directe encore d'en vouloir à Alaric. S'il est vrai que la ville d'Avignon où il s'était réfugié pendant sa guerre contre son frère Godegisil lui eût été enlevée, peu d'années après, par les armes des Visigoths, alors ce n'est pas lui qui a changé d'attitude: il a pris le seul moyen que la trahison de son allié lui rendît possible en se jetant dans les bras des Francs[39]. D'autre part, il est permis de croire que les considérations de parenté n'auront pas été absolument sans influence, et que les instances de Clotilde n'auront pas été étrangères à l'heureux aboutissement des négociations. Si cette dernière hypothèse est fondée, on conviendra que l'histoire a été bien ingrate envers la reine des Francs[40].

[39] En effet, l'évêque d'Avignon se trouve représenté en 506 au concile national du royaume visigoth, convoqué par saint Césaire d'Arles. (Malnory, *Saint Césaire*, p. 48.) Toutefois, cet auteur accorde, p. 70, note 1, que l'évêque d'Avignon n'était peut-être intéressé au concile d'Agde que pour la partie de son diocèse située sur la rive gauche de la Durance.

[40] Cf. G. Kurth, *Sainte Clotilde*, 6e édition, Paris, 1900, pp. 73 et 78-80.

CLOVIS ATTENDU EN AQUITAINE

Clovis n'avait plus qu'un seul rival en Gaule; c'était, il est vrai, le plus dangereux de tous. Malgré les vices de sa constitution et l'affaiblissement de ses forces, le royaume des Visigoths restait la plus formidable puissance militaire de l'Occident, aussi longtemps qu'une épreuve suprême n'avait pas révélé sa décadence. Le moment est venu de jeter un coup d'œil rapide sur cette puissance et sur les pays qui allaient devenir l'enjeu de la lutte entre elle et les Francs.

La Gaule méridionale avait été, sous l'Empire, le jardin de l'Europe et la perle de l'Occident. La sérénité du ciel, la douceur du climat, la beauté des sites, la richesse du sol et l'aménité des mœurs se réunissaient pour en faire l'un des plus heureux séjours de la terre. Tous les écrivains de l'Empire l'ont aimée et vantée: Pline ne connaît pas de province qui la surpasse; Ausone et Sidoine Apollinaire en parlent avec ravissement, et l'austère Salvien lui-même la décrit comme un véritable Éden. Selon lui, les habitants de cette contrée devaient une reconnaissance particulière à Dieu, parce qu'ils avaient reçu en partage une image du paradis plutôt qu'une partie de la Gaule[41]. Nulle part on n'était plus fier du titre de Romain, plus passionnément épris des bienfaits de la culture romaine. Aucune autre province ne comptait une si florissante série de villes et de municipes illustres: c'était Marseille d'abord, la vieille cité phocéenne, toujours en communication par son commerce avec les extrémités du monde habité, et versant au milieu de la Gaule les richesses de toutes les nations; c'était Narbonne, dont le mouvement commercial ne le cédait qu'à celui de Marseille, et qui était pour la Gaule un centre administratif et un centre intellectuel; c'était Arles, qui fut au cinquième siècle la capitale de l'empire d'Occident, la Rome gauloise, comme dit un poète[42]; c'était la belle et riche Bordeaux, la Marseille de l'Atlantique; c'étaient encore, à l'intérieur, des villes opulentes comme Toulouse, Vienne, Saintes, Poitiers, sans compter une multitude de localités de second ordre qui allumaient sur tous les points du pays des foyers ardents de vie romaine. Cette terre avait largement payé sa dette à l'Empire; elle lui avait donné des empereurs comme Antonin le Pieux, des savants comme Varron et Trogue-Pompée, des romanciers comme Pétrone, des poètes comme Ausone et comme Sidoine Apollinaire. A l'heure où déjà le soleil de la civilisation pâlissait dans toutes les contrées avoisinantes, la Gaule méridionale restait un milieu plein d'élégance et de luxe raffiné, au seuil duquel semblait expirer la voix douloureuse du siècle agonisant. Les relations mondaines y avaient un charme exquis dans leur frivolité, et l'on y goûtait cette douceur de vivre qui est le privilège des aristocraties vieillissantes, ou du moins de tous ceux qu'elles admettent à la participation de leurs jouissances. Retirés dans des campagnes délicieuses dont les ombrages parfumés abritaient leur oisiveté de bon ton, les grands seigneurs y vivaient comme des rois, voisinant entre eux et persiflant dans des petits vers mignons les lourds et grossiers barbares devenus les maîtres des cités.

[41] Salvien, *De Gubernat. Dei*, VII, 2.

[42] Gallula Roma. Ausone, *Opuscula*, XIX, 73 et suiv.

Car les barbares avaient pénétré enfin dans le dernier asile de la félicité romaine. En 406, ils s'étaient rués sur ces belles provinces comme un torrent dévastateur, signalant leur marche par les plus cruels ravages, à travers des régions qui depuis des siècles ne savaient plus ce que c'était qu'un camp ennemi.

A la vérité, ils n'avaient fait que passer, et les traîtres qui leur ouvrirent les défilés des Pyrénées rendirent au moins à la Gaule le service de l'en débarrasser en les jetant sur l'Espagne. Mais dès 412 étaient arrivés les Visigoths, et ceux-ci ne devaient plus disparaître. L'Empire se servit d'eux pour mettre à la raison les envahisseurs de la péninsule ibérique; puis, ne voulant pas les y rendre trop puissants, il imagina de récompenser leurs services en leur cédant la deuxième Aquitaine, avec Bordeaux pour capitale (418). Telle fut l'origine du royaume visigothique. Installés dans le pays par l'empereur, selon les modes administratifs en vigueur pour le cantonnement des troupes, les Visigoths prirent possession des deux tiers des terres et laissèrent le troisième tiers aux indigènes[43]. Pour légale qu'elle fût, cette occupation militaire, on l'a déjà vu, ne laissait pas d'être singulièrement oppressive, et c'était un fâcheux point de départ pour les relations qui allaient s'établir entre les barbares et les indigènes.

[43] Cf. ci dessus, p. 3.

Bientôt, voyant toute la Gaule à leur merci et l'Empire incapable de la défendre contre eux, les Visigoths voulurent s'agrandir. Ils avaient alors à leur tête un homme dont le long règne lui permit une politique suivie, et qui devint le fondateur de leur dynastie royale, Théodoric Ier (419-451). A plusieurs reprises, Théodoric essaya d'arriver à la Méditerranée; mais deux tentatives sur Arles, l'une en 425 et l'autre en 429, et une troisième sur Narbonne en 437, furent repoussées victorieusement par Aétius. Aétius força le roi barbare à se contenir dans ses frontières; il fit mieux: lorsque Attila envahit la Gaule, il sut rappeler aux Visigoths les liens de fidélité qui les rattachaient à l'Empire et les entraîner à sa suite dans les champs de Mauriac, où ils jouèrent un rôle important dans la lutte commune contre le grand destructeur. Mauriac fut pour les Visigoths une victoire nationale. Leur roi l'avait payée de son sang, et ses guerriers lui avaient fait des funérailles pleines de grandeur sur le champ de bataille même, sous les yeux des Huns vaincus.

Thorismund, fils aîné de Théodoric Ier, ne régna que deux ans, et périt assassiné par ses frères Théodoric et Frédéric. Le premier de ceux-ci monta alors sur le trône sous le nom de Théodoric II, mais en assignant une place considérable auprès de lui au frère qui avait été son complice. Théodoric II fut un souverain énergique et obéi. Il put, à un moment donné, se permettre de créer un empereur romain, et il donna la pourpre à Avitus, un grand seigneur arverne de ses amis (455). Avitus disparut bientôt; mais Théodoric, par la mort d'Aétius, resta le maître de la Gaule, et s'étendit en Espagne du côté des Suèves, en Gaule dans la direction du Rhône et de la Loire. Deux hommes l'arrêtèrent pendant quelque temps: Ægidius, qui le força à lever le siège d'Arles en 459, et Majorien, qui le contraignit à renouveler les traités avec l'Empire. Mais, à la mort de Majorien, Narbonne fut livrée à Théodoric par un traître, et Ægidius, réfugié dans la vallée de la Loire, y fut pourchassé par le prince Frédéric. Celui-ci succomba peu de temps après dans la lutte, débarrassant son frère d'un rival plutôt qu'il ne le privait d'un appui. La mort d'Ægidius, survenue peu après, livra toute l'Aquitaine au roi barbare.

Le portrait que nous trace de celui-ci une plume romaine éveille l'idée d'une force royale pleine de modération et d'activité, qui se possède elle-même au milieu de la toute-puissance. La journée de Théodoric, commencée par des pratiques de piété, se continue par les graves occupations de la politique, parmi lesquelles se place surtout la réception des ambassadeurs étrangers. Les distractions du roi consistent à passer en revue son trésor ou à visiter ses écuries; souvent aussi il goûte le plaisir de la chasse. Ses repas sont simples, même les jours de fête; après le dîner, le roi prend un léger somme; parfois il joue, et il s'amuse de la mauvaise humeur de son adversaire perdant. Le reste de la journée est de nouveau consacré aux affaires. Le soir, le repas est égayé par quelque chantre mélodieux ou par les saillies d'un bouffon, mais tout se passe avec mesure, et sans rien de blessant pour aucun convive[44].

[44] Sidoine Apollinaire, *Epist.*, I, 2.

Ce puissant, toutefois, ne devait pas vieillir en paix au milieu de sa prospérité. Il avait inauguré ce qu'un écrivain franc appelle la *détestable coutume qu'ont les Goths de tuer leurs souverains*[45]. Mais, de même qu'un fratricide l'avait fait monter sur le trône, un fratricide l'en précipita, et il périt à la fleur de l'âge sous les coups de son frère Euric.

[45] Grégoire de Tours, III, 30.

Alors commença la carrière conquérante du plus remarquable des rois visigoths. Devenu maître du pouvoir, il fit oublier à son peuple le crime qui le lui avait valu, et il y déploya l'ardente activité et l'ambition insatiable d'un génie dont la vocation est de commander. En face de l'empire d'Occident qui faisait, sous Anthémius, de languissants efforts pour remonter la pente fatale des choses, le Mars de la Garonne, comme l'appelait Sidoine[46], s'affirma avec une égale puissance comme diplomate et comme homme de guerre. Il ouvrit des négociations avec les Suèves d'Espagne, avec les Vandales d'Afrique, et entretint des intelligences avec cette partie de la population romaine qui avait pris son parti d'une occupation barbare, et aimait mieux la préparer que la subir. Rome, qui n'avait plus d'armée et plus de généraux, combattait ses ennemis les uns par les autres: aux Visigoths envahissants elle opposa les Burgondes, qui vinrent tenir garnison à Clermont; les Bretons, qu'elle campa au nombre de douze mille au cœur du Berry; les Francs, qui avaient servi sous les ordres d'Ægidius, et qui étaient restés fidèles à son successeur.

[46] Sidoine Apollinaire, *Epist.*, VIII, 9.

Mais rien n'arrêtait Euric. Tenu au courant, par des traîtres comme Seronatus, de ce qui se passait du côté romain, il allait écraser les Bretons à Déols (468), et, après cette journée qui lui rouvrait la vallée de la Loire, il venait mettre le siège devant Clermont (473), qui était, dans les montagnes, la clef de toutes les positions qui commandent la Gaule centrale. Maître de ce poste, il pouvait se porter à tour de rôle, selon les intérêts du moment, sur la Loire ou sur le Rhône, et tenir en échec les Francs, les Burgondes et les Romains d'Italie.

La patrie de Vercingétorix fit preuve alors, envers l'Empire agonisant, de cette fidélité qu'elle avait montrée, il y avait cinq siècles, à la liberté gauloise, comme s'il avait été dans sa destinée de s'honorer en faisant briller sur les causes déchues un dernier rayon de gloire et de dévouement. Seule en face d'un ennemi devant qui pliaient toutes les résistances, abandonnée par l'Empire qui ne défendait plus que l'Italie, par les Burgondes que l'heure du danger ne trouva plus dans ses murs[47], la vaillante cité soutint bravement le choc. A la tête de la résistance était son évêque, Sidoine Apollinaire, dans lequel l'ordination épiscopale semblait avoir créé un pasteur de peuples et un patriote, à côté du grand seigneur ami de la vie mondaine et du faiseur de petits vers élégants. Cet homme, qui s'est complu, au cours de ses écrits, dans une loquacité souvent si fatigante, ne nous dit rien du rôle qu'il a joué dans ce siège, comme si la grandeur à laquelle il dut élever son âme dans ces jours de crise nationale n'était pas compatible avec le frivole babillage qui était le caractère de son talent. Mais, s'il s'est oublié lui-même, il a tracé dans une page inoubliable les services qu'un autre, qui lui était cher, a rendus alors à l'Auvergne et à l'Empire. Cet autre, c'était son beau-frère Ecdicius, fils de l'empereur Avitus, dont Sidoine avait épousé la fille.

[47] Dahn, *Die Kœnige der Germanen*, V. p. 92, croit à tort que les Burgondes y étaient encore; il n'y en a aucune preuve.

Ecdicius était une âme généreuse et grande, que la richesse n'avait pas amollie, et qui avait gardé toute sa fermeté au milieu de l'universel fléchissement des caractères de cette époque. Aux premières nouvelles du danger qui menaçait sa patrie, il quitta Rome, où l'avaient appelé les intérêts de sa province, et s'élança sur la route de la Gaule. Brûlant les étapes, dévoré d'ardeur et d'inquiétude, il déboucha enfin, à la tête de dix-huit cavaliers qui formaient toute son escorte, dans le vaste bassin de la Limagne, ayant en face de lui, sur la colline, les murailles aimées de la ville natale, et, entre lui et elle, le camp des Visigoths. Il le traverse au galop, se frayant un chemin à la pointe de l'épée, au milieu d'une armée stupéfaite d'une audace qui semblait de la folie, et il parvient à rentrer dans la ville sans avoir perdu un seul homme. La population de Clermont, qui du haut de ses remparts avait assisté au magnifique exploit de son concitoyen, lui fit une ovation indescriptible. A travers les rues noires de monde, les cris de joie, les sanglots et les applaudissements retentissaient sans discontinuer, et il eut plus de peine à traverser cette multitude désarmée que tout à l'heure à fendre les rangs des ennemis. Chacun voulait le voir, le toucher, baiser ses mains ou ses genoux, l'aider à détacher son armure; on comptait les coups dont sa cotte de mailles portait les traces, on emportait comme des reliques la poussière glorieuse qui couvrait ses habits, mêlée à la sueur et au sang. Reconduit jusqu'auprès de son foyer par cette foule en délire qui le bénissait avec des larmes, le héros savoura pleinement, en une heure, l'ivresse de la reconnaissance populaire et la joie d'une récompense si haute qu'elle semblait le salaire anticipé de la mort.

Cette incomparable journée avait exalté tous les cœurs: désormais la défense eut l'entrain et l'enthousiasme d'une attaque. Avec ses propres ressources, Ecdicius leva un corps de soldats à la tête desquels il harcela l'ennemi par une série de sorties heureuses. Les barbares, transformés presque en assiégés, eurent toutes les peines du monde à maintenir leurs positions. Les pertes qu'ils faisaient dans les rencontres quotidiennes étaient telles qu'ils se voyaient obligés, pour n'en pas laisser reconnaître l'étendue, de couper les têtes des morts; après quoi ils brûlaient les cadavres, sans aucune solennité, dans des huttes où ils les entassaient[48]. Le courage des assiégés ne se démentit pas: ils endurèrent les souffrances de la faim sans parler de se rendre, et lorsque les provisions commencèrent à s'épuiser, ils allèrent jusqu'à se nourrir des herbes qui poussaient dans les interstices de leurs murailles[49]. Ce furent les assiégeants qui perdirent patience: démoralisés par les exploits d'Ecdicius, fatigués d'une lutte qui se prolongeait sans mesure, effrayés de l'hiver qui s'avançait avec toutes ses rigueurs, ils levèrent le siège, et Euric repartit avec l'humiliation d'avoir été arrêté par une seule ville.

[48] Sidoine Apollinaire, *Epist.*, III, 3.

[49] Id., *Epist.*, VII, 7.

Les souffrances de l'Auvergne n'étaient pas finies, car les Goths avaient ravagé cruellement les campagnes des environs, et ils laissaient derrière eux la famine, qui continuait leur œuvre de mort. Alors le rôle de la charité commença. Sidoine Apollinaire se multiplia; plus d'une fois, à l'insu de sa femme, il distribuait aux pauvres l'argenterie de sa maison, qu'elle allait racheter ensuite[50]. Les évêques des cités voisines vinrent aussi au secours des victimes. Tous les chemins de la province étaient sillonnés par les voitures chargées des provisions envoyées par saint Patient, le généreux évêque de Lyon[51]. Cette fois encore, Ecdicius ne manqua pas à sa patrie: il fut aussi prodigue de son or que de son sang, et à lui seul il nourrit sous son toit quatre mille affamés[52]. Mais la malédiction des décadences, c'est que l'héroïsme y est stérile, et qu'elles ne savent que faire des plus généreux dévouements. Les Arvernes croyaient avoir prouvé au monde qu'ils avaient le droit de garder leur indépendance: ils furent trahis par celui-là même qui avait pour devoir de les défendre. Comme les Visigoths ne cessaient de troubler l'Empire, menaçant les autres provinces si on leur cédait celle qui les avait repoussés, un malheureux du nom de Julius Nepos, alors revêtu du titre impérial, eut le triste courage de leur livrer cette noble contrée (475). On devine le désespoir des patriotes arvernes. Ceux qui ne pouvaient se résigner à cesser d'être Romains durent prendre le chemin de l'exil. Ecdicius, on le comprend, fut du nombre; il alla, loin des murs chéris dont il avait été le défenseur, terminer obscurément une carrière que des âges plus heureux auraient couverte d'une gloire impérissable[53]. Quant à son beau-frère Sidoine, il fut arraché à son troupeau et relégué à Livia, près de Narbonne[54]. Voilà comment l'Auvergne passa sous le joug des Visigoths.

[50] Grégoire de Tours, II, 23.

[51] Sidoine Apollinaire, *Epist.*, VI, 12.

[52] Grégoire de Tours, II, 24.

[53] Jordanes, c. 45. Cf. Binding, *Das Burgundisch-Romanische Kœnigreich*, p. 90, note 360.

[54] Sidoine Apollinaire, *Epist.*, VIII, 3.

La chute de Clermont faisait d'Euric le maître de toute la Gaule au sud de la Loire: il se hâta de cueillir les fruits de ce nouveau succès. Les circonstances d'ailleurs le servirent à souhait. En 476, Odoacre mettait fin à l'empire d'Occident, et peu après mourait Julius Nepos, l'empereur détrôné, mais légitime, envers lequel les Visigoths étaient liés par le traité de 475. Ayant les mains libres désormais du côté de Rome, Euric reprit le programme de ses prédécesseurs, et, plus heureux, mit enfin la main sur les villes qu'ils avaient si ardemment convoitées. Arles, qui avait soutenu quatre sièges de la part des Visigoths, lui ouvrait ses portes, de même que l'opulente Marseille, la reine du commerce d'Occident. Cette conquête livrait au barbare tout le littoral méridional de la Gaule; il s'étendait sur la rive gauche du Rhône jusqu'à la Durance, et il fermait définitivement aux Burgondes l'accès de la Méditerranée.

Euric était maintenant à la tête d'un royaume immense, qui ressemblait à un empire. Les frontières en couraient depuis les Alpes jusqu'au détroit de Gibraltar d'une part, jusqu'aux rives de la Loire de l'autre, et comprenaient les plus belles contrées de l'Occident. Maître de ces superbes domaines, Euric pouvait se considérer comme le véritable héritier des Césars, maintenant surtout qu'il n'y avait plus personne qui portât le titre impérial. Il fut, avant Théodoric le Grand, et dans une aussi large mesure que lui, l'arbitre de l'Europe, et il ne lui a manqué, pour prendre le même rang devant l'histoire, que des panégyristes pour le vanter et des chanceliers pour parler en son nom le langage imposant de la civilisation romaine. Tant qu'il vécut, il n'y eut pas de plus grand nom que le sien, ni de plus redouté. Sa cour, qu'il tenait alternativement à Bordeaux[55] et à Toulouse[56], et qu'il transporta enfin à Arles[57] dans sa nouvelle conquête, était le rendez-vous des ambassadeurs de tous les peuples. Les Francs et les Saxons s'y rencontraient avec les Hérules et les Burgondes; les Ostrogoths y coudoyaient les Huns, et les envoyés de Rome, qui venaient demander des soldats pour défendre l'Empire, étaient étonnés d'y trouver les députations du roi des Perses, qui offraient au puissant barbare l'alliance du despote d'Orient[58]. Les cadeaux et les secours d'Euric prenaient souvent le chemin de la vieille Germanie, et bien des fois la terreur de son nom suffit pour y protéger ses amis contre les attaques de leurs voisins[59].

[55] Sidoine Apollinaire, *Epist.*, VIII, 3 et 9.

[56] Id., *Ibid.*, IV, 22.

[57] Jordanes, c. 47.

[58] Sidoine Apollinaire, *Epist.*, VIII, 9.

[59] Cassiodore, *Variar.*, III, 3: Recolite namque Eurici senioris affectum, quantis vos juvit sæpe muneribus, quotiens a vobis proximarum gentium imminentia bella suspendit.

Toutefois, cette domination ne sut pas prendre racine dans les peuples sur lesquels elle s'étendait. Conquérants, les Visigoths le restèrent toujours, même après que les jours de la conquête furent passés. Ils ne cessèrent de se considérer comme un peuple de militaires campés au milieu d'une population de civils qu'il fallait tenir en respect. Ils ne se préoccupèrent pas de rendre leur autorité acceptable, se contentant qu'elle fût solide, et oubliant qu'elle avait besoin pour cela d'être populaire. Ils étalèrent au milieu de ces Romains d'humeur paisible, et qui ne demandaient qu'à faire bon accueil à leurs maîtres nouveaux, la morgue et l'insolence du traîne-sabre à qui la conscience de sa supériorité ne suffit pas, tant qu'il ne l'a pas affirmée par quelque signe bien visible, par quelque manifestation bien blessante. Ils semblaient affecter, par leur fidélité à leurs coutumes nationales au milieu de la vie romaine, d'accentuer encore l'écart qu'il eût fallu dissimuler. A la cour de Bordeaux, l'étiquette ne permettait pas au roi de répondre autrement que dans sa langue gothique aux envoyés impériaux[60]. Il pouvait y avoir danger pour lui à s'affranchir trop ouvertement des préjugés de sa nation: tel d'entre eux, comme Ataulf, avait payé de sa vie son mariage avec une princesse romaine et son engouement pour le monde impérial. Rien d'instructif à lire comme la description, tracée par un contemporain, d'une assemblée générale des Visigoths en armes pour délibérer sur les affaires publiques: on se croirait transporté dans les forêts d'outre-Rhin par le tableau de cette réunion tumultueuse de guerriers vêtus de peaux de bêtes, et l'on est étonné de rencontrer sous le ciel bleu de Toulouse les scènes qu'on a lues dans la *Germanie* de Tacite[61].

[60] Ennodius, *Vita sancti Epiphanii*; cf. Fauriel, I, 530.

[61] Sidoine Apollinaire, *Carm.*, VII, 452 et suiv. Je suis d'ailleurs convaincu que cet écrivain, ami des amplifications oratoires et poétiques, a notablement accentué le caractère barbare de cette assemblée.

Mais les populations romaines avaient appris à supporter beaucoup. Amoureuses avant tout de la paix, et la croyant garantie par la présence de leurs nouveaux maîtres, elles ne se plaignaient pas d'eux. Sans les aimer, elles s'habituaient à eux comme à un mal nécessaire. N'étaient-ils pas là de par la volonté de l'empereur, avec un titre légitime, et avec la mission de défendre le pays? Ces défenseurs étaient hautains et arrogants; mais il n'en était jamais autrement, et cela faisait partie des ennuis que créent aux civils tous les logements militaires. On avait la ressource de se moquer d'eux dans les salons, et une épigramme heureuse, qui faisait rire d'eux dans le beau monde, dédommageait de tant de mortifications! Et puis, on s'avouait tout bas, parfois même on reconnaissait tout haut qu'on était plus à l'aise maintenant que du temps des fonctionnaires impériaux. Une fois établis dans leurs lots, les barbares ne demandaient pas autre chose: ils savaient même montrer de la probité dans leurs relations avec les indigènes, et ils ne faisaient pas fonctionner la machine du fisc avec l'impitoyable virtuosité des gens du métier. C'est pour ces raisons d'ordre négatif qu'à tout prendre on s'accommodait d'eux, malgré leur superbe et leur brutalité.

Faut-il s'étonner, après cela, que des hommes désabusés du rêve romain, des esprits positifs et bourgeois allassent plus loin, et préparassent les voies à la domination visigothique sur toute la Gaule? Là où il restait quelque esprit romain, dans les hautes classes des provinces qui n'avaient pas encore été occupées par les barbares, en Auvergne surtout, on s'indignait de cette attitude, on la qualifiait de haute trahison, on en poursuivait la condamnation à Rome. Mais ce qui prouve que cette indignation portait quelque peu à faux, et que cet attachement archaïque à l'ombre de l'Empire ne correspondait plus à l'état général des consciences, c'est l'indifférence des multitudes, c'est la stupéfaction de ceux-là même qui se voyaient poursuivis pour haute trahison, et qui ne pouvaient comprendre qu'ils fussent punissables[62]. La sympathie non déguisée du clergé catholique pour les barbares le prouve mieux encore. C'est que, malgré toute leur grossièreté, et même sous leur vernis d'arianisme, le prêtre catholique sentait battre des cœurs plus purs que ceux des Romains, et frémir des âmes vierges dont on pouvait espérer de faire quelque chose. Il faut voir avec quelle éloquence ces sentiments se traduisent dans le livre de Salvien, qui peut être regardé comme l'organe d'une grande partie du clergé de cette époque. Même dans les rangs supérieurs de la hiérarchie, on ne se cachait pas de préférer les barbares hérétiques aux Romains impies, et on ne craignait pas d'en témoigner de la manière la plus éclatante. Lorsque le roi Théodoric Ier fut assiégé dans Toulouse, en 439, par le général Litorius, c'est du côté des barbares qu'allèrent les vœux des évêques: saint Orientius, évêque d'Auch, ne cessa de prier pour le succès de leurs armes, et son biographe considère la victoire de Théodoric comme le résultat surnaturel des prières du saint[63]!

[62] Lire à ce point de vue l'instructive lettre de Sidoine Apollinaire, *Epist.*, I, 7.

[63] *Vita sancti Orientii* dans les Bollandistes, t. I de mai; Prosper d'Aquitaine; Isidore, *Chronicon*.

En somme donc, l'Aquitaine, prise dans son ensemble, n'était pas hostile à ses maîtres nouveaux. Elle leur passait beaucoup, elle ne leur résistait en rien, elle se prêtait avec bonne volonté à leur régime. Le pouvoir trouva dans la population tous les éléments nécessaires à son service: elle fournit au roi son premier ministre, Léon de Narbonne, ses gouverneurs de province, et autant d'agents de tout grade qu'il lui en demanda. Sidoine lui-même, si longtemps irréconciliable, finit par se laisser conquérir, et nous le voyons faire l'inscription du vase offert par son compatriote Evodius à la reine Ragnahilde[64]. Peu s'en fallut même qu'après avoir fait un madrigal pour la reine, il ne consentît à écrire le panégyrique du roi. Ce fut un sentiment de dignité qui l'arrêta. Il se souvint qu'il était le beau-frère d'Ecdicius, et il s'excusa poliment[65].

[64] Sidoine Apollinaire, *Carm.*, IV, 8.

[65] Id., *Epist.*, IV, 22.

En présence de pareilles dispositions de la part des Romains d'Aquitaine, combien il eût été facile de les rallier en masse au régime visigoth, et d'en faire les zélés partisans de la dynastie barbare! Il eût suffi pour cela de ne pas leur rendre l'obéissance odieuse et l'attachement impossible, en les violentant jusque dans le plus intime de leurs consciences. Mais le fanatisme religieux des Visigoths ne tint compte de rien. Premiers-nés de l'arianisme, ils avaient au plus haut degré la passion de leur secte, et ils avaient si bien identifié leur nationalité avec leur hérésie, qu'on disait la *foi gothique* pour désigner la doctrine d'Arius[66]. Bien plus, ils étaient parvenus à faire de l'arianisme une espèce de religion germanique, en la communiquant successivement à tous les peuples de leur race. Lorsqu'ils furent établis en Gaule, ils continuèrent cette espèce d'apostolat, mais en lui donnant, cette fois, un caractère nettement anti-catholique. Ce n'était plus, en effet, des peuplades païennes qu'ils endoctrinaient, mais des nations déjà chrétiennes, comme les Suèves d'Espagne et les Burgondes. Les missionnaires ariens introduisirent l'hérésie dans ces chrétientés naissantes. Les princesses ariennes, envoyées comme épouses aux rois suèves[67], emmenèrent avec elles des prêtres de leur confession, et, à la tête de ceux-ci, un certain Ajax, Galate d'origine, alla, sous le haut patronage du roi des Visigoths, jeter la perturbation dans la vie religieuse d'un peuple ami[68]. Il n'est pas douteux que les Visigoths n'aient travaillé avec la même ardeur leurs voisins les Burgondes, et n'aient été la principale influence qui détourna de l'Église ce peuple déjà en grande partie converti. La campagne de 456-457, que les deux peuples firent en commun contre les Suèves[69], fournit aux prédicateurs ariens une occasion excellente de déployer leur zèle hérétique. Au retour de l'expédition à laquelle ils s'étaient laissé associer contre un roi catholique, les Burgondes rapportèrent dans leurs foyers la religion des Goths.

[66] Gothica lex. Voir le *Vita sancti Sigismundi* dans Jahn, *Geschichte der Burgundionen und Burgundiens*, t. II, p. 67, et Revillout, *De l'arianisme des peuples germaniques qui ont envahi l'Empire romain*, p. 67.

[67] Idacius, *Chronicon*, 140 et 226; Isidore de Séville, *Chronicon*, 33.

[68] Idacius, 232: Ajax natione Galata effectus apostata et senior Arrianus inter Suevos regis sui auxilio hostis catholicæ fidei et divinæ Trinitatis emersit. A Gallicana Gothorum habitatione hoc pestiferum inimici hominis virus advectum.

[69] Jordanes, c. 44. Sur la participation des Burgondes à cette campagne, Binding, *o. c.*, p. 54, note 219, contre Pétigny, II, p. 145, note 2.

Tant que cette propagande fut limitée aux Germains seuls, les Romains se contentèrent de l'envisager avec la parfaite indifférence que leur inspiraient toutes les choses barbares. Il n'en fut plus ainsi lorsqu'ils la virent faire des ravages dans leurs propres rangs. Ils n'avaient rien de plus précieux que leur foi: elle leur était devenue plus chère encore depuis la banqueroute de la patrie. On peut même dire que l'attachement à l'Église catholique restait pour eux la seule forme du patriotisme. La propagande arienne fut assez active pour alarmer une nature aussi optimiste que Sidoine Apollinaire, qui exprime à ce sujet de sérieuses inquiétudes. Dans une lettre à l'évêque Basile d'Aix, il se plaint de la fausse sécurité des pontifes qui ne voulaient pas voir le danger, et qui laissaient l'hérésie ravager impunément leurs troupeaux. «Qu'il me soit permis, écrit-il, de le dire sans manquer de respect aux évêques, je pleure sur les âmes livrées à l'ennemi, qui profite du sommeil des pasteurs pour fondre sur les brebis abandonnées[70].» Un de ces prédicateurs d'arianisme parmi les populations catholiques était un certain Modahar, que l'évêque Basile, dans une discussion publique, réduisit au silence, ce qui lui valut les félicitations de son correspondant[71]. L'orthodoxie avait les mêmes luttes à soutenir en Burgondie, et l'on voit par les lettres de Sidoine que Patient de Lyon y défendit la vérité catholique avec autant d'énergie que Basile l'avait fait à Aix[72]. Les apôtres de l'arianisme pénétrèrent-ils plus loin, et vinrent-ils disputer aussi à l'Église catholique les prémices de la nation franque? Nous avons déjà indiqué que cela n'est guère probable, et c'est seulement sur la foi de documents apocryphes qu'on a pu parler de l'arianisme de Cologne[73] et de Tournai[74]. Mais ce que les missions ne faisaient pas, la diplomatie pouvait le faire, et l'on a vu que la sœur de Clovis avait été conquise à l'arianisme par les négociateurs du mariage de Théodoric le Grand.

[70] Sidoine Apollinaire, *Epist.*, VII, 6.

[71] Id., *ibid.*, l. 1.

[72] Id., *ibid.*, VI, 12.

[73] Le concile de Cologne, en 346, dans lequel Euphratas, évêque de cette ville, aurait été déposé pour crime d'arianisme à l'instance de saint Servais de Tongres, est une fiction dont je me propose de faire connaître un jour l'origine. Euphratas a été une victime et non un fauteur de l'arianisme.

[74] Sur les sévices des ariens à Tournai et sur l'expulsion des catholiques, il n'y a d'autre témoignage que celui d'un *Vita Eleutherii*, qui n'est pas antérieur au XIe siècle, et qui manque de toute autorité. V. l'Appendice.

Un peuple aussi ardent à propager sa foi chez les catholiques du dehors devait résister difficilement à la tentation de l'imposer à ceux du dedans, et la persécution religieuse était comme sa pente naturelle. Mais les premiers rois visigoths étaient trop fins politiques pour ne pas comprendre la nécessité de ménager l'Église, et ils tinrent en bride les impatiences sectaires de leurs compatriotes. Ils eurent des relations d'amitié avec plusieurs des grands prélats de la Gaule méridionale; c'est ainsi qu'Orientius, le saint évêque d'Auch, était le commensal de Théodoric Ier[75], et que Théodoric II parvint, comme on l'a vu plus haut, à faire la conquête de Sidoine Apollinaire. Quant au prince Frédéric, nous le voyons réclamer auprès du pape Hilaire contre une élection épiscopale irrégulière, et le pape parle de lui en l'appelant *son fils*[76]. Ces relations courtoises auraient pu continuer longtemps entre l'Église et les rois: des deux côtés on y avait intérêt. Mais le fanatisme grossier et aveugle des masses barbares ne pouvait envisager sans défiance les preuves de respect que leurs souverains donnaient aux prélats; elles y voyaient une trahison, elles attendaient d'eux qu'ils les aidassent dans leur conflit quotidien avec les orthodoxes. Pour résister à leur impatience, pour leur refuser les mesures de rigueur qu'elles réclamaient à grands cris, il eût fallu chez les rois une grande somme de justice, de courage et de clairvoyance politique; il leur eût fallu surtout une popularité bien assise, et une autorité qui ne tremblât pas devant le murmure des foules.

[75] *Vita sancti Orientii* dans les Bollandistes, t. I de mai.

[76] Lettre du pape Hilaire à Léonce d'Arles dans Sirmond, *Concil. Gall.*, I, p. 128.

Le moment vint où ces conditions ne se trouvèrent plus réunies sur le trône. Euric devait sa couronne à un fratricide; il n'osa pas, en donnant un nouveau grief à son peuple, s'exposer à s'entendre rappeler l'ancien; il fut persécuteur comme ses prédécesseurs avaient été tolérants, par raison d'État. Ce roi, qui se montra plein d'égards pour l'Auvergne récemment conquise, jusqu'au point de lui donner un gouverneur indigène et catholique[77], partageait, au reste, les passions religieuses de son peuple. Le nom de catholique lui faisait horreur; par contre, il professait un grand attachement pour le culte arien, auquel il attribuait sa prospérité. On eût pu, dit un contemporain, le prendre pour un chef de secte plutôt que pour un chef de peuple[78]. La persécution cependant n'eut pas sous lui le caractère de brutalité féroce qui marqua celle des Vandales d'Afrique. On dirait plutôt qu'il chercha, dès les premiers jours, à donner le change sur ses vrais mobiles, et qu'il voulut avoir l'air de ne frapper que lorsqu'il était provoqué. Ce n'est pas qu'il reculât devant l'effusion du sang: nous savons qu'il a immolé plusieurs évêques[79], et une ancienne tradition locale nous apprend que saint Vidien de Riez périt pour la foi sous les coups des Goths[80]. D'autres furent envoyés en exil, comme Sidoine Apollinaire, comme Faustus de Riez, comme Crocus de Nîmes, comme Simplicius, dont on ignore le siège. Mais c'étaient là des mesures isolées. Ce qui est plus grave, c'est qu'Euric imagina de faire périr le culte catholique par l'extinction graduelle de la hiérarchie. Il défendit de pourvoir aux sièges épiscopaux devenus vacants, et c'est ainsi qu'en peu d'années la tradition du sacerdoce fut interrompue à Bordeaux, à Périgueux, à Rodez, à Limoges, à Javoulz, à Eauze, à Comminges, à Auch, et dans d'autres villes encore. A ceux qui restaient, toute communication fut interdite avec le dehors; éternelle et illusoire précaution de tous les persécuteurs contre la puissance de la solidarité catholique[81]! Les rangs du clergé inférieur s'éclaircissaient rapidement, et, comme là aussi le recrutement était à peu près impossible, l'exercice du culte catholique fut arrêté dans une multitude d'endroits. Les églises abandonnées tombaient en ruines, les toits s'effondraient, les épines envahissaient les sanctuaires ouverts à tous les vents, les troupeaux couchaient dans les vestibules des lieux saints, ou venaient brouter l'herbe au flanc des autels profanés. Déjà les villes elles-mêmes se voyaient envahies par ces vides de la mort, et les populations, privées de leurs pasteurs et de leur culte, s'abandonnaient au désespoir[82].

[77] G. Kurth, *Les comtes d'Auvergne au sixième siècle*. (*Bull. de l'Acad. Roy. de Belgique*, 1899, 11e livraison).

[78] Sidoine Apollinaire, *Epist.*, VII, 6.

[79] Grégoire de Tours, II, 25.

[80] V. sur saint Vidien les Bollandistes du 8 septembre, t. III, p. 261.

[81] Sidoine Apollinaire, IV, 10.

[82] Le principal document pour l'histoire de cette persécution est la lettre de Sidoine Apollinaire, VII. 6, reproduite, avec quelques inexactitudes, par Grégoire de Tours, II, 25. Le persécuteur a eu plus d'un apologiste qui a trouvé plaisant, comme fait encore Dahn, *Kœnige der Germanen*, V, p. 101, de voir dans l'oppression des consciences catholiques «une mesure de légitime défense contre l'opposition tenace et dangereuse que les évêques catholiques faisaient partout au gouvernement». Est-il besoin d'ajouter que Dahn ne fournit pas la moindre preuve de cette *opposition tenace et dangereuse*? Kaufmann, *Deutsche Geschichte bis auf Karl den Grossen*, Leipzig 1881, t. II, p. 53, se gêne encore moins. Après un hymne en l'honneur de la «modération» des rois wisigoths, il dit que si Euric et Alaric ont exilé ou emprisonné plusieurs évêques et laissé leurs sièges vacants, ce fut «parce que ces évêques conspiraient avec l'ennemi, ou du moins qu'ils en étaient soupçonnés. La légende a fait de ces évêques des martyrs, mais il n'y a pas de doute qu'ils aient été des criminels politiques. Ni la bonté ni la sévérité ne parvenaient à dompter ces audacieux conspirateurs, etc.» Et, encore une fois, pour étayer des accusations si graves et si précises, pas l'ombre d'un texte! Il faut protester hautement contre des procédés de ce genre, qui auraient bientôt fait de transformer l'histoire en roman. Cf. Malnory, *Saint Césaire*, p. 46, qui, tout en se montrant d'une certaine timidité dans l'appréciation de la politique religieuse des rois wisigoths, proteste cependant avec raison, dans une note, contre la tendance qui «paraît être d'intervertir les rôles de parti pris, en

donnant raison aux barbares, et en réservant tout le blâme pour les Gallo-Romains.»

Ces rigueurs n'avaient toutefois rien d'uniforme, rien de général. Si elles s'inspiraient d'un plan systématique, il n'y paraissait guère; une royauté barbare est trop peu armée pour atteindre également, par des mesures administratives, toutes les provinces d'un vaste royaume. Qu'on ne s'étonne donc pas de voir, au plus fort de la crise, la vie catholique se dérouler tranquillement partout où la persécution n'était pas organisée sur place, des églises se bâtir et se consacrer[83], des monastères se fonder[84], et, bien plus, des officiers du roi, des ducs et des comtes, intervenir généreusement dans les frais de ces fondations. Le duc Victorius, nommé gouverneur de l'Auvergne par Euric, ne craignit pas de bâtir une église à Brioude[85], et lorsque mourut saint Abraham, c'est lui qui prit à sa charge les frais des funérailles[86]. Le roi tolérait cela et ne pouvait guère s'en plaindre; au contraire, les mêmes raisons qui le faisaient céder à la fièvre persécutrice des Visigoths lui faisaient désirer de ne pas pousser à bout la population romaine d'une contrée récemment conquise, et il ne devait pas être fâché d'avoir autour de lui des ministres qui, discrètement, réparaient une partie du mal et réconciliaient la dynastie avec quelques-unes de ses victimes[87].

[83] Sidoine Apollinaire, *Epist.*, IV, 15. Cf. Revillout, p. 144.

[84] Vic et Vaissette, *Histoire du Languedoc*, t. I. p. 238.

[85] Grégoire de Tours, II, 20.

[86] Sidoine Apollinaire, *Epist.*, VII, 17.

[87] G. Kurth, *o. c.*

A tout prendre, grâce à l'impardonnable aberration du gouvernement, la situation était singulièrement troublée, et la clairvoyance politique la plus élémentaire suffisait pour en comprendre le danger. Comme il arrive toujours, lorsque la persécution s'abat sur une cause juste, elle stimule et relève le moral des persécutés. Ces molles populations d'Aquitaine, si amoureuses de la vie facile, si accueillantes pour le maître barbare, si vite consolées de la disparition des empereurs, se redressèrent sous l'affront qu'on faisait à leur foi: elle leur devint plus chère quand ils la virent opprimée, et les plus indifférents retrouvèrent pour elle une certaine ardeur patriotique. Et puis, les Aquitains tenaient à leurs évêques; c'étaient les pères et les défenseurs des cités; on les avait trouvés sur la brèche chaque fois que l'heure était venue de mourir; on se souvenait que plusieurs avaient sauvé leur ville, et on se rappelait avec fierté l'audace du barbare domptée par la majesté surhumaine de l'homme de Dieu. La guerre faite à l'épiscopat révoltait donc tout ce qu'il y avait de plus généreux et de plus fier dans les âmes: tout catholique se sentait atteint dans ceux qu'il regardait comme des chefs et comme des pères. Le dualisme jusqu'alors dissimulé entre Goths et Romains reparaissait dans toute son acuité; en face des barbares hérétiques, toute la population romaine se retrouvait unie dans un commun sentiment d'exécration. Tel était le fruit des mesures persécutrices d'Euric: elles avaient produit ce que n'avaient pu des années entières de pillages et de spoliations; elles avaient ressuscité le patriotisme romain de la Gaule, et rappelé à chaque habitant que le Visigoth était un usurpateur étranger.

Euric mourut en 484, au milieu des mécontentements croissants causés par sa politique, léguant un triste héritage à son fils Alaric II. Le royaume ne tenait debout que par la force; dans chaque ville, une poignée d'hérétiques se faisaient les tyrans de la population; le moindre événement pouvait amener une explosion. Et précisément à l'heure où disparaissait l'homme puissant qui avait créé cette situation et qui semblait jusqu'à un certain point la dominer, on voyait surgir à l'horizon la monarchie jeune et hardie du peuple franc. En quelques années de temps, elle était devenue la voisine des Visigoths sur toute l'étendue de la Loire, et elle plaçait, en face des catholiques opprimés dans ce malheureux royaume, un spectacle bien fait pour exciter leur envie et leurs regrets. Dans cette nation à qui tout souriait, leur religion était celle de tous, le roi recevait la bénédiction de leurs évêques, et, selon l'expression de saint Avitus, chaque victoire du souverain était un triomphe pour leur foi.

Quelle éloquence il y avait dans ce simple rapprochement, et avec quelle force persuasive les faits devaient parler aux esprits! Les Visigoths le comprirent peut-être avant les catholiques. Ils se rendirent compte que la présence d'un royaume orthodoxe à leurs frontières était pour leurs sujets catholiques le plus formidable appel à la défection. Il les accusèrent de trahison et de sympathies franques sur la seule foi des légitimes sujets de mécontentement qu'ils leur avaient donnés. C'était leur conscience de persécuteurs qui évoquait le fantôme de complots imaginaires. Comme au temps de l'Empire, quand on prétendait que les chrétiens se réjouissaient de chaque désastre public, de chaque victoire des Perses ou des Germains, de même on entendit retentir tous les jours, à l'adresse des catholiques, les mots de traîtres à l'État et d'ennemis de la patrie. Et certes, s'il suffisait des calomnies des persécuteurs pour faire condamner leurs victimes, il faudrait croire que le royaume visigoth a succombé sous les intrigues des catholiques d'Aquitaine au moins autant que sous les armes de Clovis. La vérité, c'est que, si les accusations reparaissent sur toutes les pages de l'histoire de ce temps, on n'y trouve pas la moindre trace des prétendus complots. Il n'y avait d'autre révolte que celle des consciences opprimées; il n'y avait d'autre conspiration que le mécontentement universel d'une nation blessée dans ses sentiments les plus chers. Les oppresseurs n'avaient pas le droit de se plaindre de ces dispositions, qu'ils avaient créées[88].

[88] Cf. Malnory, *Saint Césaire*, p. 91, avec lequel je me rencontre fréquemment dans l'appréciation de ces questions délicates, si étrangement défigurées par les historiens du parti-pris.

Le gouvernement eût pu, au lendemain de la mort d'Euric, liquider le passé et inaugurer une politique nouvelle: peut-être était-il temps encore. Le comprit-il, et se rendit-il compte de l'abîme qui allait s'ouvrir sous ses pas? Nous n'en savons rien. Un incident en apparence futile nous révèle le profond dédain avec lequel on continuait de traiter les catholiques dans les régions officielles, et l'étourderie avec laquelle on courait au-devant de leur ressentiment. A Narbonne, il y avait une église catholique dont le campanile enlevait au palais royal la vue de la Livière. La cour ordonna de le faire abattre, et cet incident, qui en d'autres circonstances aurait passé inaperçu, devint, à ce qu'il paraît, quelque chose comme un scandale[89]. Dans l'état où se trouvaient les esprits, rien n'était plus facile à prévenir. Les ministres du roi, en froissant inutilement la susceptibilité religieuse d'une ville entière, prouvaient tout au moins combien ils avaient peu l'esprit politique, et à quel point l'intelligence de la situation leur manquait.

[89] Grégoire de Tours, *Gloria Martyrum*, c. 91.

Il faut cependant rendre au gouvernement cette justice que, depuis l'avènement d'Alaric II, la persécution ne paraît plus avoir été organisée par le pouvoir, mais par le peuple visigoth lui-même. C'est l'aveugle et grossier fanatisme des minorités barbares qui mène la campagne contre l'Église: l'État se borne à laisser faire, ou encore obéit à la pression qu'exercent sur lui les zélateurs ariens. Voilà pourquoi, sous le règne d'Alaric plus encore que sous celui de son père, la lutte religieuse revêt un caractère local. Telles régions semblent entièrement épargnées par la fièvre des violences: telles autres en souffrirent d'une manière ininterrompue. C'était le cas, notamment, des villes voisines de la frontière franque, où, à cause de la proximité d'un royaume orthodoxe, les catholiques se sentaient plus forts, et où les hérétiques se montraient plus défiants. Tours surtout, ce grand foyer religieux de la Gaule, où accouraient les fidèles de tous les pays, Tours, dont la province ecclésiastique était comprise presque tout entière dans le royaume de Clovis, devait éveiller au plus haut degré la sollicitude inquiète des Visigoths. Comment le chef du troupeau catholique dans cet avant-poste du royaume hérétique eût-il pu être épargné par l'accusation de trahison? Il ne le fut pas. Saint Volusien, qui occupait alors le siège pontifical, fut chassé, emmené captif à Toulouse et traîné plus tard en Espagne, où il mourut dans les tribulations[90]. Son successeur Verus eut la même destinée: lui aussi fut accusé de conspirer avec les Francs, et arraché à son troupeau. Le vieux

Ruricius de Limoges dut prendre à son tour le chemin de l'exil; nous le retrouvons à Bordeaux, où l'ombrageux tyran aimait à mettre en observation les hommes qu'il poursuivait de ses injustes soupçons[91].

[90] Grégoire de Tours, II, 26, et X, 31.

[91] Sur l'exil de Ruricius, voir ses *Epistolæ*, 17, et sur son séjour à Bordeaux, *ibid.*, 33. Cf. la préface de Krusch, pp. LXIII-LXIV. Quant à saint Quentien de Rodez, il ne fut pas chassé de son diocèse sous le règne d'Alaric II, car nous le voyons siéger aux conciles d'Agde en 506 et d'Orléans en 511; sa fuite à Clermont eut lieu quelques années après cette date, pendant le temps que les Goths avaient momentanément repris le Rouergue. C'est Grégoire de Tours, II, 36, qui s'est trompé en antidatant ces événements. Voir A. de Valois, I, p. 218 et suiv., et Longnon, p. 518.

Mais de toutes les victimes de la jalousie des Visigoths, la plus illustre fut sans contredit le grand homme qui était alors métropolitain d'Arles, et la plus brillante lumière du royaume d'Aquitaine. Avec saint Remi et saint Avitus, saint Césaire forme la triade sacrée en laquelle se résumaient alors toutes les gloires et toutes les forces de l'Église des Gaules. Il ne fut pas appelé, comme eux, à jouer un grand rôle politique: il ne devint pas, comme Remi, le créateur d'une nation et l'oracle d'un grand peuple, ni même, comme Avitus, le conseiller et l'ami d'un roi; mais comme docteur catholique et comme maître de la vie spirituelle, il n'eut pas d'égal au sixième siècle. Pasteur du troupeau catholique dans la grande ville romaine qui était tombée l'une des dernières aux mains des Visigoths, et entouré par les fidèles de son Église d'une vénération sans bornes, il ne pouvait guère échapper aux suspicions des ariens. Seulement, comme il était Burgonde d'origine, étant né à Chalon-sur-Saône, et que les Francs étaient bien loin, c'est à ses anciens rois qu'il fut accusé de vouloir livrer sa ville. Ceux qui se sont fait l'écho de cette calomnie n'ont pas réfléchi que Gondebaud était arien, et qu'il n'y avait pas d'apparence qu'un évêque catholique trahît un monarque arien pour un autre[92]. Mais les passions ne raisonnent pas. Césaire était l'objet de la haine des ariens, et les ariens étaient les maîtres: il fut enlevé à son siège et exilé à Bordeaux[93].

[92] On est étonné de retrouver cette accusation dans le livre d'Arnold, *Cæsarius von Arelate*, dont l'auteur fait généralement preuve d'indépendance d'esprit et d'une critique large et ferme. Selon Arnold, Césaire a rêvé de livrer Arles aux Burgondes, parce que, sujet de Gondebaud, il aurait pu combattre avec plus de chances de succès les prétentions de saint Avitus de Vienne à la primatie. Rien de plus invraisemblable en soi, et de plus contraire aux sources.

[93] *Vita sancti Cæsarii*, I, 12; dans Mabillon, *Acta Sanct.*, t. I, p. 640.

Pendant qu'ils expulsaient ainsi de leurs diocèses les plus grands et les plus saints évêques du pays, les Visigoths y laissaient pénétrer un prélat étranger, proscrit et fugitif, qui ne cherchait qu'un coin de terre pour y mourir tranquille, et qui, à son insu, devait devenir le plus redoutable agitateur des catholiques d'Aquitaine. Il s'appelait Eugène, il était évêque de Carthage, et il avait été à la tête de l'Église d'Afrique au cours de l'atroce persécution par laquelle les Vandales avaient fait revivre les jours les plus sombres du règne de Dioclétien. Eugène était entouré de la double auréole du confesseur et du martyr. Il avait confessé la foi devant les rois persécuteurs, il avait souffert la déposition, l'exil, les outrages et les mauvais traitements quotidiens; frappé enfin d'une sentence capitale, il avait été mené au champ du supplice, et, après avoir assisté à l'exécution de ses collègues, il s'était vu subitement gracié, à une heure où il n'avait plus rien à attendre de la vie ni rien à craindre de la mort. Enfin, il avait été relégué en Gaule, comme si, en le mettant sous la surveillance des persécuteurs de ce pays, les persécuteurs d'Afrique avaient voulu garder comme otage l'homme dont ils n'avaient pas osé faire un martyr! Calcul funeste, puisqu'en offrant dans sa personne, à des populations catholiques, le témoin vivant des excès du fanatisme arien, ils fournissaient à leur haine de l'arianisme un aliment efficace. Pour les Aquitains, les Visigoths devinrent solidaires de toutes les atrocités de la persécution vandale; plus on vénérait les vertus et la sainteté de la noble victime, plus on abhorrait des maîtres en qui on voyait les complices de ses bourreaux. Eugène mourut à Albi en 505, après avoir fait rayonner dans sa personne, aux yeux de toute l'Aquitaine, l'éclat des plus hautes vertus et le mérite des plus saintes souffrances. A son insu, comme nous l'avons dit, il avait plus que personne contribué à miner l'autorité de l'arianisme en Gaule[94].

[94] Sur lui, voir Grégoire de Tours, II, 3; et *Gloria Martyrum*, 27; Victor de Vita et le *Vita sancti Eugenii*, 13 juillet.

Le gouvernement s'aperçut enfin que le sol se dérobait sous lui, et que l'État allait s'effondrer. Partout autour de lui régnaient la désaffection et le découragement. Il sentait, dans les sourds grondements qui sortaient des masses populaires, les signes avant-coureurs d'un orage terrible, et le bruit des acclamations qui saluaient l'entrée de Clovis dans les villes du nord de la Loire avait pour lui une signification sinistre. Il voulut alors revenir sur ses pas, et il fit, sous l'empire de la peur, les démarches qu'auraient dû lui dicter depuis longtemps la justice ou du moins la prudence. Il montra qu'il était assez fort pour ne pas céder, quand il voulait, aux fantaisies persécutrices des Goths, et les sévices contre la hiérarchie catholique cessèrent à partir du jour où ils semblèrent désapprouvés par lui. Comme l'avait fait Gondebaud au lendemain d'une expérience pénible, il imagina de donner une satisfaction aux catholiques en réglant légalement leur situation, et le *bréviaire d'Alaric*, résumé de la législation impériale fait pour leur usage, fut, de même que la *loi Gombette*, quelque chose comme un dédommagement accordé aux persécutés.

Ce ne fut pas tout. Allant plus loin dans la voie des réparations, Alaric II rendit à leurs troupeaux les évêques déposés. De ce nombre furent Verus de Tours[95], Ruricius de Limoges et saint Césaire d'Arles; ce dernier, avant de reprendre possession de son siège, avait eu la satisfaction de voir son accusateur confondu[96]. Bien plus, ce grand homme fut autorisé à réunir un concile national. En effet, au mois de septembre 506, vingt-quatre évêques et dix prêtres délégués d'autant d'évêques absents se réunirent à Agde, dans l'église Saint-André. L'épiscopat catholique, après le rude orage qui semblait devoir le détruire, se retrouvait à peu près au complet dans ces pacifiques assises: les persécuteurs avaient perdu leurs peines, l'œuvre d'Euric croulait derrière lui! Après avoir prié solennellement à genoux pour le roi Alaric, «deur très glorieux et très magnifique seigneur», les Pères du concile se mirent à l'œuvre sans désemparer, et les quarante-sept canons authentiques qu'ils ont laissés sont la preuve éloquente de l'énergie tranquille avec laquelle, au sortir de la fournaise, l'Église des Gaules reprenait le travail civilisateur interrompu depuis une génération. Le concile était plein de confiance et de vitalité: avant de se séparer, il décida qu'une nouvelle réunion se tiendrait l'année suivante à Toulouse, et que les prélats d'Espagne y seraient invités[97].

[95] Le nom de son délégué figure au bas des actes du concile d'Agde, en 506. Voir Sirmond, *Concilia Galliæ*, t. I, p. 174.

[96] *Vita Sancti Cæsarii*, c. 13, p. 640.

[97] Sirmond, *o. c.*, I, pp, 160-174. Sur le concile de 507, qui devait se tenir à Toulouse, voir le canon 71 d'Arles et la lettre de saint Césaire à Ruricius, dans l'édition de Krusch, p. 274.

On ne peut donc pas contester qu'à un moment donné, la cour de Toulouse ait renoncé formellement à la politique du règne précédent, et essayé de se réconcilier avec les populations catholiques. Mais toutes ces mesures qui, prises à temps, auraient peut-être conjuré l'orage, avaient le défaut de tout ce que les gouvernements font malgré eux: elles venaient trop tard. Dans les relations publiques, comme dans la vie privée, la pente de la désaffection ne se remonte pas, et on ne regagne point la confiance une fois qu'elle a été gaspillée. Les liens étaient rompus, les sympathies avaient émigré, tous les regards catholiques étaient tournés avec admiration et enthousiasme d'un autre côté. Partout Clovis était attendu, partout les cœurs se portaient au-devant de son peuple, et, comme dit Grégoire de Tours, dans son naïf langage, on désirait ardemment la domination des Francs[98].

[98] Grégoire de Tours, II, 35.

LA CONQUÊTE DE L'AQUITAINE

Rien de tout ce qui se passait au delà de la Loire n'échappait à Clovis. Il se rendait parfaitement compte du rôle qu'il était appelé à jouer dans ce royaume d'Aquitaine, où les fautes du gouvernement avaient fait de l'intervention étrangère le seul remède à une situation désespérée. Nul, d'ailleurs, n'était mieux qualifié que lui pour présenter au roi des Visigoths des observations sévères sur sa politique intérieure. Roi catholique, il était en Gaule le représentant de tous les intérêts de l'orthodoxie; souverain des Francs, il ne pouvait pas tolérer que dans son voisinage des hommes fussent maltraités pour le seul crime de trop aimer son peuple. Il se voyait donc, par la force des choses, placé à la tête du parti franc et catholique chez les Visigoths; tout au moins il en était le patron et le protecteur-né. Nul doute que la crainte de Clovis n'ait été un des principaux mobiles du revirement de la politique religieuse des Visigoths. Vainqueur de tous ses ennemis et ayant pour alliés les Burgondes eux-mêmes, Clovis pouvait réclamer justice pour ses coreligionnaires: en la leur rendant spontanément, on lui enlevait tout prétexte à intervention.

Cela suffisait-il, et n'était-il pas trop tard pour apaiser les populations catholiques frémissantes, qui voyaient le désarroi se mettre parmi les bourreaux et Clovis apparaître en libérateur? Ne se produisit-il pas dès lors, parmi elles, des mouvements destinés à préparer ou à hâter une intervention franque? Ou, tout au moins, l'irritation populaire ne se traduisit-elle pas, en certains endroits, par de véritables soulèvements? A la distance où nous sommes placés de ces événements, et avec les faibles lumières que nous fournissent les sources, il est impossible de répondre à cette question, et nous ne l'aurions pas même soulevée, si quelques lignes très obscures de l'hagiographie ne semblaient en quelque sorte la suggérer[99].

[99] Je veux parler de la mort de saint Galactorius de Bénarn, dont il sera question plus loin.

Mais, en dehors de la question religieuse proprement dite, il y avait quantité d'autres points sur lesquels devaient éclater tous les jours des conflits entre les Francs et leurs voisins. Les confins des deux pays étaient fort étendus, les relations des peuples très hostiles: des incidents de frontière, des querelles inattendues entre les nationaux des deux royaumes éclataient à chaque instant, et dégénéraient bien vite en froissements entre les deux cours. La tradition populaire des Francs, consignée dans une légende[100], est d'accord avec la correspondance politique de Théodoric le Grand pour attribuer le discord à ces rivalités entre les deux puissances de la Gaule. Que Clovis ait voulu et désiré un conflit, qu'il ait compté dans ce cas sur les sympathies qu'il avait en Aquitaine, cela est fort probable; il se sentait le plus fort de toute manière, et le chroniqueur franc lui-même lui attribue l'initiative des hostilités.

[100] Cette légende, très obscure, et dont on ne peut guère garder grand'chose, raconte au point de vue franc l'origine des hostilités, et rejette naturellement tous les torts sur le roi des Visigoths. Sans valeur pour l'histoire de Clovis, elle est au contraire pleine d'intérêt pour celle des mœurs barbares, et je renvoie le lecteur à l'étude que je lui ai consacrée dans l'*Histoire poétique des Mérovingiens*.

Alaric semble avoir fait ce qu'il pouvait pour ménager son redoutable adversaire. Il lui avait livré Syagrius; il est probable aussi qu'il lui avait renvoyé les prisonniers francs de Gondebaud. Enfin, il lui proposa une entrevue pour régler pacifiquement leurs différends. Clovis ne crut pas pouvoir refuser cette proposition. Les deux rois se rencontrèrent donc aux confins de leurs royaumes avec des formalités d'étiquette semblables à celles qui avaient réglé autrefois l'entrevue sur la Cure. Il y avait dans la Loire, en face du bourg d'Amboise, une île qui s'est appelée par la suite l'*Ile d'entre les Ponts*[101] ou l'*Ile Saint-Jean*[102]: c'est là, probablement sur terrain neutre, qu'ils mirent pied à terre, chacun avec une escorte désarmée dont le chiffre avait été strictement convenu d'avance. L'entrevue fut ou du moins parut cordiale: les deux rois burent et mangèrent ensemble, et se quittèrent après s'être mutuellement assurés de leur amitié[103].

[101] Dubos, III, p. 267; A. de Valois, I, p. 291.

[102] Fauriel, II, p. 57; Cartier, *Essais historiques sur la ville d'Amboise et son château*, Poitiers, 1842. Du Roure, *Histoire de Théodoric le Grand*, I, p. 478, l'appelle aussi l'*Ile d'Or*.

[103] Grégoire de Tours, II, 35.

Par malheur, il y avait dans le monde une puissance qui était singulièrement intéressée à brouiller les relations entre les deux princes barbares. Byzance n'avait jamais renoncé à la souveraineté de l'Occident. Pour elle, les Germains qui s'étaient emparés des provinces n'y étaient que des garnisons au service de l'empereur, ou des envahisseurs qu'il en fallait chasser dès qu'on pourrait. Elle ne cessait de rêver aux moyens de remettre sous son obéissance ces florissantes contrées, et l'idée de ramener les aigles romaines, malgré le *veto* des siècles, aux limites où les avaient posées Germanicus et Trajan fut de toutes les chimères byzantines la plus grandiose et la plus persistante[104]. Longtemps avant Justinien, qui le premier en réalisa au moins une partie, elle hanta l'imagination de ses prédécesseurs, et nous en retrouvons plus d'une trace dans leur politique. Mais l'expédient auquel ils recouraient n'avait rien de la grandeur imposante du but: il consistait à diviser les barbares et à les détruire les uns par les autres. L'ennemi à anéantir tout d'abord, c'étaient les

Goths. Ils tenaient deux des trois grandes presqu'îles méditerranéennes, et ils empiétaient sur la troisième. Maître de l'Italie et d'une partie de l'Illyrie, Théodoric affectait même des allures d'empereur qui, plus encore que son pouvoir, révoltaient profondément l'orgueil des Byzantins. Depuis qu'en 504 ses lieutenants avaient infligé aux armées impériales une défaite humiliante, et porté l'autorité de leur maître jusque dans la Pannonie[105], les rapports étaient extrêmement tendus entre les cours de Ravenne et de Constantinople. Tirer une revanche éclatante de l'insolent barbare, c'était devenu en quelque sorte l'idée fixe de l'empereur Anastase.

[104] G. Kurth, *les Origines de la civilisation moderne*, t. I, pp. 301 et suivantes.

[105] Ennodius, *Panegyricus Theodorico dictus*, c. 12. Cf. le comte Marcellin, année 501, et la chronique de Cassiodore, année 504 (Mommsen).

En cherchant le peuple qui devait lui servir d'instrument dans cette entreprise, il hésita probablement quelque temps entre les Francs et les Burgondes. Les Burgondes étaient de tous les Germains les plus sincères amis de l'Empire, et les plus respectueux envers les empereurs. On a vu plus haut les preuves de leur espèce de culte pour la majesté impériale, et de la subordination au moins nominale de leurs rois aux souverains de Byzance. Voisins des deux royaumes gothiques, ils avaient également à se plaindre de l'un et de l'autre, car le premier avait mis fin à leur carrière à peine commencée en s'emparant de la haute Italie, et l'autre, en mettant la main sur la Gaule maritime, les avait à jamais enfermés dans leurs montagnes. Mais les Burgondes n'étaient pas assez forts pour engager la lutte contre les Goths. D'ailleurs, depuis la campagne de 500, ils étaient devenus, sinon les tributaires, du moins les amis et les alliés des Francs, qui exerçaient sur leur royaume une suzeraineté déguisée.

C'était donc aux Francs décidément qu'il fallait s'adresser. Les Francs étaient les ennemis-nés des Goths. Les ardentes rivalités qui régnaient entre les deux peuples n'étaient pas un mystère pour Byzance, toujours parfaitement renseignée sur ce qui se passait chez les barbares. La position stratégique des Francs les rendait admirablement aptes au rôle d'agresseurs. Couverts du côté des Ostrogoths par les Burgondes, ils pouvaient anéantir les Visigoths avant que l'Italie eût le temps d'intervenir; eux-mêmes, libres sur leurs derrières, ils n'avaient pas à craindre de diversion sérieuse pendant qu'ils seraient aux prises avec leurs ennemis au sud de la Gaule. Leur supériorité militaire ne faisait de doute pour personne; il paraissait certain que si, alliés aux Burgondes, ils se jetaient sur l'Aquitaine, ils en balayeraient facilement les occupants. Et si Théodoric s'avisait de venir au secours de ceux-ci, ne pouvait-on pas, quand on le voulait, lui donner de l'ouvrage en Italie, et une démonstration de la flotte byzantine ne devait-elle pas suffire pour retenir chez lui ce barbare défiant, établi au milieu de populations romaines mal réconciliées?

Si, comme on n'en peut guère douter, ces considérations ont frappé l'esprit des contemporains, il dut y avoir d'actives négociations entre Byzance et Clovis pendant le cours de l'année 506. Anastase venait de rompre toute espèce de relations diplomatiques avec les Ostrogoths: les fastes consulaires de l'Occident ne contiennent plus, à partir de 507, le nom du consul créé dans l'empire d'Orient. L'empereur pressait vivement Clovis d'entrer en campagne, s'engageant à faire de son côté une démonstration assez sérieuse pour empêcher Théodoric d'intervenir dans la lutte. En même temps, il est probable qu'il encourageait Gondebaud, qui était d'ailleurs l'allié de Clovis, à prendre part à l'entreprise, promettant aux deux rois de ratifier le partage qu'ils feraient des dépouilles des Visigoths. Sans doute, nous ne possédons aucun témoignage positif attestant que telle fut la marche des négociations; mais elles s'accusent d'une manière éclatante au cours des événements qui vont se dérouler sous nos yeux.

De quelque secret qu'aient été entourés ces pourparlers, ils n'échappèrent pas à la perspicacité du roi d'Italie. Il devina l'orage qui allait fondre sur son édifice politique, et il ne lui fut pas difficile de se rendre compte que dans la personne de son gendre Alaric, c'était lui avant tout qui était visé. On peut croire qu'il s'attendait depuis longtemps à une attaque de ce genre, et qu'il avait pris, en vue de cette éventualité redoutée, toutes les précautions que peut suggérer le génie de l'homme d'État le plus exercé. Il avait fait tour à tour entrer, dans sa clientèle ou dans son alliance, tous les peuples barbares de l'Occident, et il était en Europe le chef d'une famille de rois qu'il travaillait à serrer le plus étroitement possible autour de sa personne. Grâce à une série de mariages politiques, il se trouvait le beau-père du roi des Burgondes et de celui des Visigoths, le beau-frère de celui des Vandales et de celui des Francs, et l'oncle de celui des Thuringiens; enfin, il avait adopté comme fils d'armes celui des Hérules. Ces liens de parenté entre les rois lui semblaient la meilleure garantie de la paix entre leurs peuples. Il avait été assez heureux pour voir sa politique couronnée de succès, et tous les royaumes barbares reconnaître tacitement la suprématie de son génie. Clovis était le seul dont les allures conquérantes vinssent troubler ce bel ordre, et donner de l'inquiétude au patriarche des rois. Une première fois déjà, il avait fallu que Théodoric intervînt pour arrêter le cours de ses succès militaires, qui menaçaient de rompre l'équilibre de l'Occident[106]. Aujourd'hui, le danger était plus sérieux: c'était la nation gothique elle-même, c'était le sang de ses rois qui était menacé. Théodoric mit tout en œuvre pour conjurer le conflit, et l'on peut juger, par le zèle qu'il y apporta, de l'importance qu'avaient à ses yeux les intérêts en cause.

[106] Voir t. I, p. 308 et suivantes.

Une contre-alliance qui serait assez forte pour effrayer Clovis et pour neutraliser auprès de lui les influences byzantines, tel fut le moyen qui s'offrit tout d'abord à son esprit. Sa correspondance, qui nous a été heureusement conservée, nous le montre s'adressant tour à tour à tous les rois barbares ses parents et ses alliés, pour les décider à faire avec lui une démarche collective auprès du roi franc, auquel on offrirait de trancher par voie d'arbitrage son différend avec Alaric. En cas de refus, on lui notifierait qu'il aurait sur les bras une guerre avec tous les princes représentés dans l'ambassade.

Il n'y avait pas de temps à perdre: l'attitude de Byzance laissait entrevoir une prise d'armes à bref délai. Ce fut donc probablement vers la fin de 506 ou dans les premiers jours de 507 que partit, de la cour de Ravenne, l'ambassade chargée de faire le tour des capitales européennes. Outre la lettre qu'ils devaient remettre, de la part de leur souverain, aux divers rois alliés, ils étaient chargés pour chacun d'eux d'un message verbal, contenant sans doute des choses trop délicates pour être mises par écrit. Ces communications confidentielles n'ont pu, d'ailleurs, que confirmer les grandes lignes du plan dont la correspondance de Théodoric nous a gardé le croquis. Leur voyage circulaire terminé, les négociateurs devaient, renforcés des ambassadeurs de tous ces rois, se présenter auprès de Clovis avec le message de leur maître, qui lui parlerait de la sorte au nom de toute l'Europe germanique. Plan vaste et grandiose sans doute, et dont l'issue prospère était la seule chance qui restât de conserver la paix de l'Occident.

La première visite de l'ambassade fut pour le roi de Toulouse. Elle lui porta, avec des paroles d'encouragement, le conseil de ne pas bouger avant que les négociations de Théodoric avec les autres rois barbares eussent abouti.

«Vous avez le droit, écrivait le monarque ostrogoth, de vous glorifier de la valeur traditionnelle de votre peuple, et de vous souvenir qu'Attila a été écrasé par vos ancêtres. Rappelez-vous cependant qu'une longue paix amollit les nations les plus belliqueuses, et gardez-vous d'exposer sur un seul coup de dé des forces qui sont restées trop longtemps sans emploi. Prenez donc patience jusqu'à ce que nous ayons envoyé notre ambassade au roi des Francs, et tranché votre litige par voie de jugement amical. Vous êtes tous deux nos parents, et nous ne voulons pas que l'un de vous soit mis dans un état d'infériorité vis-à-vis de l'autre. Comme il n'y a d'ailleurs entre vous aucun grief sérieux, rien ne sera plus facile à apaiser, tant que vous n'aurez pas recouru aux armes. Au reçu de cette ambassade, joignez vos envoyés à ceux que nous adressons à notre frère Gondebaud et aux autres rois, et fasse le Ciel que nous vous aidions à vous protéger contre *les intrigues de ceux qui se complaisent malignement aux querelles d'autrui*. Quiconque voudra vous faire du tort nous aura pour ennemis[107].»

[107] Cassiodore, *Variar.*, III, 1.

De Toulouse, renforcée selon toute probabilité des envoyés d'Alaric, l'ambassade se rendit à la cour de Vienne, auprès du roi Gondebaud. La lettre adressée à ce monarque est conçue de la manière la plus diplomatique: Théodoric n'y sort pas du domaine des considérations morales, semble éviter de serrer de près la question, et ne parler, en quelque sorte, que par acquit de conscience.

«C'est un grand mal, écrit-il sentencieusement, que les querelles entre personnages royaux, et, pour nous, nous souffrons de voir les dissentiments de nos proches. C'est à nous qu'il convient de rappeler ces jeunes princes à la raison, et de prononcer au besoin des paroles sévères pour les empêcher d'aller aux excès. Aidez-moi dans cette tâche; joignez votre ambassade à la mienne et à celle d'Alaric, afin que nos efforts unis parviennent à rétablir la concorde entre ces rois. Il n'y aura personne qui ne nous rende responsables de leur querelle, si nous ne faisons pas tout pour l'apaiser[108].»

[108] Cassiodore, *Variar.*, III, 2.

Il est peu probable que Gondebaud, qui dès lors était en secret l'allié de Clovis, ait déféré aux instances de Théodoric, et les envoyés de celui-ci durent le quitter assez mécontents, pour achever leur message auprès des rois des Hérules, des Warnes et des Thuringiens. Chacun de ces trois princes reçut un exemplaire d'une lettre unique dans laquelle Théodoric s'exprimait sur le compte de Clovis en termes plus explicites que dans la lettre à Gondebaud.

«Celui, dit-il en substance, qui veut injustement ruiner une nation respectable, n'est pas disposé à observer la justice envers les autres, et si le succès le favorise dans cette lutte impie, il se croira tout permis. Joignez donc vos envoyés à ceux qui portent nos offres de médiation à Clovis, pour qu'en esprit d'équité il renonce à attaquer les Visigoths, et qu'il s'en rapporte au droit des gens, ou qu'il sache qu'autrement il aura affaire à nous tous. On lui offre une entière justice: que veut-il donc de plus, sinon bouleverser tous les royaumes voisins? Il vaut mieux réprimer tous ensemble, dès le début et à peu de frais, ce qui autrement risquerait de causer une conflagration générale. Rappelez-vous combien de fois Euric vous a comblés de ses présents, combien de fois il a écarté de vous les armes de voisins puissants. Rendez aujourd'hui au fils ce que le père a fait pour vous: vous agirez pour votre propre bien, car si le roi des Francs parvenait à l'emporter sur la grande monarchie visigothique, nul doute qu'il ne s'attaque ensuite à vous[109].»

[109] Cassiodore, *Variar.*, III, 3.

Les roitelets barbares déférèrent-ils au vœu de leur puissant allié, et se joignirent-ils à lui pour la démarche comminatoire qu'il leur proposait de faire ensemble auprès du roi franc? Nous ne sommes pas en état de le dire, et leur inaction dans la lutte qui éclata peu après pourrait faire croire qu'ils ont prudemment évité de s'aventurer. Quoi qu'il en soit, les envoyés de Théodoric, après ce long itinéraire à travers les cours barbares, terminèrent leurs pérégrinations auprès de Clovis, en lui remettant de la part de leur maître une lettre dont nous résumons le contenu:

«La Providence a voulu nouer des liens de parenté entre les rois, afin que leurs relations amicales aient pour résultat la paix des nations. Je m'étonne donc que vous vous laissiez émouvoir, par des motifs frivoles, jusqu'à vous engager dans un violent conflit avec notre fils Alaric. Tous ceux qui vous craignent se réjouiront de cette lutte. Jeunes tous les deux, et tous les deux à la tête de florissantes nations, craignez de porter un rude coup à vos royaumes, et de prendre sur vous la responsabilité des catastrophes que vous allez attirer sur vos patries. Laissez-moi vous le dire en toute franchise et affection: c'est trop de fougue de courir aux armes dès les premières explications. C'est par voie d'arbitrage qu'il faut trancher vos débats avec vos proches. Votre querelle serait un opprobre pour moi-même. Je ne veux pas d'une lutte d'où l'un de vous deux peut sortir écrasé; jetez ces armes que vous tournez en réalité contre moi. Je vous parle comme un père et comme un ami: celui de vous qui mépriserait mes exhortations doit savoir qu'il aura à compter avec moi et avec tous mes alliés. Je vous exhorte donc comme j'ai exhorté Alaric: *Ne laissez pas la malignité d'autrui semer la zizanie entre vous et lui*; permettez à vos amis communs de régler à l'amiable vos différends, et rapportez-vous-en à eux de vos intérêts. *Celui-là n'est certes pas un bon conseiller qui veut entraîner l'un ou l'autre de vous dans la ruine*[110].»

[110] Cassiodore, *Variar.*, III, 4.

Ces dernières paroles, et les autres que nous avons soulignées, ne laissent pas de doute sur la personnalité visée par Théodoric: c'est, à ne pas s'y tromper, l'empereur dont il s'agit[111]. La démarche du roi d'Italie, complétée et précisée par les instructions verbales de ses ambassadeurs, était une lutte ouverte et acharnée contre l'influence byzantine auprès de Clovis. On mettait ce dernier en demeure de se prononcer entre Ravenne et Constantinople, entre le monde barbare où il avait ses voisins, ses parents, ses amis, et le monde romain où il ne rencontrait qu'un empereur perfide et intrigant. Toute l'éloquence des ambassadeurs dut tendre à rompre les liens qui se nouaient, à persuader à Clovis que ses intérêts et sa gloire le détournaient également d'une pareille alliance.

[111] Il faut se garder de supposer, avec Junghans, p. 84, et avec W. Schultze, *Das Merovingische Frankenreich*, p. 72, que Théodoric a voulu faire allusion aux menées du clergé catholique. C'est d'abord, nous l'avons vu, faire une hypothèse téméraire que d'admettre sans preuve les prétendues menées de l'épiscopat des Gaules; c'est ensuite supposer Théodoric très maladroit que

de lui attribuer des attaques aussi âpres contre les conseillers de Clovis au moment où il s'agissait de le gagner.

Ce fut en vain. L'ambassade venait trop tard, et elle ne servit qu'à précipiter les événements. Peut-être n'était-elle pas encore rentrée au palais de Ravenne que l'armée franque et l'armée burgonde s'ébranlaient chacune de son côté. Quand saint Avitus revint dans sa ville épiscopale, qu'il avait quittée pour aller célébrer une fête religieuse dans son diocèse, l'héritier de la couronne burgonde, à son grand étonnement, était déjà parti avec ses soldats[112]. Cette précipitation était commandée par les circonstances: une fois la lutte décidée, il importait de fondre ensemble sur l'ennemi commun avant que Théodoric eût le temps de venir à son secours.

[112] S. Avitus, *Epist.*, 45 (40).

L'explosion des hostilités prit les Visigoths au dépourvu. Ce peuple, déshabitué par une longue paix des labeurs et des périls de la guerre, avait perdu, comme le craignait Théodoric[113], de cette valeur qui le rendait si redoutable aux Romains des générations précédentes. Il souffrait aussi d'une gêne financière à laquelle il avait cru porter remède en émettant de la monnaie altérée[114]. L'arrivée des Francs causa une espèce d'affolement. Pendant qu'on dépêchait en toute hâte un message à Théodoric pour le prévenir du danger et le supplier d'accourir sans retard[115], les agents fiscaux battaient tout le royaume pour faire rentrer dans les caisses de l'État le plus d'argent possible, et les recruteurs officiels faisaient prendre les armes à tout ce qui était en état de les porter. Même des religieux furent arrachés à la solitude de leur cellule pour aller grossir les rangs de l'armée visigothique[116]. Ils s'y rencontraient avec beaucoup de Romains catholiques dont les sentiments étaient les leurs, et qui souffraient de verser leur sang pour une cause qui semblait se confondre avec celle de l'hérésie. Certes, ces braves gens n'étaient pas des traîtres, et on verra qu'ils surent vaillamment faire leur devoir de soldat; mais on conviendra qu'une armée ainsi composée ne devait pas être animée de cet enthousiasme qui est la condition de la victoire. On se sentait battu d'avance; on allait au combat à travers les sourds grondements d'une population qui voyait des ennemis dans ses défenseurs.

[113] Voir ci-dessus, p. 63.

[114] S. Avitus, *Epist.*, 87 (78).

[115] Procope, *De Bello gothico*, I, 12.

[116] *Vita sancti Aviti Eremitæ* (dom Bouquet III, 390).

Quel contraste que celui des deux armées, et comme il exprimait bien l'opposition des deux régimes politiques! Dans le camp de Clovis, tout était à l'allégresse: Romains et barbares se serraient avec le même entrain autour d'un chef populaire et aimé. Et comme il avait su s'y prendre pour exalter le courage et le zèle des siens, en leur présentant cette nouvelle expédition comme une espèce de croisade!

«Je ne puis supporter, avait-il dit, que ces ariens occupent une bonne partie de la Gaule. Marchons donc contre eux, et, après les avoir battus, soumettons leur terre à notre autorité[117].» Des acclamations unanimes avaient salué ces paroles, et l'on s'était ébranlé.

[117] Grégoire de Tours, II, 37. Cf. *Histoire poétique des Mérovingiens*, p. 267.

L'armée franque présentait un beau spectacle: on s'y montrait le jeune prince Théodoric, fils aîné de Clovis, qui allait faire ses premières armes sous les yeux du roi, et le prince Chlodéric, héritier présomptif du vieux roi de Cologne, qui avait amené à l'allié de son père les contingents francs de la Ripuarie. Pendant qu'à travers les plaines neustriennes on s'acheminait vers la Loire, les Burgondes, de leur côté, se mettaient en route pour aller prendre le royaume visigoth à revers. Gondebaud lui-même était à la tête de ses troupes; sous ses ordres, son fils aîné, Sigismond, commandait une partie de l'armée dans laquelle l'élément indigène et catholique était prépondérant. Tous les catholiques de Burgondie accompagnaient de leurs vœux et de leurs prières l'armée nationale, qui allait contribuer à la délivrance de leurs frères d'Aquitaine, et à l'humiliation d'une puissance hérétique et persécutrice.

«Partez heureux, écrivait saint Avitus à Sigismond, et revenez vainqueur. Gravez votre foi sur vos armes, rappelez à vos soldats les promesses divines, et par vos prières forcez le Ciel à vous venir en aide[118].»

[118] S. Aviti *Epist.*, 45 (40).

Laissons les Burgondes suivre par les montagnes de l'Auvergne l'itinéraire qui les fera pénétrer dans le Limousin, et attachons-nous à l'armée de Clovis. Arrivée dans la vallée de la Loire à la hauteur d'Orléans, elle avait pris par la chaussée romaine qui longeait la rive droite de ce fleuve, l'avait franchi dans les environs d'Amboise[119], et de là, laissant à droite la ville de Tours qui devait lui être dévouée depuis longtemps, elle s'était dirigée à grandes journées du côté de Poitiers. Une sévère discipline, bien difficile à faire respecter par une armée de barbares, régnait parmi les soldats. Par un édit royal, publié avant l'entrée en campagne, Clovis avait prescrit un respect absolu des personnes et des choses ecclésiastiques. Les prêtres, les clercs de tout rang et leurs familles, les religieux des deux sexes, et jusqu'aux serfs d'église, tous étaient mis sous la protection spéciale du souverain, c'est-à-dire, selon le langage d'alors, dans *la paix du roi*. Quiconque se rendait coupable de violence envers eux ou les dépouillait de leurs biens s'exposait par là même à la plus terrible vengeance[120]. Par considération pour son saint patron, le pays de Tours fut mis tout entier sous la protection de cet édit, ou, pour mieux dire, un édit tout spécial défendit aux soldats d'y molester qui que ce fût, et d'y prendre autre chose que de l'herbe et de l'eau. Clovis tua de sa propre main un soldat qui s'était permis d'enlever du foin à un pauvre, disant par manière de plaisanterie que c'était de l'herbe.

[119] C'est là, en effet, l'itinéraire le plus court pour aller de Paris à Poitiers; de plus, la *Vie de saint Dié* parle d'une rencontre de Clovis avec ce saint, qui demeurait à Blois. Je me rallie donc à l'opinion de Pétigny, II, p. 503, contre Dubos, III, p. 287, et Junghans, p. 87, qui nomment Orléans.

[120] Voir la lettre de Clovis aux évêques, dans Sirmond, *Concilia Galliæ*, I, p. 176.

«Comment, dit le roi, pourrions-nous espérer de vaincre, si nous offensons saint Martin[121]?»

[121] Grégoire de Tours, II, 37.

Clovis donna une autre preuve de sa grande confiance dans le pouvoir du patron de l'église de Tours. Conformément à un usage barbare de cette époque, auquel les chrétiens eux-mêmes recouraient de temps à autre malgré les interdictions des conciles, il voulut que saint Martin rendît un oracle au sujet de l'issue de sa campagne. Ses envoyés allèrent donc, sans que lui-même se détournât de sa route, porter de riches présents au saint de la part de leur maître, dans l'espoir qu'il leur donnerait un signe quelconque de l'avenir. Et, en effet, au moment où ils entraient dans la basilique, le primicier qui dirigeait les chants du chœur faisait exécuter l'antienne suivante: «Seigneur, vous m'avez armé de courage pour les combats, vous avez renversé à mes pieds ceux qui se dressaient contre moi, vous m'avez livré les dos de mes ennemis, et vous avez dispersé ceux qui me poursuivent de leur haine[122].» Ces paroles sacrées, qui s'adaptaient si bien à la situation de Clovis, n'était-ce pas saint Martin qui les avait mises dans la bouche des chanteurs, pour donner au roi des Francs un présage de sa victoire? Les envoyés le crurent, et, pleins de joie, ils allèrent rapporter cette bonne nouvelle à leur maître[123].

[122] Psaume XVII, 40-41.

[123] Grégoire de Tours, *l. c.*

Cependant l'armée franque, quittant la vallée de la Loire, avait pénétré dans celle de la Vienne, et la remontait, cherchant avec ardeur un gué, car Alaric avait fait détruire les ponts et enlever les bateaux[124]. Malheureusement, de fortes pluies avaient grossi la rivière, et, après une journée entière de recherches, il avait fallu camper sur la rive droite. Clovis se mit en prière, et supplia Dieu de lui venir en aide. Et, dit la tradition conservée par Grégoire de Tours, voilà qu'une biche de proportions énormes entra dans la rivière sous les yeux du roi, et, la traversant à gué, montra ainsi à toute l'armée le chemin qu'elle devait suivre[125]. La route de Poitiers était ouverte maintenant. Quittant la vallée de la Vienne à partir du confluent du Clain, en amont de Châtellerault, on remonta allègrement cette dernière rivière, sur le cours de laquelle on devait rencontrer Poitiers. Au moment de mettre le pied sur le territoire d'un pays placé sous le patronage de saint Hilaire, le grand adversaire de l'arianisme, Clovis avait ordonné à son armée de respecter le domaine de ce saint aussi religieusement que celui de saint Martin.

[124] Pétigny, II. p. 503.

[125] Grégoire de Tours, *l. c*. De pareils épisodes étaient fréquents à une époque où les pays étaient moins peuplés et plus giboyeux qu'aujourd'hui. Un gué de l'Isère fut montré par une biche au général Mummolus. Grégoire de Tours, IV, 44. J'ai cité d'autres exemples, les uns légendaires, les autres historiques, dans l'*Histoire poétique des Mérovingiens*, pp. 275 et suiv. On a souvent placé le passage de la Vienne à Lussac, à cause d'un lieu voisin dit le Pas de la biche; mais M. Richard nous apprend qu'il y a plusieurs *Pas de la biche* sur la Vienne, entre autres un à Chinon (*Bulletin mensuel de la Faculté des lettres de Poitiers*, 1888, pp. 62-66.)

Alaric, cependant, était parvenu à grand'peine à rassembler son armée. N'étant pas arrivé à temps, semble-t-il, pour barrer à son adversaire le passage de la Loire ni même celui de la Vienne, il venait de se jeter en avant de Poitiers, pour couvrir cette ville et pour livrer bataille dans les conditions les plus favorables. Au nord de l'antique cité s'étendait une plaine immense, bornée par de profondes forêts, et sillonnée seulement par un petit cours d'eau de volume médiocre, nommé l'Auzance, qui de l'ouest à l'est allait rejoindre la vallée du Clain. Cette plaine était connue par le nom de la seule localité qui se rencontrât dans sa solitude: on l'appelait la champagne de Vouillé[126]. C'est tout près de cette localité, à une quinzaine de kilomètres au nord-ouest de Poitiers, qu'Alaric avait pris position dans un ancien camp retranché occupant une superficie de soixante-quinze hectares, qui avait été, croit-on, un *oppidum* de l'époque gauloise, et qu'on nomme encore aujourd'hui le camp de Céneret. Cette position, puissamment défendue de trois côtés par l'Auzance, et du quatrième par un retranchement de six cent mètres de longueur, commandait le chemin par lequel devait arriver Clovis[127].

[126] Ce point doit être noté pour l'intelligence du récit. Le *campus Vocladensis* de Grégoire de Tours II, 37, la *campania Vocladensis* de Frédégaire, III, 24, désignent toute la plaine et non seulement la paroisse actuelle de Vouillé. D'ailleurs, jusqu'en 1790, cette paroisse fut immense et comprit presque la plaine entière, en tout plus de sept mille hectares. Quand donc le *Liber historiæ*, c. 17, nous apprend que la bataille fut livrée *in campo Vogladinse super fluvium Clinno*, il ne faut pas objecter que le village de Vouillé n'est pas situé sur le Clain, car l'auteur ne dit pas cela.

[127] A Richard, *Les Légendes de Saint-Maixent et la victoire de Clovis en Poitou.* (*Revue des questions historiques*, t. XXXIII, p. 609); Id., *la Bataille de Vouillé* (*Bulletin mensuel de la Faculté des lettres de Poitiers*, 1888, pp. 62-66).

La question du théâtre de la bataille de Clovis contre les Visigoths, qui a fait couler tant d'encre, semblait tranchée depuis la démonstration péremptoire de M. A. Longnon, *Géographie de la Gaule au sixième siècle* p. 576 et suiv., et de M. A Richard *o. c.* et *Revue des questions historiques*, t. XXXIII, qui ont prouvé l'un et l'autre que *Vocladum* doit être identifié avec Vouillé; aussi m'étais-je rallié purement et simplement à leur avis, après une étude soigneuse de la question et une inspection personnelle des lieux. Depuis lors, M. Lièvre est rentré en lice pour défendre son opinion entièrement isolée qui place Vogladum à Saint-Cyr (*Revue historique*, janv.-févr. 1898), mais il aura simplement fourni à M. A Richard (*La bataille de Vouillé*, Poitiers 1898) et à moi-même (*Revue des questions historiques*, t. LXIV, 1898 p. 172 et suiv.) l'occasion de démontrer l'inanité de sa thèse.

Poitiers surgissait à l'extrémité méridionale de cette vaste étendue, dont la séparait la vallée de la Boivre. Cette petite rivière, en venant au pied de ses murs se réunir au Clain, isolait de tous côtés le promontoire aux pentes abruptes qui porte la ville, sauf vers le sud-ouest où l'étranglement de la montagne resserrée entre les deux vallées forme une espèce d'isthme qui la relie au reste du plateau. L'ancienne Limonum, enfermée dès le quatrième siècle dans une enceinte romaine, formait au sommet de sa colline une espèce de massif parallélogramme de pierre qui couronnait d'une manière pittoresque les deux vallées, mais sans descendre jusqu'à elles. Les murs, qui avaient six mètres d'épaisseur, étaient garnis de tours nombreuses, clairsemées au nord et au midi, où l'escarpement des pentes servait de défense naturelle, plus rapprochées à l'ouest, où les travaux d'art devaient suppléer à l'insuffisance du terrain. Avec ses temples, ses thermes, ses basiliques, ses arcs de triomphe, son amphithéâtre à vingt mille sièges, et ses trois aqueducs qui la pourvoyaient d'eau fraîche, Poitiers était une des plus belles villes de l'Aquitaine[128]: au quatrième siècle, Ammien Marcellin la mettait au premier rang avec Bordeaux, Saintes et Clermont[129]. Le christianisme y était venu à son tour planter ses édifices, et l'on attribuait à Constantin la fondation de son église cathédrale, dédiée à la Vierge. Le siège de Poitiers avait été orné d'un éclat incomparable par son évêque, saint Hilaire, un des confesseurs intrépides qui, au fort de la tourmente arienne, avaient monté la garde autour du dogme trois fois saint de la Trinité. Ce grand homme reposait à quelque distance de sa ville épiscopale, dans le cimetière auquel il avait confié la dépouille mortelle d'Abra, sa fille bien-aimée, qui, fidèle aux vœux de son père, n'avait voulu avoir d'autre époux que le Christ. Il avait fait élever sur le tombeau de la vierge chrétienne une basilique dédiée aux saints Jean et Paul, mais que les fidèles s'habituèrent à désigner bientôt sous son nom. Elle était située à l'endroit précis où commence l'étranglement du plateau de Poitiers, à quelques centaines de mètres des remparts qu'elle dominait, et sur le penchant septentrional de la colline. De là, elle regardait au loin toute la vaste plaine de Vouillé. Aujourd'hui encore, le voyageur qui arrive par le nord aperçoit la basilique Saint-Hilaire longtemps avant que le reste de la ville ait apparu sur la hauteur.

[128] Ledain, *Mémoire sur l'enceinte gallo-romaine de Poitiers* (*Mémoires de la société des antiquaires de l'Ouest*, t. XXXV.)—Article du même, dans *Paysages et monuments du Poitou*, Paris, 1898, t. I.

[129] Amm. Marcellin, XV, 11.

La nuit tombait lorsque l'armée franque, débouchant dans la plaine où allaient se décider les destinées de l'Europe, arriva en vue des avant-postes d'Alaric, fortifié dans son camp de Céneret. La tente de Clovis fut dressée à la hâte, et les soldats s'éparpillèrent dans leurs bivouacs, pour se préparer par quelques heures de repos rapide à la formidable rencontre du lendemain. Soudain, le roi, dont le regard mesurait l'étendue comme pour demander à cette plaine muette le mot de la grande énigme du lendemain, vit une lumière éblouissante se lever à l'horizon sur le campanile de Saint-Hilaire. C'était, selon l'expression saisissante de l'historien, un phare de feu qui semblait venir dans sa direction, comme pour lui annoncer que la foi d'Hilaire, qui était aussi la sienne, l'assisterait dans sa lutte contre l'hérésie, à laquelle le grand confesseur de Poitiers avait jadis livré tant de combats victorieux[130]. Toute l'armée fut témoin de ce spectacle, et les soldats s'écrièrent que le ciel combattait pour eux[131]. Aussi cette nuit fut-elle passée dans l'allégresse chez les Francs, pour qui elle était en quelque sorte la veillée de la victoire.

[130] Sur un phénomène de même genre, cf. Grégoire de Tours, *Virtut. S. Juliani* c. 34, où est racontée la translation des reliques de saint Julien par notre chroniqueur dans l'église du dit saint à Tours. *Referebat autem mihi vir fidelis, qui tunc eminus adstabat, cum nos basilicam sumus ingressi, vidisse se pharum immensi luminis e cœlo dilapsam super beatam basilicam descendisse, et deinceps quasi intro ingressa fuisset.*

[131] Grégoire de Tours, II, 37. Fortunat, *Liber de Virtutibus sancti Hilarii*, 20 et 21, ajoute que Clovis entendit en même temps une voix qui lui recommandait de hâter l'action, *sed non sine venerabilis loci oratione*, et qu'il se conforma à cette prescription, *diligenter observans et oratione occurrens.*. Il semble pourtant bien difficile d'admettre que Clovis ait été prier dans la basilique Saint-Hilaire avant la bataille, et je me demande si Fortunat a bien rendu la tradition poitevine.

Que se passait-il, cependant, derrière les retranchements du camp de Céneret? Les causes vaincues n'ont pas d'historien, et aucun annaliste n'a pris la peine de nous faire assister à l'agonie du royaume visigoth. Toutefois un historien byzantin croit savoir qu'Alaric aurait voulu retarder la bataille jusqu'à l'arrivée du secours de Théodoric le Grand, mais que l'impatience de son peuple le força d'en venir aux mains sans attendre les renforts promis. Rien de plus vraisemblable, d'ailleurs, que cette contrainte morale exercée sur leur chef par des guerriers braves et amoureux de gloire, mais sans responsabilité, qui confondaient la prudence et la lâcheté, et qui craignaient de devoir partager avec d'autres l'honneur de la victoire[132]. Alaric voyait plus clair dans sa situation et se rendait compte que le gros de son armée ne partageait pas les dispositions de l'élite. Mais, d'autre part, il était devenu impossible d'ajourner l'heure de l'échéance, et il se décida, quels que fussent ses sentiments intimes, à aller au-devant de la destinée. Peut-être, selon l'ancienne coutume germanique, les deux rois échangèrent-ils encore un défi solennel, et se donnèrent-ils rendez-vous pour le jour suivant.

[132] Procope, *Bell. gothic.*, I, 12.

Le lendemain, de bonne heure,—on était au cœur des longues journées de l'été,—les deux armées se déployèrent en ordre de bataille, et la lutte commença aussitôt. Le lieu précis de l'engagement doit être cherché, selon Grégoire de Tours, à quinze kilomètres de Poitiers, des deux côtés de la chaussée romaine qui allait de cette ville à Nantes et à l'Océan. Les Francs commencèrent par faire pleuvoir de loin une grêle de traits sur leurs adversaires, mais ceux-ci ne répondirent pas avant de pouvoir combattre corps à corps[133]. Alors s'engagea une mêlée sanglante, car les Visigoths étaient un peuple vaillant, et, malgré les sinistres présages qui planaient sur leur cause, chacun dans l'armée d'Alaric voulait faire son devoir. Le roi des Goths avait avec lui son fils Amalaric, enfant âgé de cinq ans; à côté de Clovis combattaient son fils aîné Théodoric, et Chlodéric, le prince de Cologne. La lutte sans doute se serait prolongée, si elle n'avait été terminée brusquement par la mort de l'un des rois. Comme dans les rencontres de l'âge héroïque, Clovis et Alaric se cherchaient dès le commencement de l'action, voulant vider leur querelle par un de ces combats singuliers dans l'issue desquels les barbares voyaient un jugement de Dieu. Alaric tomba, frappé d'un coup mortel; mais son rival faillit payer cher sa victoire, car deux soldats visigoths, probablement des membres de la bande royale, fondirent à la fois sur lui de droite et de gauche et cherchèrent à le percer de leurs épées. Mais la cuirasse de Clovis était de bonne trempe, et son cheval bien dressé; il tint tête à ses agresseurs, et donna aux siens le temps d'accourir et de le mettre hors de danger[134].

[133] *Confligentibus his eminus, resistunt cominus illi.* Grégoire de Tours, II, 37. J'ai traduit comme j'ai pu ce passage obscur.

[134] *Sed auxilio tam luricæ quam velocis equi, ne periret exemptus est.* Grégoire de Tours, II, 37. Il ne faut pas conclure de ce *velocis equi* que Clovis a pris la fuite, ce qui ne permettrait pas de comprendre *auxilio luricæ*. En réalité, *velox* marque ici l'agilité et la souplesse des mouvements du cheval qui sert à merveille son maître dans sa lutte. Cf. Grégoire de Tours, II, 24: Quem Ecdicium miræ velocitatis fuisse multi commemorant. Nam quadam vice multitudinem Gothorum cum decim viris fugasse prescribitur. Grégoire fait allusion ici à l'exploit que nous avons raconté ci-dessus, p. 33, et l'on conviendra que cette *velocitas* n'est certes pas celle d'un fuyard.

La chute d'Alaric fut pour l'armée des Goths le signal d'un sauve-qui-peut éperdu. Prenant au milieu d'eux l'enfant royal menacé de tomber aux mains de l'ennemi, quelques hommes dévoués lui firent un rempart de leurs corps, et, fuyant à bride abattue, furent assez heureux pour l'emporter sain et sauf loin du théâtre du carnage[135]. Tout le reste se dispersa dans toutes les directions, ou succomba sous les coups des Francs victorieux. Les Auvergnats venus sous la conduite d'Apollinaire, fils de l'évêque Sidoine, furent presque entièrement exterminés. Le chef parvint à fuir, mais la fleur de la noblesse clermontoise resta sur le carreau[136], et les vainqueurs, pour entrer à Poitiers, durent passer sur les cadavres de ces braves catholiques, tombés pour la défense des persécuteurs de leur foi. A neuf heures du matin, tout était terminé, et il n'avait pas fallu une demi-journée pour mettre fin à la domination arienne en Gaule. Néanmoins, la rencontre avait été des plus sanglantes, et quantité de monticules disséminés dans la plaine marquèrent, pour les générations suivantes, la place où les victimes de ce drame dormaient sous le gazon[137]. Clovis alla se prosterner devant le tombeau de saint Hilaire, pour remercier le grand confesseur de la protection qu'il lui avait accordée pendant cette brillante journée; puis il fit son entrée triomphale dans la ville, acclamé comme un libérateur par la population.

[135] Grégoire de Tours, II, 37.

[136] Grégoire du Tours, *l. c.*

[137] Ubi multitudo cadaverum colles ex se visa sit erexisse. Fortunatus, *Liber de virtutibus sancti Hilarii*, 21.

Il avait, on s'en souvient, pris le territoire de Tours et de Poitiers sous sa protection spéciale, par vénération pour les deux grands saints dont lui-même implorait le secours dans cette campagne. Mais, dans l'ivresse de la victoire, ses ordres ne furent pas toujours respectés, et les bandes de soldats isolés qui se répandirent dans les environs, pendant les premiers jours qui suivirent, purent se croire tout permis. Quelques-uns d'entre eux arrivèrent, au cours de leurs pillages, jusqu'au monastère qu'un saint religieux de la Gaule méridionale, nommé Maixent, avait fondé sur les bords de la Sèvre Niortaise[138]. Il y vivait en reclus, dirigeant, du fond de sa cellule, les moines que le prestige de sa sainteté avait groupés sous sa houlette. Effrayés de l'arrivée des pillards, ils coururent supplier le saint homme de sortir pour leur enjoindre de se retirer, et, comme il hésitait à rompre sa sévère clôture, ils brisèrent la porte de sa cellule et l'en tirèrent de force. Alors l'intrépide vieillard alla tranquillement au-devant de ces barbares, et leur demanda de respecter le lieu saint. L'un d'eux, dit l'hagiographe, tira son glaive et voulut l'en frapper; mais le bras qu'il avait levé resta immobile, et l'arme tomba à terre. Ses compagnons, effrayés, se sauvèrent aussitôt, regagnant l'armée pour ne pas éprouver le même sort. Le saint eut pitié de leur camarade; il lui frotta le bras d'huile bénite, fit sur lui le signe de la croix, et le renvoya guéri. Voilà comment le monastère de Saint-Maixent échappa au pillage[139].

[138] V. un épisode tout semblable dans l'histoire de la soumission de l'Auvergne révoltée par Thierry I, en 532. Pars aliqua, dit Grégoire de Tours (*Virtut. S. Juliani* c. 13) ab exercitu separata ad Brivatinsim vicum infesta proripuit. Et cela, bien que Thierry eût défendu, lui aussi, de piller les biens de saint Julien. On a, dans les deux cas, un exemple de l'espèce de discipline qui régnait dans l'armée franque.

[139] Grégoire de Tours, II, 37. Sur cet épisode, voir G. Kurth, *les Sources de l'histoire de Clovis dans Grégoire de Tours*, pp. 415-422.

Pendant que les destinées du royaume visigoth se décidaient dans les plaines de Vouillé, l'armée des Burgondes pénétrait dans le Limousin, et l'un de ses corps, commandé par le prince Sigismond, mettait le siège devant une place forte qu'un écrivain appelle Idunum, et dans laquelle il faut peut-être reconnaître la ville actuelle d'Ahun[140]. La place fut prise d'assaut, et un grand nombre de prisonniers tombèrent aux mains des soldats[141]. La jonction des deux armées franque et burgonde se fit non loin de là, et les alliés entrèrent bannières déployées dans la capitale des Visigoths. Au bruit de leur arrivée, le concile de Toulouse, qui avait commencé à siéger dans cette ville en conformité des résolutions prises l'année précédente, se dispersa en toute hâte, sans avoir achevé ses travaux et sans avoir pu rédiger ses actes[142]. La ville fut livrée à toutes les horreurs du pillage et de l'incendie[143], et une grande partie de l'opulent trésor des Visigoths, qu'on n'avait pas eu le temps de mettre en lieu sûr, tomba aux mains de Clovis[144]. Ce trésor était célèbre chez les populations du cinquième siècle; il avait sa légende, et l'on en racontait mille choses merveilleuses. Là, sous la protection du dragon qui, dans l'épopée germanique, est le gardien jaloux de l'or, brillaient dans l'ombre les émeraudes et les autres joyaux du roi Salomon[145], tombés au pouvoir des Romains après la prise de Jérusalem par Titus, et enlevés par les Goths après le pillage de Rome. Quoi qu'il faille penser de cette poétique généalogie, il est certain que c'était alors la plus précieuse collection d'objets d'art qui existât en Occident. On y rencontrait, avec les dépouilles de la capitale du monde, tout ce que les Goths avaient ramassé au cours des formidables razzias opérées par eux dans les plus belles et les plus riches contrées de la Méditerranée. Les rois de Toulouse aimaient à les visiter presque tous les jours, et à se délecter de la vue de tant de chefs-d'œuvre du luxe et de l'art[146]. Maintenant, il passait en une seule fois dans les mains de l'heureux Clovis. C'était, aux yeux des barbares, le complément indispensable de toute conquête, car la possession d'un royaume était à leurs yeux inséparable de celle du trésor royal.

[140] Je sais bien que le nom ancien d'Ahun est Acitodunum; mais je ne vois pas d'autre localité dont le nom ressemble davantage à Idunum, et puis, le texte du *Vita Eptadii* est fort corrompu.

[141] *Ex Vita sancti Eptadii* (dom Bouquet, III, 381).

[142] Krusch, dans la préface de son édition des lettres de Ruricius, à la suite de Sidoine Apollinaire, p. 65, prouve contre Baluze que le concile de Toulouse eut réellement lieu.

[143] Tholosa a Francis et Burgundionibus incensa. Chronique de 511 dans M. G. H. *Auctores antiquissimi*, t. IX, p. 665. On voudrait savoir où Kaufmann, *Deutsche Geschichte* et Arnold, *Cæsarius von Arelate*, p. 244, ont vu que Toulouse fut trahie et livrée aux Francs par son évêque Héraclien.

[144] Grégoire de Tours, II, 37: *Chlodovechus... cunctos thesauros Alarici a Tholosa auferens*. Selon Procope, *Bell. Goth.*, I, 12, ce trésor était conservé à Carcassonne, et Théodoric le transporta à Ravenne. Je pense que la manière la plus vraisemblable de faire disparaître la contradiction de ces deux témoins, c'est de supposer qu'une partie du trésor avait été réfugiée à Carcassonne avant la bataille de Vouillé.

[145] Procope, *Bell. Goth.*, I, 12. Il faut remarquer qu'ailleurs le même Procope, *Bell. Vandal.*, *lib.* II, veut que le trésor de Salomon soit tombé dans les mains de Genséric au pillage de Rome en 455, et emporté à Carthage, d'où Bélisaire l'aurait envoyé à Justinien.

[146] Sidoine Apollinaire, *Epist.*, I, 2.

A Toulouse, les conquérants se partagèrent en trois corps d'armée qui allèrent, chacun dans une direction différente, achever la conquête de la Gaule visigothique. Clovis s'était réservé toutes les cités occidentales, et aussi la région située entre la Garonne et les Pyrénées.

En somme, il restait chargé de la partie la plus difficile de cette tâche: il devait, non seulement donner la chasse à l'ennemi s'il faisait un retour offensif, mais, après en avoir nettoyé les plaines, l'aller chercher dans les retraites montagneuses des Pyrénées, où il était si facile à des poignées d'hommes résolus d'arrêter la marche d'une armée victorieuse. Malheureusement l'histoire est muette sur cette phase de la campagne d'Aquitaine, et nous ne pouvons que par la conjecture en entrevoir les grandes lignes. Laissant derrière lui les villes de Bordeaux, de Saintes et d'Angoulême, qu'il se réservait de prendre au retour, le roi des Francs pénétra directement dans la contrée comprise entre la Garonne et les Pyrénées, que les Romains avaient appelée la Novempopulanie, et qui a pris plus tard le nom de Gascogne. Cette contrée se compose de plusieurs parties fort différentes. Le long de l'Océan, depuis Bordeaux jusque vers Bayonne, ce sont des plaines basses et marécageuses dans lesquelles on ne rencontrait alors qu'une population clairsemée et peu de villes. Plus loin, les terres se relèvent, faisant comme un vaste effort pour supporter le gigantesque massif des Pyrénées, du haut desquelles d'innombrables rivières se précipitent à travers de fertiles vallées vers la Garonne et vers l'Adour. Enfin, on pénètre dans les régions montagneuses et d'accès difficile, où nichaient de tout temps quantité de petites peuplades énergiques et amoureuses de leur liberté. Ici, pour peu que la population lui fût hostile, l'armée conquérante devait se résigner à tous les ennuis et à toutes les péripéties d'une guerre de montagne: occuper chaque poste l'un après l'autre, s'éparpiller en une multitude de corps, être toujours sur le qui-vive pour surveiller l'ennemi invisible que chaque rocher, chaque détour du chemin pouvait brusquement jeter sur vous.

Dans quelle mesure Clovis parvint-il à triompher de ces obstacles? Un chroniqueur du septième siècle croit pouvoir nous apprendre qu'il conquit le pays entier jusqu'aux Pyrénées[147]; mais, en y regardant de près, on est tenté de croire qu'il ne fit reconnaître son autorité que dans la basse Novempopulanie. Nous voyons, par un document digne de foi, qu'à la fin de son règne les villes d'Eauze, Bazas, Auch, étaient en son pouvoir, et nous savons d'autre part qu'il était également maître du Bordelais. Mais, chose étrange, lorsqu'en 511 il réunit au concile d'Orléans les évêques de la Gaule, ceux des diocèses montagneux échelonnés au pied des Pyrénées manquaient en masse au rendez-vous: on n'y rencontrait ni Couserans, ni Saint-Bertrand de Comminges, ni Tarbes, ni Oléron, ni Bénarn, et l'on y eût cherché vainement les évêques de Dax, de Lectoure, d'Aire et d'Agen. Or tous ces diocèses, à part les deux derniers, avaient été représentés cinq ans auparavant au concile d'Agde. N'avons-nous pas le droit d'en conclure que, tout au moins à la date de 511, les populations gasconnes défendaient encore, contre le vainqueur des Visigoths, une indépendance avec laquelle Charlemagne lui-même se vit obligé de compter[148]?

[147] Frédégaire, III, 24. Roricon (dom Bouquet, p. 18) sait même que Clovis arriva jusqu'à Perpignan, détruisant villes et châteaux et emportant un butin immense.

[148] C'est l'opinion de Fauriel, II, pp. 72 et 73, ainsi que de Pétigny, II, p. 556. Il serait dangereux d'aller plus loin, et de chercher, comme fait Bonnel, *Die Anfænge des karolingischen Hauses*, p. 197, qui veut absolument voir le

Ligeris de la Loi salique dans la Leyre, petit cours d'eau du bassin d'Arcachon, à limiter à cette rivière les conquêtes de Clovis. Bonnel veut aussi, bien à tort, que Toulouse ait été reperdu par les Francs et reconquis par Ibbas: on ne s'expliquerait pas autrement, selon lui, l'absence de l'évêque de Toulouse au concile d'Orléans. C'est là abuser d'un indice dont je crois avoir fait un usage légitime ci-dessus. M. Barrière-Flavy, *Étude sur les sépultures barbares du midi et de l'ouest de la France*, p. 29, n'est pas moins téméraire en plaçant la limite des Francs et des Visigoths, après 508, entre Toulouse et Carcassonne, dans le Lauraguais, où il trouve une ravine qui aurait fait la frontière.

Il semble cependant que tout le monde, en Novempopulanie, n'était pas opposé à la conquête franque. D'après des récits d'ailleurs fort vagues et peu garantis, saint Galactorius, évêque de Bénarn (aujourd'hui Lescar), aurait combattu vaillamment à la tête de son peuple contre les Visigoths, aux environs de Mimizan, non loin de l'Océan Atlantique. Fait prisonnier, et sommé d'abjurer la foi catholique, il aurait préféré la mort à l'apostasie. Si ce récit est exact, au moins dans son ensemble, l'événement se sera passé au plus tôt en 507, car en 506 nous voyons que Galactorius vivait encore: sa signature se trouve au bas des actes du concile d'Agde. Et dès lors il devient difficile de nier qu'il ait été à la tête d'une troupe de partisans qui prêtaient main-forte à Clovis. Les textes nous disent, il est vrai, qu'il périt pour avoir refusé d'abjurer la foi catholique; mais que peut-on croire d'une telle assertion? Depuis les dernières années, les Visigoths avaient renoncé aux persécutions religieuses, et ce n'est pas après la bataille de Vouillé qu'ils devaient penser à les reprendre. Si donc on peut se fier au récit en cause, il est probable qu'ils auront voulu, en faisant périr Galactorius, le châtier de sa rébellion plutôt que de sa religion[149]. Au surplus, l'obscurité qui est répandue sur cet épisode ne permet pas de présenter ici autre chose que des hypothèses.

[149] Sur saint Galactorius, voir P. de Marca, *Histoire du Béarn*, Paris, 1640, p. 68, et *Acta Sanct.*, 27 juillet, t. VII, p. 434. Les Bollandistes, il est vrai, ne veulent admettre d'autre cause de la mort du saint que son refus d'abjurer: mais il est difficile d'être si affirmatif. Un mémoire de M. H. Barthety, *Étude historique sur saint Galactoire, évêque de Lescar*, Pau, 1878, in-12, ne nous apprend rien de nouveau.

La fin tragique de Galactorius prouverait dans tous les cas que les Visigoths n'avaient pas entièrement désespéré de la fortune. Clovis rencontra de la résistance, et il ne crut pas devoir perdre du temps à la briser. Au lieu de forcer les défilés à un moment où la saison était déjà avancée, et peu désireux d'user ses efforts à s'emparer de quelques rochers, il aura provisoirement abandonné les peuplades pyrénéennes à elles-mêmes, et sera venu mettre la main sur une proie plus importante. Bordeaux, l'ancienne capitale des Goths, le port le plus considérable de la Gaule sur l'Atlantique, valait mieux que toutes les bicoques des Pyrénées, et il lui tardait d'en déloger les ennemis. Ceux-ci étaient nombreux dans cette ville; lorsqu'il s'en fut rendu maître, nous ne savons comment, il en chassa tous ceux qui n'étaient pas tombés les armes à la main, et il y établit ses quartiers d'hiver[150]. En ce qui le concernait, la campagne de 507 était finie.

[150] Grégoire de Tours, II, 37. Je ne sais quels sont les modernes qui, au dire d'Adrien de Valois, I, p, 267, prétendent que les Visigoths tentèrent de nouveau la fortune des combats dans le voisinage de Bordeaux, au lieu dit *Camp des ariens*, et qu'ils furent défaits une seconde fois.

Pendant que Clovis soumettait l'occident, son fils Théodoric allait prendre possession des provinces orientales de la Gothie. C'étaient, en revenant de Toulouse vers le nord, l'Albigeois, le Rouergue et l'Auvergne, y compris, sans doute, le Gévaudan et le Velay, qui étaient des dépendances de cette dernière, en un mot, tout ce que les Visigoths avaient occupé le long des frontières de la Burgondie[151]. Il n'y paraît pas avoir rencontré de grandes difficultés. Les Visigoths n'avaient jamais été fort nombreux dans ces contrées montagneuses, les dernières qu'ils eussent occupées en Gaule, et dont la population leur avait opposé en certains endroits une résistance héroïque. Les sentiments ne s'étaient pas modifiés dans le cours d'une génération écoulée depuis lors. Les soldats de Clermont s'étaient, il est vrai, bravement conduits à Vouillé; mais, maintenant que le sort des combats s'était prononcé pour les Francs, nul ne pouvait être tenté de verser sa dernière goutte de sang pour une cause aussi odieuse que désespérée[152].

[151] Grégoire de Tours, *l. c.*

[152] Voilà tout ce qu'on peut légitimement supposer. Décider que les villes *durent* se livrer elles-mêmes aux Francs, sans autre preuve que les persécutions dirigées contre les évêques par les Visigoths, est un mauvais raisonnement. D'ailleurs, les rares témoignages de l'histoire nous apprennent tout le contraire: Toulouse fut pris et incendié, Angoulême dut être assiégé au moment où la cause des Visigoths était entièrement ruinée, le château d'Idunum dut être pris d'assaut. De ce que, vingt ans après, Rodez, reconquis dans l'intervalle par les Visigoths, accueillit avec enthousiasme les Francs qui vinrent la reprendre (*ex Vita sancti Dalmasii*, dom Bouquet, III, 420), Augustin Thierry croit pouvoir induire que, en 507, «peu de villes résistèrent à l'invasion, la plupart étaient livrées par leurs habitants; ceux dont la domination arienne avait blessé ou inquiété la conscience travaillaient à sa ruine avec une sorte de fanatisme, tout entiers à la passion de changer de maîtres.» (*Histoire de la conquête de l'Angleterre par les Normands*, livre I.) Rien de tout cela ne trouve sa justification dans les textes: il n'y a ici qu'une idée préconçue.

Quant à Gondebaud, il avait eu pour mission de donner la chasse aux Visigoths de la Septimanie, et de rejeter au delà des Pyrénées les débris de cette nation. Poussant droit devant lui pendant que les princes francs s'en allaient à droite et à gauche, Gondebaud pénétra dans Narbonne. Là, un bâtard du feu roi, du nom de Gésalic, profitant de l'enfance de l'héritier présomptif, s'était proposé pour souverain aux Visigoths démoralisés, et ceux-ci, dans leur impatience de retrouver un chef, n'avaient pas hésité à le mettre à leur tête, sans se préoccuper de ce que devenait le jeune Amalaric. Mais Gésalic n'était pas de taille à soutenir les destinées croulantes de son peuple. Sa lâcheté et son ineptie éclatèrent bientôt au grand jour, et lorsque les Burgondes arrivèrent, l'usurpateur s'enfuit honteusement[153]. Le roi des Burgondes, maître du pays, alla ensuite faire sa jonction avec le jeune Théodoric, qui, sans doute par le Velay et le Gévaudan, venait concerter ses opérations avec lui en vue de la suite de la campagne[154].

[153] Isidore, *Hist. Goth.*, c. 37. Vic et Vaissette, p. 248, suivis par beaucoup d'autres, veulent que Gésalic ait traité avec Clovis. Mais je ne lis rien de pareil dans le passage de Cassiodore (*Variar.*, V, 43), sur lequel ces auteurs s'appuient.

[154] La chronique de 511 commet ici une erreur qu'il suffira de relever en passant: Occisus Alaricus rex Gothorum a Francis. Tolosa a Francis et Burgundionibus incensa, et Barcinona a Gundefade rege Burgundionum capta, et Geseleicus rex cum maxima suorum clade ad Hispanias regressus est. M. G. H. *Auctor. antiquiss.*, t. IX, p. 665. Il est évident qu'il faut lire Narbona au lieu de Barcinona.

Les résultats acquis au moment où l'hiver de 507 vint mettre fin aux hostilités étaient plus beaux que l'on n'eût osé l'espérer. A part quelques villes isolées, les Visigoths ne possédaient plus en Gaule que les rivages de la Provence, entre le Rhône et les Alpes, et quelques postes sur la rive droite de ce fleuve; car, si les montagnards des Pyrénées tenaient encore, c'était par esprit d'indépendance et non par fidélité à leurs anciens tyrans. Mais que valait pour les vaincus la Provence, désormais détachée du royaume par la perte de Narbonne, et qu'ils ne pouvaient ni défendre efficacement ni même désirer de garder? D'ailleurs, elle semblait faite pour d'autres maîtres. Les Burgondes avaient hâte de pénétrer enfin dans ces belles contrées, qu'ils avaient si longtemps regardées avec convoitise, et que la fortune des armes venait, semblait-il, de leur livrer. Il n'est pas douteux, en effet, que la Provence ne fût le prix dont les Francs allaient payer l'utile coopération de Gondebaud.

On peut se demander s'il n'y avait pas, de la part du roi franc, un calcul insidieux dans cette répartition des provinces. Tout ce qui avait été conquis pendant la campagne de 507 était resté à Clovis, même les villes que Gondebaud avait prises seul, même les contrées voisines de la Burgondie, où il aurait été si naturel de donner des agrandissements à celle-ci! N'était-ce pas pour enlever à Gondebaud jusqu'à la possibilité de s'étendre de ce côté qu'on l'avait envoyé prendre Narbonne, tandis que le fils de Clovis était venu soumettre à l'autorité de son père le Rouergue, le Gévaudan, le Velay, l'Auvergne, en un mot, toute la zone qui confinait au royaume de Gondebaud? Il est vrai qu'on lui promettait une compensation magnifique: la belle Provence, cet Éden de la Gaule, cette porte sur la Méditerranée ne valait-elle pas plus que les gorges des Cévennes? Mais la Provence restait à conquérir, et c'est au moment de faire cette difficile conquête que Clovis, regardant la guerre comme terminée, partait de Bordeaux et prenait le chemin du retour!

Le roi des Francs, en quittant la grande cité qui lui avait donné l'hospitalité pendant l'hiver, y laissait une garnison pour y affermir son autorité, preuve qu'elle avait besoin de ce renfort, et qu'on se remuait encore du côté de la Novempopulanie. Il est probable que le retour eut lieu par les trois grandes cités qui n'avaient pas encore reçu la visite des Francs: Saintes, Angoulême et Bourges. Nous savons que Saintes ne fut pas prise sans difficulté, et que là, comme à Bordeaux, le roi fut obligé de laisser une garnison franque[155]. Angoulême opposa également de la résistance, et, si l'on se souvient qu'à ce moment la domination visigothique était à peu près entièrement balayée de toute la Gaule, on conviendra que les Goths de cette ville avaient quelque courage, ou les indigènes quelque fidélité. Mais un événement qui n'est pas rare dans l'historiographie de cette époque vint encore une fois à l'aide de l'heureux Clovis: les murailles de la ville croulèrent devant lui, et l'armée franque y entra sans coup férir[156]. Était-ce l'effet d'un de ces tremblements de terre que les annales du VIe siècle nous signalent différentes fois en Gaule, ou bien la vieille enceinte, mal entretenue, manquait-elle de solidité? On ne sait, mais les populations ne se contentèrent pas d'une explication si naturelle, et elles voulurent que la Providence elle-même fût intervenue pour renverser par miracle, devant le nouveau Josué, les remparts de la nouvelle Jéricho. Clovis entra dans la ville par cette brèche miraculeuse, en chassa les Goths et y établit les siens[157]. Une légende ajoute que le roi, sur le conseil de son chapelain saint Aptonius, avait fait élever en vue de la ville des reliques de Notre-Seigneur, et qu'instantanément les murailles s'écroulèrent. Pour récompenser Aptonius, Clovis, devenu maître de la ville, après en avoir chassé l'évêque arien, l'y aurait intronisé à la place de celui-ci, et contribué à l'érection de la cathédrale[158].

[155] In Sanctonico et Burdigalinse Francos precepit manere ad Gothorum gentem delendam, *Liber historiæ*, c. 17.—La *continuatio Havniensis* de Prosper contient, sous l'année 496, cette ligne énigmatique: Alaricus anno XII regni sui Santones obtinuit. On en retiendra, dans tous les cas, que Saintes a été disputé.

[156] Grégoire de Tours, II, 37.

[157] Tunc, exclusis Gothis, urbem suo dominio subjugavit. Grégoire de Tours, II, 37. Selon Hincmar (*Acta Sanctorum*, t. I d'octobre, p. 154 B), et Aimoin, I, 22 (dom Bouquet, t. III, p. 42), les Goths furent massacrés. Roricon, p. 18 (dom Bouquet, t. III) embellit tout cela selon son procédé ordinaire, et A. de Valois, t. I, p. 298, a tort de croire que cet auteur reproduit ici une source ancienne. Sur l'interprétation du fait, je ne saurais être d'accord avec M. Malnory, qui écrit: «Angoulême, dit Grégoire de Tours, vit tomber ses murs à l'aspect de Clovis: cela veut dire, sans doute, que le parti catholique romain lui en ouvrit les portes.» *Saint Césaire*, p. 68. Il n'y a, selon moi, à moins d'admettre le miracle, que deux manières d'expliquer le fait: ou bien il y a eu un événement naturel qui a été regardé comme miraculeux, ou bien nous sommes en présence d'une invention pure et simple. Si les catholiques avaient livré la ville au roi, ils s'en seraient vantés, et Grégoire l'aurait su.

[158] *Historia Pontificum et comitum Engolismensium*, dans Labbe, *Bibliotheca nova manuscriptorum*, t. II, p. 249.

D'Angoulême, Clovis revint par Poitiers, et de là il arriva à Tours. Selon toute apparence, ce n'était pas la première fois qu'il mettait le pied dans cette ville fameuse[159], à laquelle le tombeau de saint Martin faisait alors une célébrité sans pareille dans la Gaule entière.

[159] Voir ci-dessus, p. 323.

Tours était un municipe romain de dimensions médiocres, dont la massive enceinte circulaire subsiste encore aujourd'hui aux environs de la cathédrale Saint-Gatien, et qu'un pont de bateaux mettait en communication avec la rive droite de la Loire. La vie chrétienne y avait commencé dès avant les persécutions; mais c'est seulement après la paix religieuse qu'on avait pu fonder au milieu de la ville le premier sanctuaire, bâti sur l'emplacement de la maison d'un riche chrétien. Quand saint Martin était venu, Tours et son diocèse avaient été transformés rapidement par son fécond apostolat. La cathédrale avait été agrandie, des églises rurales élevées dans les principales localités avoisinantes, un monastère, Marmoutier, avait surgi dans les solitudes sur l'autre rive; le paganisme avait été totalement exterminé, et la Touraine jouissait d'un degré de civilisation bien rare à cette époque dans la Gaule centrale. Mort, saint Martin continua de présider à la vie religieuse de son diocèse, qui se concentrait autour de son tombeau, et y attirait d'innombrables pèlerins.

Ce tombeau se trouvait à dix minutes à l'ouest de la ville, le long de la chaussée romaine. Il fut d'abord recouvert d'un modeste oratoire en bois, que l'évêque saint Perpet, au Ve siècle, remplaça par une spacieuse basilique. L'érudition moderne a reconstitué le plan de ce sanctuaire fameux. C'était une basilique à la romaine, avec une abside en hémicycle au fond, et, de chacun des deux côtés longs, deux étages de colonnes dont le premier était supporté par une architrave, et qui reliaient les nefs latérales à celle du milieu. Le transept était éclairé par une tour-lanterneau surmontée d'un campanile. Le corps du saint gisait à l'entrée du chœur, les pieds tournés vers l'Orient, la tête regardant l'autel; ses successeurs dormaient autour de lui dans des *arcosolium* qui reçurent, au Ve et VIe siècle, la plupart des évêques de Tours. Tous les murs étaient ornés d'inscriptions poétiques dues à Sidoine Apollinaire et à Paulin de Périgueux, qui les avaient composées à la demande de saint Perpet. Ainsi les derniers accents de la poésie classique magnifiaient le confesseur, pendant que les cierges et les lampes flambaient en son honneur autour de sa tombe, et que la foule des malheureux et des suppliants, prosternée devant l'autel, l'invoquait avec ferveur, et entretenait dans le lieu saint le bourdonnement vague et confus d'une prière éternelle.

Devant l'entrée occidentale de l'édifice, un *atrium* ou cour carrée servait de vestibule à l'église: il était entouré de portiques et de bâtiments de toute espèce, notamment de cellules où les pèlerins étaient admis à passer la nuit. Des croix de pierre, des édicules contenant des reliques, de petits monuments élevés en mémoire de guérisons miraculeuses garnissaient le pourtour. Cette cour, qui participait de l'immunité du lieu saint et qui avait comme lui le droit d'asile, était le rendez-vous de la foule des fidèles et des simples curieux. Les marchands s'y tenaient auprès de leurs établis, et faisaient de leur mieux pour attirer la clientèle; les pèlerins, assis à l'ombre des hautes murailles, y consommaient leurs provisions; des amuseurs populaires groupaient autour d'eux des auditoires peu exigeants qui s'égayaient de leurs récits ou de leurs gestes, et une animation assez profane, tempérée pourtant par le respect du lieu saint, y distrayait de la ferveur et des supplications de l'intérieur[160].

[160] Une restitution de la basilique Saint-Martin a été tentée plusieurs fois; la plus célèbre est celle de Jules Quicherat, publiée dans la *Revue archéologique*, 1869 et 1870, et rééditée dans les *Mélanges d'archéologie et d'histoire* du même auteur. (Cf. Lecoy, *Saint Martin*, p. 468 et suiv.) Depuis lors, de nouvelles recherches, appuyées sur des fouilles récentes, ont fait faire un pas à la connaissance du monument et modifié sur quelques points les conclusions de Quicherat. Voir un aperçu de ces derniers travaux dans l'article de M. de Grandmaison (*Bibliothèque de l'école des Chartes*, t. LIV, 1893). Je me suis rallié, sur plusieurs points, aux vues de M. de Lasteyrie dans son mémoire intitulé: *L'église Saint Martin de Tours. Étude critique sur l'histoire et la forme de ce monument du cinquième au onzième siècle* (*Mémoires de l'Académie des Inscriptions et des Lettres*, t. XXXIV, 1892).

Tel était ce sanctuaire, l'un des grands centres de la prière humaine, un des foyers les plus ardents de la dévotion catholique. Entouré dès lors d'une agglomération naissante, et visité par des flots de pèlerins de tous pays, il constituait comme une Tours nouvelle à côté de la première, qu'il vivifiait et qu'il contribuait à enrichir. Clovis y était ramené par la reconnaissance, par la piété, par un vœu peut-être, et aussi par cet intérêt particulier, fait de curiosité et d'admiration, qu'inspirent toujours les grandes manifestations de la vie religieuse des peuples. Sa première visite fut donc pour le tombeau du saint; il y fit ses dévotions et combla l'église de riches présents. Selon un pieux usage de cette époque, il avait notamment donné son cheval de guerre à la mense des pauvres de l'église, sauf à le racheter presque aussitôt. La légende rapporte que lorsqu'il offrit, pour prix de rachat, l'énorme somme de cent pièces d'or, la bête ne voulut pas bouger de l'écurie: il fallut que le roi doublât le chiffre pour qu'elle consentît à se laisser emmener. Alors Clovis aurait dit en plaisantant:

«Saint Martin est de bon secours, mais un peu cher en affaires[161].»

[161] *Liber historiæ*, c. 17.

Voilà, probablement, le premier bon mot de l'histoire de France: il a l'authenticité de tous les autres.

Une grande nouvelle attendait Clovis à Tours, ou vint l'y rejoindre peu de temps après son entrée dans cette ville. Satisfait de la campagne de son allié, et voulant resserrer les liens qui l'unissaient à lui, l'empereur Anastase lui envoyait les insignes du consulat honoraire. C'était une distinction des plus enviées, car les dignités honoraires avaient le même prestige que les effectives, et la remise des insignes était entourée d'un cérémonial imposant. Le roi reçut l'ambassade byzantine dans la basilique de Saint-Martin, et se laissa offrir successivement le diplôme consulaire enfermé dans un diptyque d'ivoire, la tunique de pourpre, le manteau ou chlamyde de même couleur, et enfin le diadème d'or[162]. Puis il remercia les ambassadeurs, revêtit la tunique et la chlamyde, se coiffa du diadème, monta à cheval à la porte de l'*atrium*[163], et de là s'achemina solennellement, au milieu d'un grand cortège, jusqu'à la cathédrale, jetant de l'or et de l'argent au peuple accouru pour assister à un spectacle aussi pompeux.

[162] Igitur ab Anastasio imperatore codecillos de consolato accepit, et in basilica beati Martini tunica blattea indutus et clamide, imponens vertice diademam... et ab ea die tamquam consul aut augustus est vocitatus. Grégoire de Tours, II, 38. Le *Liber historiæ*, c. 17, et Hincmar, *Vita sancti Remigii* (dom Bouquet, III, p. 379), reproduisent Grégoire de Tours. Le grand prologue de la *Loi salique* donne à Clovis le titre de proconsul (Pardessus, *Loi salique*, p. 345). Aimoin (I, 22) croit savoir que Clovis reçut le titre de *patricius Romanorum* (dom Bouquet, III, p. 42), et Roricon (dom Bouquet, III, p. 19) dit: et non solum rex aut consul sed et augustus ab eodem imperatore jussus est appellari. Il est inutile de dire qu'on doit purement et simplement s'en tenir à Grégoire de Tours. Pour l'inscription runique de La Chapelle-Saint-

Éloi, où Clovis est appelé *Konung Chloudoovig consoul* (Leblant, *Inscriptions chrétiennes de la Gaule*, I, p. 215), c'est une indigne supercherie.

[163] L'*atrium* lui-même étant un endroit sacré, on n'y montait pas à cheval. Voir Grégoire de Tours, *Gloria martyrum*, c. 60.

Cette grandiose démonstration laissa un souvenir durable dans l'esprit des populations du pays, encore profondément pénétrées de souvenances romaines. Clovis, glorifié par l'empereur, et apparaissant aux yeux de ses nouveaux sujets avec tout l'éclat de la pourpre impériale, ce n'était plus le barbare qu'un hasard heureux avait rendu maître du pays, c'était, pour tous ceux qui avaient gardé le culte de l'Empire, le représentant du souverain légitime, et, pour tout le monde, l'égal de la plus haute autorité de la terre. Ses sujets ne pouvaient se défendre d'un certain orgueil patriotique en voyant leur souverain revêtu d'un titre qui continuait d'imposer aux hommes. «Dès ce jour, dit Grégoire de Tours, on donna à Clovis les noms de consul et d'auguste[164]». Et l'hymne barbare qui sert de prologue à la Loi Salique fait sonner bien haut le titre de proconsul qu'il attribue au roi des Francs, dans la même tirade où il oppose avec fierté les Francs aux Romains. Tant il est vrai que le prestige des institutions survit à leur puissance, et que les hommes ne sont jamais plus vains d'une dignité que lorsqu'elle est devenue absolument vaine!

[164] Grégoire de Tours, II, 38.

Il serait d'ailleurs erroné de soutenir, comme l'ont fait quelques historiens, que c'est le consulat honoraire de Clovis qui seul a fait de lui le souverain légitime de la Gaule. La cérémonie n'avait eu cette portée pour personne. Ni Anastase n'entendait investir Clovis d'un pouvoir royal sur la Gaule, ni Clovis n'aurait voulu se prêter à une cérémonie qui aurait eu cette signification. Les Gallo-Romains connaissaient trop bien la valeur du consulat pour s'y tromper; quant aux Francs, ils étaient sans doute de l'avis de leur roi, et trouvaient avec lui que, comme on disait au moyen âge, il ne relevait son royaume que de Dieu et de son épée.

Nous ne terminerons pas ce chapitre sans essayer de répondre à une question: Que devinrent les Visigoths d'Aquitaine après la conquête de leur pays par les Francs?

«Ils furent exterminés, répond avec assurance un chroniqueur du huitième siècle. Clovis laissa des garnisons franques dans la Saintonge et dans le Bordelais pour détruire la race gothique[165].» Et Grégoire de Tours, plus autorisé, nous apprend que Clovis, maître d'Angoulême, en chassa les Goths[166]. Ces témoignages sont formels, et ils reçoivent une remarquable confirmation de ce fait qu'à partir de 508, on ne trouve plus de Visigoths ou du moins plus d'ariens en Gaule. Il semble qu'en réalité l'extermination de ce peuple ait été complète.

[165] *Liber historiæ*, c. 17. Voir le texte ci-dessus, p. 88, note 1.

[166] Tunc exclusis Gothis urbem suo dominio subjugavit. Grégoire de Tours, II, 37.

Ne nous hâtons pas, toutefois, de tirer une pareille conclusion. Si peu nombreux qu'on les suppose en Aquitaine, si sanglantes qu'on se figure les hécatombes du champ de bataille et les violences du lendemain, il n'est pas facile d'exterminer tout un peuple. Combien ne dut-il pas rester, dans les provinces, de familles visigothiques enracinées dans le sol, pour qui l'émigration était impossible, et qui durent chercher à s'accommoder du régime nouveau! Un moyen s'offrait à elles: abjurer l'hérésie et se faire recevoir dans la communion catholique. Elles s'empressèrent d'y recourir, et nous voyons que dès les premières années qui suivirent la conquête, elles abjurèrent en masse. Le clergé arien donna l'exemple du retour à la vraie foi, et les fidèles suivirent. L'Église accueillit avec joie et empressement ces enfants prodigues de l'hérésie. Elle leur facilita le retour en permettant aux évêques de laisser à leurs prêtres, s'ils en étaient dignes, leur rang hiérarchique après une simple imposition des mains, et elle consentit à ce que leurs sanctuaires fussent affectés au culte catholique.[167] Il y eut donc très peu de changement; car, en dehors des sectaires fanatiques pour qui l'hérésie était un instrument de domination, personne n'était attaché à l'arianisme, et la plupart des ariens ignoraient la vraie nature du débat sur le Verbe, qui passionnait les théologiens. Ainsi tomba la fragile barrière qui séparait en deux camps opposés les chrétiens de la Gaule, et il n'y eut plus qu'un bercail et un pasteur[168].

[167] 10. *De clericis ab hæresi conversis et de basilicis Gothorum.*—De hæreticis clericis, qui ad fidem catholicam plena fide ac voluntate venerunt, vel de basilicis quas in perversitate sua Gothi hactenus habuerunt id censuimus observari, ut si clerici fideliter convertuntur, et fidem catholicam integre confitentur, vel ita dignam vitam morum et actuum probitate custodiunt officium quo eos episcopus dignos esse censuerit, cum impositæ manus benedictione suscipiant, et ecclesias simili, quo nostræ innovari solent placuit ordine consecrari. Concile d'Orléans en 511, dans Sirmond, *Concilia Galliæ*, I, p. 180. Le concile d'Épaone en 517, canon 33, tranche la question des sanctuaires ariens dans un sens opposé (Sirmond, *o. c.*, I, p. 200): mais il avait pour cela des raisons spéciales qui sont en partie déduites dans une lettre de saint Avitus *Epist.*, 7 (6), en partie restées dans sa plume et faciles à deviner.

[168] Dahn, *Die Kœnige der Germanen*, V. p. 114, invoque des noms comme Amalarius et Alaricus pour établir qu'il y avait encore des Goths en Aquitaine. Je ne saurais me rallier aux considérations archéologiques de M.

de Baye, dans *Bulletin et Mémoires de la société archéologique et historique de la Charente*, 6e série, t. I (1890-91).

L'État imita la générosité de l'Église. Il n'est dit nulle part quelle fut la condition politique des Visigoths convertis; il n'est pas même dit quelle fut celle des Aquitains catholiques. Mais tout nous amène à conclure que ces conditions furent identiques, et nous savons déjà que les Aquitains suivirent celle de tous les autres hommes libres du royaume de Clovis. Ils acquirent d'emblée, et par le seul fait de leur passage sous son autorité, le nom, la qualité et les droits des Francs. Le titre de Franc avait été, à chaque extension de la puissance franque, conféré libéralement à tous les hommes libres du pays conquis. Il en fut encore de même cette fois. Tous les Aquitains, qu'ils fussent Romains ou barbares, entrèrent dans la participation de la nationalité franque. Aucune distinction ne fut jamais faite, sous le rapport des droits politiques, entre ces diverses catégories de Francs, quelle que fût leur origine. Saliens, Saxons, Romains d'Aquitaine ou Romains de la Gaule septentrionale, Visigoths convertis, tous sans exception se trouvèrent réunis sous le patronage de ce nom. Clovis fut le roi de tous, et une large égalité, reposant sur l'unité de religion et sanctionnée par une prudente politique, régna dès le premier jour entre Francs de race et Francs naturalisés. On n'a jamais vu, dans les temps barbares, une conquête se faire dans de telles conditions. Clovis conquit le sceptre de l'Aquitaine; mais l'Aquitaine conquit la nationalité franque et la pleine égalité avec ses vainqueurs.

LA GUERRE DE PROVENCE

La conquête de l'Aquitaine était achevée. Une série d'engagements victorieux avait fait entrer l'armée coalisée des Francs et des Burgondes dans toutes les capitales des Visigoths: à Toulouse, à Bordeaux et à Narbonne. Ils venaient de descendre dans la vallée du Rhône, et d'arrêter leur plan de campagne pour la fin de l'année 508. Il s'agissait de couronner l'expédition par la conquête de la Provence, part destinée vraisemblablement aux Burgondes, qui avaient vaillamment combattu et qui restaient les mains vides.

Cette part allait être belle, moins par l'étendue territoriale que par la valeur exceptionnelle du site et du sol. Dans toute la Gaule méridionale, il n'y avait pas de province plus riche et plus prospère que l'étroite mais opulente région comprise entre le Rhône, la Durance, les Alpes et la mer. C'était, sans contredit, le plus beau fleuron de la couronne des Visigoths, qui avaient mis un acharnement sans bornes à la conquérir. Les Burgondes se réjouissaient d'avance à la pensée qu'une proie si opulente et si longtemps convoitée allait enfin tomber dans leurs mains. La Provence devait leur ouvrir la mer, les mettre en communication avec toutes les plages de la Méditerranée, verser sur leurs marchés, par le port de Marseille, les richesses du monde oriental. C'était un nouvel avenir qui commençait pour ce peuple, jusque-là resserré dans ses frontières entre des voisins jaloux, et comme refoulé dans les montagnes de l'Helvétie et de la Savoie.

A la vérité, il y avait encore, sur la rive droite du Rhône, quelques villes qui n'avaient pas ouvert leurs portes aux vainqueurs. De ce nombre était Nîmes, qui avait fortifié son amphithéâtre et qui se préparait à faire une vigoureuse résistance[169], et Carcassonne, qui, si l'on en peut croire Procope, abritait derrière ses hautes murailles les restes du trésor d'Alaric[170]. Le *castrum* d'Ugernum, aujourd'hui Beaucaire sur le Rhône, était également occupé par une garnison visigothique restée en communication, au moyen du fleuve, avec la grande ville d'Arles, qui était comme le solide verrou mis à la porte de la Provence menacée[171]. On pouvait masquer Nîmes et Carcassonne, qui devaient suivre la destinée du reste du pays; mais, pour devenir les maîtres de la belle région qui s'étendait sur la rive gauche, il était indispensable de mettre la main sur sa métropole.

[169] Ménard, *Histoire civile, ecclésiastique et littéraire de la ville de Nîmes*, Paris, 1744, t. I, p. 75.

[170] Procope, *De Bello gothico*, I, 12.

[171] *Vita sancti Cæsarii*, I, 15; dans Mabillon, *Acta Sanctorum*, I, p. 64

Somme toute, la conquête de la Provence était une entreprise plus difficile qu'on ne l'eût pu croire à première vue. Les populations de ce pays n'avaient pas pour les Francs l'engouement que manifestaient pour eux les habitants des deux Aquitaines; elles n'étaient nullement disposées à les accueillir comme des libérateurs, et elles ne remuèrent pas à leur approche. Contrée foncièrement romaine, la Provence confondait dans le même mépris tous les barbares; les Francs et les Burgondes lui répugnaient autant que ses maîtres visigoths. Elle sentait son repos et sa félicité troublés par des guerres dont elle était l'enjeu, et elle en voulait aux conquérants qui lui apportaient tant de maux. Les Visigoths, au moins, étaient acclimatés, et leurs tracasseries confessionnelles semblaient décidément avoir pris fin; à tout prendre, on préférait leur domination aux horreurs de l'invasion franque, maintenant surtout qu'on n'avait plus à en craindre les excès et qu'on en regrettait les avantages.

Nulle part ces dispositions hostiles à la conquête franque ne se traduisirent avec plus de vivacité qu'à Arles même. Cette grande ville, assise sur le Rhône en amont du delta par lequel il circonscrit l'île de la Camargue avant de descendre dans la mer, commandait toutes les communications de la Gaule intérieure avec la Méditerranée. Elle fermait cette mer, d'un côté aux Francs, de l'autre aux Burgondes, et mettait à l'abri de leurs surprises les provinces septentrionales de l'Italie. Son admirable position stratégique lui avait valu, au commencement du cinquième siècle, l'honneur de servir de résidence au préfet du prétoire des Gaules, et même de donner parfois l'hospitalité à la majesté impériale. Constantin le Grand, qui en aimait le séjour, avait voulu lui donner son nom, et en avait fait, comme dit un poète du quatrième siècle, la petite Rome gauloise[172]. La ville était vraiment une résidence impériale. Malgré la largeur qu'y avait déjà le Rhône, elle l'avait franchi et avait projeté un de ses quartiers sur la rive droite, ce qui lui valait de la part des contemporains le nom d'Arles la Double[173]. Un pont de bateaux reliés par de fortes chaînes rattachait les deux villes l'une à l'autre[174].

[172] Ausone, XIX, 74

[173] Id., ibid., XIX, 73.

[174] Grégoire de Tours, Gloria Martyrum, c. 68.

Les Visigoths n'avaient pu se résigner à laisser un poste de cette importance aux mains de l'empereur. Ils l'avaient assiégée quatre fois pendant le cinquième siècle, et, une fois qu'ils en furent les maîtres, ils la gardèrent avec un soin jaloux, toujours l'œil au guet, dans la crainte qu'on ne leur disputât cette perle de la Méditerranée. Les Burgondes surtout leur inspiraient de l'inquiétude: comme on l'a déjà vu, ils allèrent jusqu'à soupçonner l'évêque d'Arles lui-même, sur la seule foi de son origine burgonde, de vouloir livrer la ville à ses compatriotes. Même après que l'innocence de saint Césaire eut été reconnue, et qu'il fut rentré dans sa ville épiscopale, les soupçons persistèrent contre lui dans une bonne partie de la population arlésienne. Il y avait là quelque chose de fatal; c'étaient, si l'on peut ainsi parler, ses fonctions qui le dénonçaient, et, quoi qu'il fît, il était suspect de plein droit. La communauté de foi entre les assiégeants et les catholiques arlésiens créait entre eux une solidarité apparente dont tout le poids retombait sur l'évêque; car, bien que les catholiques formassent la majorité, les Goths ariens et les juifs constituaient des groupes compacts, également hostiles, sinon à la population catholique, dont il fallait ménager les sentiments, du moins à son chef, qu'on essayait d'isoler. La haute situation que ses vertus, ses talents et ses fonctions avaient faite à Césaire irritait les ariens. Quant aux Juifs, ils avaient une rancune spéciale contre le grand évêque. Ne venait-il pas, au concile d'Agde, de faire prendre des précautions contre les conversions simulées ou peu durables des juifs, et n'avait-il pas étendu à tout fidèle l'interdiction de les recevoir à sa table ou d'accepter leurs invitations[175]? Goths et juifs se trouvaient donc unis dans une même inimitié contre Césaire. Les juifs surtout parlaient très haut, ne cessaient de suspecter le dévouement des catholiques, et se faisaient volontiers les zélateurs du patriotisme. Ce rôle était d'autant plus fructueux que tout le monde était animé du même esprit de résistance à l'assiégeant.

[175] Voir les canons 34 et 40 du concile d'Agde, dans Sirmond, *Concilia Galliæ*, I, pp. 168 et 169. Cf. Arnold, *Cæsarius von Arelate*, p. 248.

Venant de la Septimanie, les Francs et les Burgondes commencèrent par ravager toute la campagne d'Arles située sur la rive droite. Puis ils se répandirent sur la rive gauche, où ils firent les mêmes dégâts, et se mirent en devoir d'investir étroitement la ville. Il y avait alors, en dehors de l'enceinte et au pied même de ses murailles, un établissement religieux inachevé encore, où Césaire se proposait de fonder un monastère de femmes dont il réservait la direction à sa sœur Césarie. Ce couvent était l'œuvre de prédilection du saint: lui-même, en vrai moine, n'avait pas craint d'y prendre sa part des plus rudes travaux, peinant comme un simple ouvrier à la sueur de son front. Il eut la douleur de voir cet édifice, qui lui était si cher, tomber sous les coups des assiégeants, qui en employèrent les matériaux à leurs travaux de circonvallation[176]. A le voir ainsi traité par l'ennemi, pouvait-on encore avec quelque raison soutenir qu'il était de connivence avec eux? Non, certes[177]. Mais les opiniâtres soupçons dont il était la victime ne se laissèrent pas dissiper, et un incident fâcheux vint, peu après, leur donner une apparence de fondement.

[176] *Vita sancti Cæsarii*, Mabillon, *o. c.*, p. 641.

[177] Arnold, *Cæsarius von Arelate*, p. 247.

Pendant qu'on poussait le siège avec vigueur, un jeune clerc, parent de l'évêque, se laissa descendre nuitamment par une corde du haut des remparts et gagna le camp ennemi. Il pouvait sembler difficile de reprocher à saint

Césaire cet acte de lâcheté comme une trahison dont il aurait été le complice, et c'était faire peu d'honneur à son habileté que de lui attribuer pour instrument son commensal et son propre parent. Mais la passion politique ne raisonne pas. Les juifs et les ariens feignirent de tenir la preuve évidente d'un complot ourdi par l'évêque pour livrer la ville à l'ennemi; ils firent grand bruit de l'incident, et ils parvinrent à provoquer une sédition dans laquelle les enfants d'Israël s'agitèrent et firent preuve d'une patriotique indignation contre l'évêque. Ce fut chose décidée: Césaire était un traître; c'était par son ordre et de sa part que le clerc transfuge était allé s'entendre avec les assiégeants; il fallait châtier la trahison et veiller au salut de la ville. Les têtes ainsi échauffées, on courut arracher le saint à sa demeure près de son église; sa maison et même sa chambre furent remplies de soldats, et l'un des Goths poussa l'insolence jusqu'à prendre possession de son lit. Les plus exaltés avaient proposé de noyer le saint dans le Rhône; mais, au moment d'exécuter ce projet, on recula devant la gravité d'un pareil attentat, et on imagina d'emmener le prisonnier sous bonne garde à Beaucaire, en amont de la ville sur le Rhône, qui, comme on l'a vu plus haut, était resté au pouvoir des Visigoths. Mais, comme les deux rives du fleuve étaient occupées par les assiégeants, et qu'ils avaient peut-être des bateaux croisant dans ses eaux, le dromon qui portait l'évêque n'osa pas risquer un voyage aussi dangereux. Il fallut donc le ramener dans la ville, où il fut jeté dans les cachots souterrains du prétoire. Tout cela s'était passé la nuit, et peut-être n'avait-on voulu, en simulant le voyage de Beaucaire, que donner le change à la population catholique, qui s'inquiétait de ce que devenait son pasteur. De fait, elle n'apprit pas ce qu'on avait fait de lui, ni même s'il était encore vivant[178].

[178] *Vita sancti Cæsarii*, I, 15, dans Mabillon, I, p. 641. Cf. Arnold, *Cæsarius von Arelate*, p. 248, note 808.

A quelque temps de là, un autre incident, d'une nature plus sérieuse, vint détourner le cours des préoccupations populaires, et faire oublier l'animosité qu'on avait contre le saint. Un juif, qui se trouvait de garde sur les remparts, imagina de lancer aux ennemis, en guise de projectile, une pierre à laquelle il avait attaché une lettre. Celle-ci portait qu'ils pouvaient appliquer leurs échelles, la nuit, à l'endroit de la muraille occupée par le poste juif, et s'emparer ainsi de la ville, à condition que les Israélites échapperaient au pillage et à la captivité. Par malheur pour le traître, il se trouva que l'ennemi recula ses avant-postes pendant la nuit, si bien que, le lendemain matin, des Arlésiens qui s'étaient aventurés au dehors de l'enceinte découvrirent la lettre, et vinrent en grand émoi la lire au peuple assemblé sur la place publique. Cette fois, la fureur populaire se déchargea sur les juifs. Non seulement le coupable paya cher son essai de trahison; mais, du coup, toute la tribu devint suspecte. Quant à l'accusation formulée contre saint Césaire, elle tomba, apparemment parce que les juifs en étaient les plus ardents fauteurs, et que leur trahison présumée devenait un argument en faveur de leur victime[179].

[179] *Vita sancti Cæsarii*, I, 16, dans Mabillon, I, p. 641.

Cependant le siège traînait en longueur, et les souffrances de la faim commençaient à se faire sentir dans la nombreuse population de la ville, ce qui montre que l'investissement du côté de la mer était aussi étroit que du côté du fleuve. Enfin, on apprit que du secours arrivait, et que les troupes de Théodoric étaient en marche. Un édit de ce prince, dont la teneur nous est conservée[180], les avait convoquées pour le 22 juin, et il est probable que ce fut dans les dernières journées de ce mois, ou dans les premières de juillet, qu'elles apparurent sous les remparts de la ville affamée.

[180] Cassiodore, *Variarum* I, 24.

Pourquoi Théodoric le Grand n'était-il pas intervenu plus tôt? Après la fastueuse démonstration qu'il avait imaginée pour empêcher l'explosion des hostilités, après les menaces peu déguisées qu'il avait fait entendre à Clovis pour le cas où il s'aviserait d'entrer en campagne, comment avait-il pu laisser écraser son gendre, et détruire un royaume qui était pour l'Italie une garantie de sécurité? Il serait injuste, sans doute, d'expliquer son inaction par un de ces calculs machiavéliques comme celui que Procope lui attribue dans la guerre des Burgondes, et dont la rumeur populaire des Francs, toujours portés à croire et à dire du mal de l'ennemi, ne manqua pas de l'accuser cette fois encore[181]. Théodoric n'avait pas le moindre intérêt à mettre aux prises Alaric et Clovis. Sa politique d'équilibre européen, s'il est permis d'employer cette expression, avait essentiellement pour but de contrebalancer ses royaux confrères les uns par les autres, pour arriver à maintenir son hégémonie sur tous. Prétendre qu'il fut séduit par l'idée de se faire, presque sans coup férir, sa part des dépouilles d'Alaric, cela revient toujours à supposer que ce profond politique aurait été assez mal inspiré pour attirer sur l'Italie, en substituant le voisinage des Francs à celui des Visigoths, le plus terrible de tous les dangers. On ne soutiendra pas davantage qu'il ait poussé l'amour de la paix et la prédilection pour les solutions pacifiques jusqu'au point de ne pas même bouger après la fatale journée de Vouillé, car c'était créer une situation contre laquelle il ne serait plus possible de réagir autrement que par les armes. Pourquoi donc, encore une fois, a-t-il laissé les alliés franchir le Rhône et menacer l'Italie elle-même, et ne se mit-il en campagne qu'un an après l'explosion de la lutte, à un moment où tout pouvait déjà être perdu?

[181] Frédégaire, II, 58.

La solution du problème doit être cherchée à Byzance, dans les combinaisons de cette diplomatie savante qui était restée la dernière ressource de l'Empire expirant. Byzance, nous l'avons déjà dit, avait mis les armes à la main des Francs et les avait jetés sur les Visigoths, probablement après leur avoir promis d'occuper pendant ce temps le roi d'Italie. Pour des raisons qui nous échappent, les Grecs ne prirent pas la mer en 507; mais ils firent des préparatifs de guerre tellement ostensibles, que Théodoric, effrayé, ne crut pas pouvoir dégarnir son royaume. Au printemps de 508, l'Empire se trouva enfin en mesure de faire la diversion promise à ses alliés francs et burgondes. Une flotte de cent navires de guerre et d'autant de dromons, quittant le port de Constantinople sous les ordres des comtes Romain et Rusticus, vint débarquer sur les côtes de l'Italie méridionale, et mit à feu et à sang une grande partie de l'Apulie. Les environs de Tarente et ceux de Sipontum furent particulièrement éprouvés[182]. On ne sait pas pourquoi les Byzantins se bornèrent à ces razzias. Peut-être l'armée avait-elle des instructions qui lui défendaient de s'engager plus sérieusement; peut-être aussi l'impéritie et la lâcheté des chefs sont-elles seules responsables de l'insuccès apparent d'un si grand effort. Les énergiques mesures de défense que Théodoric prit sans retard, et qui, assurément étaient préparées de longue main, n'auront pas peu contribué à faire regagner le large à la flotte impériale. Dans tous les cas, l'opinion publique à Byzance considéra l'expédition comme un échec et le chroniqueur byzantin en parle avec mépris, moins comme d'une opération militaire que comme d'un exploit de pillards[183].

[182] Comte Marcellin, *Chronicon*, a. 508, dans M. G. H., *Auctores antiquissimi*, t. XI, p. 97; Cassiodore, *Variarum*, I, 16, et II, 36.

[183] Comte Marcellin, *l. c.*

Voilà pourquoi Théodoric n'était pas apparu plus tôt sur le théâtre où se décidaient les destinées de la Gaule, et telle est l'explication d'une attitude qui a été une énigme pour les historiens[184]. Il faut dire plus. Au moment où s'ébranlaient les forces qui allaient au secours de la Provence, le sol de l'Italie n'était peut-être pas encore tout à fait évacué par les troupes byzantines. De toute manière, il était indispensable de rester l'arme au bras, et de protéger les rivages méridionaux contre un retour offensif de leur part. Le roi d'Italie fut donc obligé de diviser ses forces pendant l'été de 508, et n'en put opposer qu'une partie à l'armée réunie des Francs et des Burgondes. Cela suffisait, à vrai dire, pour mettre provisoirement en sûreté les villes qui n'avaient pas encore reçu leur visite, et pour relever le moral de la population indigène: ce n'était pas assez pour un engagement définitif avec les alliés.

[184] Par exemple pour Binding, *Das Burgundisch-Romanische Kœnigreich* p. 202. Cependant la vérité avait déjà été entrevue par Vic et Vaissette, *Histoire générale du Languedoc*, t. I, p. 248; de nos jours elle l'a été par Pétigny, II, p. 526, par Gasquet, *l'Empire byzantin et la monarchie franque*, p. 133, par Dahn, *Die Kœnige der Germanen*, t. V, p. 113, et enfin, depuis la publication de ce livre,

par Malnory, *Saint Césaire*, p. 92, par Hartmann *Das Italienische Kœnigreich*, Leipzig 1897, p. 160, par Arnold, *Cæsarius von Arelate*, p. 245, et par W. Schultze *Das Merovingische Frankenreich*, p. 74.

Du moins, le cours des événements militaires pendant l'année 508 justifie ces conjectures. Débouchant en Gaule le long de la Corniche, les Ostrogoths prirent possession, sans coup férir, de tout le pays situé au sud de la Durance. Ce qui restait de Visigoths dans ces régions les accueillit sans doute à bras ouverts, et la population elle-même les salua comme des libérateurs. Marseille surtout leur fit un accueil chaleureux[185], et il fut facile aux officiers de Théodoric de substituer partout le gouvernement de leur maître aux débris d'un régime écroulé. Rattachés à l'Italie, les Provençaux croyaient redevenir, d'une manière effective, les citoyens de l'Empire romain; Théodoric était pour eux le lieutenant de l'empereur, et la douceur de son gouvernement les rassurait contre les persécutions religieuses qu'ils avaient eu à subir sous Euric.

[185] Cassiodore, *Variarum*, III, 34.

Au surplus, Théodoric ne perdit pas un instant pour donner à sa prise de possession de la Provence le caractère d'une mesure définitive et irrévocable. Le pays était à peine sous ses ordres, qu'il y envoyait Gemellus pour le gouverner en qualité de vicaire des Gaules[186]; titre très pompeux, si l'on réfléchit à l'exiguïté du pays sur lequel s'étendait l'autorité du vicaire, significatif toutefois et même plein de menaces pour les alliés, parce qu'il remettait en question et contestait d'une manière implicite la légitimité de toutes leurs conquêtes au nord des Alpes.

[186] Cassiodore, *Variarum*, III, 16 et 17.

Comme le siège d'Arles durait toujours, il parut essentiel, si on ne pouvait le faire lever cette année, d'encourager au moins les assiégés, en leur faisant passer quelques ravitaillements qui leur permettraient d'attendre un secours plus efficace. L'entreprise réussit pleinement. Culbutant les Francs et les Burgondes qui occupaient la rive gauche, avant qu'on eût pu venir à leur secours de la rive droite, les Ostrogoths entrèrent dans la ville avec un convoi de vivres qui y ramena l'abondance et la joie. Cet épisode éclaira les alliés sur le danger qui les menaçait pour l'année suivante, si auparavant ils ne parvenaient pas à fermer l'accès d'Arles aux armées italiennes. Ils firent donc les plus grands efforts pour s'emparer du pont de bateaux qui reliait les deux rives. Leurs dromons l'assaillirent de tous les côtés à la fois, mais les assiégés opposèrent une résistance vigoureuse: à leur tête était le chef des troupes ostrogothiques, Tulwin, héros apparenté à la famille des Amales, qui fit des prodiges de valeur, et qui fut grièvement blessé dans cette rencontre[187]. Le pont, disputé avec acharnement, resta aux assiégés. Arles put tenir l'hiver encore: le printemps allait lui apporter la délivrance.

[187] *Id., ibid.*, VIII, 10. Sur ce personnage, voir encore le même recueil, VIII, 9; Mommsen, préface de l'édition de Cassiodore, p. 37; le même, *Ostgothische Studien*, dans le *Neues Archiv.*, t. XIV, pp. 506 et 515.

En 509, libre enfin de préoccupations du côté de Byzance, Théodoric put jeter toutes ses forces sur la Gaule, et alors les événements se précipitèrent. Une armée ostrogothique, sous la conduite d'Ibbas[188], arrivant de Turin, franchit les Alpes au col de Suse, et apparut subitement sur les derrières de l'ennemi dans la vallée de la Durance[189]. Par cette manœuvre hardie, Ibbas coupait les communications des Burgondes avec leur royaume, et dominait à la fois la route de Valence et celle d'Arles à partir de Gap. Là, l'armée se partagea: l'un des corps, sous les ordres de Mammo, se répandit au nord de la Durance[190], pénétra dans Orange dont la population tout entière fut emmenée en captivité[191], inquiéta même les environs de Valence[192], et, revenant vers le sud, s'empara d'Avignon où il mit une garnison gothique[193]. L'autre corps d'armée, dont Ibbas s'était réservé le commandement, pilla le pays de Sisteron, d'Apt et de Cavaillon, et vint ensuite faire sa jonction avec Mammo pour aller ensemble débloquer Arles.

[188] Schroeder, dans l'*Index personarum* de l'édition des *Variarum* de Mommsen, suppose, non sans vraisemblance, que le nom d'Ibbas est le diminutif de Ildibald. Aschbach, *Geschichte der Westgothen*, p. 177, et Dahn, *Die Kœnige der Germanen*, t. V, p. 113, et t. VI, p. 372, disent à tort qu'Ibbas était un zélé catholique.

[189] Cassiodore, *Variarum*, IV, 36.

[190] Marius d'Avenches, *Chronicon*, a. 509: Hoc consule Mammo dux Gothorum partem Galliæ deprædavit.

[191] *Vita sancti Cæsarii*, I, 19, dans Mabillon, *o. c.*, I, p. 642.

[192] S. Avitus, *Epistolæ*, 87 (78).

[193] Cassiodore, *Variarum*, III, 38.

La situation était excellente pour les généraux de Théodoric. Maîtres du littoral, où ils pouvaient compter sur la fidélité de la population, maîtres de la vallée de la Durance, laissant derrière eux le pays burgonde épuisé, ils étaient précédés et suivis par la terreur de leurs armes lorsqu'ils arrivèrent sous les murs de la capitale de la Provence. La situation des assiégeants, au contraire, était des plus périlleuses. Obligés, pour faire un blocus en règle, de se disperser sur les deux rives du fleuve, ils se voyaient, sur la rive gauche, pris entre la ville et l'armée ostrogothique, et transformés presque en assiégés. Il leur fallut renoncer au blocus, ramener en hâte toutes leurs forces sur la rive droite, et se préparer à soutenir l'assaut réuni de la ville et de ses libérateurs. Une bataille dont nous ne connaissons que le résultat eut lieu de ce côté du Rhône. Ce fut un éclatant triomphe pour les Goths; à en croire leur chroniqueur Jordanès, qui parle ici avec une exagération manifeste, trente mille Francs et Burgondes seraient restés sur le carreau[194].

[194] Jordanes, c. 58.

Les Goths rentrèrent victorieux dans la ville enfin délivrée, traînant à leur suite une multitude de prisonniers dont ils emplirent tous les bâtiments publics, les églises et la maison de l'évêque. Ces pauvres gens, affamés, à peu près nus, étaient en proie à la plus extrême détresse. Saint Césaire vint à leur secours avec une infatigable charité. Sans faire de distinction entre les Francs et les Burgondes, entre les ariens et les catholiques, il commença par leur distribuer des habits et des aliments, puis il se mit à les racheter de la captivité. Il dépensa dans ce but tout ce que son prédécesseur Eonius avait légué à la mense de son église. Mais les besoins étaient plus grands que les ressources. Alors l'évêque se souvint que lorsqu'il s'agissait du rachat des captifs, les conciles autorisaient jusqu'à l'aliénation des biens ecclésiastiques, jusqu'à la vente des vases sacrés. Et le trésor de son église y passa: les encensoirs, les calices, les patènes, tout fut mis en pièces et vendu au poids de l'or. Les revêtements d'argent qui ornaient le piédestal des colonnes et les grilles du chœur, détachés à coups de hache, passèrent également aux mains des brocanteurs, et, longtemps après, on montrait encore dans la cathédrale d'Arles les traces de ce vandalisme héroïque de la charité[195].

[195] *Vita sancti Cæsarii*, I, 17, dans Mabillon, *o. c.*, t. I, p. 641.

C'est ainsi que la Provence avait traversé, sans presque subir aucun dommage, les jours critiques du changement de domination. La conquête de ce pays par l'Italie était achevée. Théodoric la traita d'une manière aussi généreuse qu'habile. Il accorda immédiatement aux Arlésiens la remise des impôts pour l'année 510-511[196]; il les combla d'éloges pour la bravoure avec laquelle ils avaient enduré les privations et les dangers du siège[197]; il leur donna de l'argent pour réparer leurs murailles, qui avaient beaucoup souffert, et promit de leur envoyer des vivres dès que la navigation aurait recommencé[198]. Aux Marseillais il fit ses compliments sur la fidélité qu'ils lui avaient témoignée, leur confirma l'immunité dont ils jouissaient, et leur remit l'impôt de l'année[199]. La même remise fut accordée aux habitants des Alpes-Cottiennes, par le pays desquels était passée l'armée d'Ibbas, et qui avaient eu beaucoup à se plaindre de leurs défenseurs[200]. Un évêque, Severus, dont le diocèse nous est inconnu, reçut une somme de quinze cents pièces d'or à distribuer entre ses ouailles, selon les dommages qu'elles avaient subis[201]. Enfin, la Provence fut dispensée de l'obligation qui lui avait été faite antérieurement d'approvisionner les forts nouvellement bâtis sur la Durance; Théodoric décida qu'ils seraient ravitaillés directement par l'Italie[202]. De plus, les généraux et les gouverneurs ostrogoths reçurent les instructions les plus formelles sur la conduite qu'ils avaient à tenir envers les provinciaux: ils devaient vivre en paix avec eux, les traiter conformément aux exigences de la civilisation, enfin, se comporter de telle sorte qu'ils pussent se réjouir d'avoir changé de maîtres. Nous avons conservé les dépêches que reçurent dans ce sens Gemellus, vicaire des Gaules, et Wandil, comte d'Avignon; elles font honneur au génie du roi qui les a, sinon dictées, du moins revêtues de sa signature souveraine[203]. Lui-même s'adressa aux provinciaux dans des termes d'une élévation vraiment royale:

[196] Cassiodore, *Variarum*, III, 32.

[197] *Id., ibid.*, l. c.

[198] *Id., ibid.*, III, 44.

[199] *Id., ibid.*, III, 34.

[200] *Id., ibid.*, IV, 36.

[201] *Id., ibid.*, II, 8.

[202] *Id., ibid.*, III, 41 et 42.

[203] Id., *ibid.*, III, 16 et 38.

«Vous voilà donc, par la grâce de la Providence, revenus à la société romaine, et restitués à la liberté d'autrefois. Reprenez aussi des mœurs dignes du peuple qui porte la toge; dépouillez-vous de la barbarie et de la férocité. Quoi de plus heureux que de vivre sous le régime du droit, d'être sous la protection des lois et de n'avoir rien à craindre? Le droit est la garantie de toutes les faiblesses et la source de la civilisation; c'est le régime barbare qui est caractérisé par le caprice individuel[204].»

[204] Cassiodore, *Variarum*, III, 17.

Il n'eût pas été digne de Théodoric de terminer la campagne après s'être borné à prendre sa part des dépouilles du malheureux Alaric. Le prestige de son nom, la sécurité de l'Italie et l'intérêt de son petit-fils Amalaric exigeaient plus. Il fallait empêcher les Francs de s'interposer entre les deux branches de la famille gothique, comme les arbitres tout-puissants de ses destinées; il fallait rétablir entre l'Espagne et l'Italie ces relations de voisinage et ces communications quotidiennes que la perte de la Septimanie venait de détruire. A ces considérations d'ordre national venait se joindre un intérêt dynastique très pressant, je veux dire le danger que l'usurpation de Gésalic faisait courir à la cause d'Amalaric II, trop jeune pour se défendre contre son frère naturel. A peine donc l'armée ostrogothique fut-elle entrée à Arles qu'elle se vit chargée d'une nouvelle mission, celle de reconquérir le littoral qui séparait le Rhône des Pyrénées.

Comme on l'a vu plus haut, plusieurs localités importantes y tenaient encore, que les troupes d'Ibbas débloquèrent et rendirent à leur liberté. Entrées à Carcassonne, elles mirent la main, au dire de Procope, sur le trésor des rois visigoths, qui fut envoyé à Ravenne[205]. La ville contenait un autre trésor dont la charité chrétienne était seule à s'inquiéter: c'était l'immense multitude de captifs que saint Césaire y vint racheter[206]. Nîmes aussi tomba, du moins pour quelque temps, au pouvoir des Ostrogoths, car nous la voyons gouvernée à un certain moment par le duc qui avait sa résidence à Arles[207]. On peut admettre que toutes les localités qui étaient restées libres avant la bataille d'Arles passèrent sous l'autorité du roi d'Italie, soit qu'il y entrât de par le droit de la conquête, soit qu'il se bornât à en prendre possession au nom de son petit-fils.

[205] Procope, *De Bello gothico*, I, 12. Cf. ci-dessus, p. 80 et 81.

[206] *Vita sancti Cæsarii*, I, 23, dans Mabillon, *o. c.*, I, p. 643.

[207] Grégoire de Tours, *Gloria martyrum*, c. 77.

Laissant derrière lui les villes dont la fidélité lui était acquise, Ibbas poussa droit sur Narbonne, la principale conquête des Francs et des Burgondes sur les côtes de la Méditerranée. Nulle part il ne rencontra de résistance. L'ennemi s'étant retiré, la population accueillit l'armée italienne; quant aux Visigoths qui avaient embrassé le parti de Gésalic, la fuite de l'usurpateur les décida sans doute à faire leur soumission[208]. Sans perdre de temps, Ibbas passa les Pyrénées et donna la chasse à Gésalic. Celui-ci, après avoir tenté un semblant de résistance, fut obligé de prendre la fuite, pendant que le généralissime de Théodoric s'employait activement à établir dans la péninsule l'autorité de son maître comme tuteur du jeune roi. Cependant Gésalic s'était réfugié auprès de Thrasamond, roi des Vandales, et celui-ci, sans doute pour brouiller davantage encore la situation, lui procura des ressources avec lesquelles il tenta une nouvelle fois la fortune des armes. Mais, vaincu derechef dans les environs de Barcelone, il s'enfuit en Gaule, où il parvint à rester caché pendant une année environ. Il fut enfin découvert dans le pays de la Durance, et, livré à Ibbas, il périt sous la main du bourreau[209].

[208] Cassiodore, *Variarum*, IV, 17.

[209] Le peu de chose que nous savons sur Gésalic se trouve dans Cassiodore, *Variarum*, V, 43 (cf. le *proœmium* de Mommsen, p. 36), plus quelques lignes d'Isidore de Séville, *Chronicon Gothorum*, c. 37, et de Victor de Tunnuna, a. 510.

Théodoric pouvait à bon droit s'enorgueillir du succès de cette campagne. Son double but était atteint: le royaume des Visigoths était sauvé, et leur dynastie restait en possession du trône. Le roi d'Italie avait vaincu partout où ses généraux s'étaient montrés. Il ne s'était pas contenté d'arrêter l'essor des Francs victorieux, il leur avait arraché deux des plus belles provinces de leur nouvelle conquête. Il avait infligé aux Burgondes, avec le cuisant regret de se voir refoulés définitivement de la mer, l'humiliation de laisser dans ses mains leur ville d'Avignon, boulevard méridional de leur royaume, qui, paraît-il, leur fut enlevée au cours de cette campagne. Il avait apparu, au milieu des peuples en lutte, comme le gardien puissant et pacifique du droit, et il pouvait écrire au roi des Vandales: «C'est grâce à nos armes que votre royaume ne sera pas inquiété[210].»

[210] Cassiodore, *Variarum*, V, 43.

Et pourtant, malgré toutes ces apparences consolantes pour l'orgueil national des Goths, le vaincu n'était pas Clovis, c'était Théodoric. Son prestige avait reçu, par la chute de la domination visigothique en Gaule, un coup dont il ne devait plus se relever. Il devenait de plus en plus manifeste que son idéal n'était qu'une chimère. Adieu l'hégémonie pacifique de l'Italie sur tous les peuples de l'Occident, et l'espèce d'empire nouveau créé par la diplomatie au profit de la maison des Amales! En chassant les Visigoths de l'Aquitaine, Clovis avait rompu le faisceau formé par l'alliance des deux peuples sur lesquels pivotait la politique de Théodoric. En s'emparant de ce pays pour lui-même, il avait déplacé le centre de gravité de l'Europe, et transféré de Ravenne à Paris la primauté honorifique du monde. Là était le résultat capital de la campagne de 506 et des années suivantes: les lauriers d'Ibbas n'y changeaient pas grand'chose, et l'échec des Francs resta un simple épisode de la lutte. Ce qu'il avait d'humiliant n'atteignit d'ailleurs que les lieutenants de Clovis. Leur insuccès s'évanouissait, en quelque sorte, dans le rayonnement de la gloire avec laquelle il était revenu de Toulouse et de Bordeaux, dans l'éclat pompeux de la cérémonie de Tours, qui avait imprimé à son pouvoir le cachet de la légitimité. Il n'avait pu conserver toutes ses conquêtes, mais ce qu'il en gardait avait un prix suffisant pour le consoler de ce qu'il avait perdu. Après comme avant l'intervention de Théodoric, il restait, de par la victoire de Vouillé, le maître tout-puissant de la Gaule. Voilà ce que virent les contemporains, et ce qui frappa son peuple. Est-il étonnant que les Francs aient oublié totalement la guerre de Provence, et que l'expédition de Clovis leur ait paru terminée le jour où il traversa les rues de Tours à cheval, le diadème sur la tête, entouré d'un peuple reconnaissant qui acclamait en lui son libérateur et le collègue des Césars?

L'ANNEXION DU ROYAUME DES RIPUAIRES

Le ciel lumineux de l'Aquitaine a prêté quelque chose de sa transparence au récit des événements racontés dans les précédents chapitres; maintenant, obligés de suivre notre héros aux confins septentrionaux des pays francs, nous allons rentrer dans le brouillard de la légende.

Ce contraste est facile à expliquer. Pour les annalistes gaulois, dont les sèches et maigres notices ont été les seules sources des historiens, le monde civilisé finissait sur les bords de la Somme. Au delà, c'était le domaine orageux et flottant de la barbarie, dans lequel aucun Romain ne tenait à s'aventurer. Là, parmi les ruines de la culture antique, s'étaient établis en maîtres des hommes étrangers aux charmes d'une société policée, et dont la langue même les mettait en dehors de toute communication avec la vie romaine. Ce qui se passait parmi eux n'avait pas d'intérêt pour les civilisés, et n'arrivait à leurs oreilles, de temps à autre, que par le canal de la voix populaire. Mais la voix populaire était une gardienne peu sûre des souvenirs de l'histoire; elle ne connaissait que la surface des événements, elle en ignorait les mobiles, elle suppléait à son ignorance par des hypothèses à la fois hardies et enfantines, qui transportaient l'imagination bien loin de la réalité. Enfin, elle laissait flotter le récit à la dérive de la chronologie, et négligeait de conserver les seuls indices qui permettaient de classer les souvenirs. Lorsque, dans de pareilles conditions, un historien venait lui demander quelques renseignements, il ne rencontrait que légendes et traditions fabuleuses jetées pêle-mêle dans la plus inextricable confusion.

La biographie de Clovis, on l'a déjà vu, a été en grande partie défigurée par ce travail de la légende, et l'une des tâches principales de ce livre, ç'a été de retrouver les contours nets et tranchés de l'histoire sous la capricieuse végétation de l'épopée. Nulle partie de son activité, toutefois, n'a été plus altérée par les récits populaires que sa politique vis-à-vis des autres royaumes francs. L'histoire de Chararic et de Ragnacaire en a pâti au point qu'il est devenu impossible d'y démêler le vrai du faux; celle de la conquête du royaume ripuaire, qui va nous occuper, a subi les mêmes atteintes. Comme aucun annaliste gaulois ne nous a conservé le souvenir de ce qui s'est passé si loin de la Neustrie, là-bas, aux extrémités de la Gaule et dans la pénombre de la barbarie, la poésie a seule parlé, et ses récits aussi mensongers que dramatiques imposent au narrateur consciencieux l'obligation d'un contrôle qui n'est pas toujours facile à exercer. Il faudra, au grand ennui du lecteur, discuter là où on voudrait raconter, et s'aventurer dans le domaine de la conjecture, au risque de substituer aux données de l'imagination poétique les combinaisons tout aussi inexactes peut-être de l'imagination critique. Nous

nous avancerons le moins possible dans cette voie, et la conjecture n'aura ici que la place qu'on ne pourrait légitimement lui refuser.

Nous avons déjà fait connaître, dans un chapitre précédent, le royaume des Francs Ripuaires. Comme on l'a vu, il remontait à la même date que celui des Saliens, ou, pour mieux dire, Ripuaires et Saliens paraissent avoir vécu primitivement sous une seule et même dynastie, celle à qui Mérovée a laissé son nom. Mais les événements historiques, en imprimant une direction différente à la marche des deux peuples, avaient séparé des destinées qui avaient été identiques dans l'origine. Pendant que les Saliens franchissaient le Rhin et prenaient possession de la Toxandrie, les Francs restés sur la rive droite de ce fleuve avaient concentré leurs convoitises sur les riches et fertiles terres des Ubiens, protégées par la puissante position de Cologne. Tout le quatrième siècle, ils furent tenus en échec par les empereurs, qui s'étaient établis à Trèves pour mieux les surveiller, et ils ne parvinrent pas à prendre pied sur la rive gauche d'une manière définitive. C'est seulement après le passage de la grande invasion de 406 qu'elle leur tomba dans les mains, comme une proie sans maître.

Ils entrèrent victorieux, et cette fois pour toujours, dans les murs de la grande métropole du Rhin, et il est probable qu'ils ne lui épargnèrent aucune des atrocités de la conquête. Les Ubiens, de temps immémorial, étaient odieux à leurs congénères barbares; leur complète conversion à la vie romaine les isolait au milieu de leur race. Aussi peut-on croire que tout un fond de vieilles rancunes se déchargea sur la ville et sur le pays. L'incendie des monuments et le massacre des habitants étaient, en ces rencontres, le commencement de toute conquête; après venait la spoliation violente des riches, qui devaient céder leurs biens aux vainqueurs, heureux d'avoir la vie sauve à ce prix. Nous connaissons une des victimes de la catastrophe où sombra l'ancienne prospérité de Cologne: c'est une riche veuve, parente de Salvien, à qui la conquête enleva tout ce qu'elle possédait, et qui fut réduite à se mettre en service chez les femmes des barbares ses spoliateurs[211]. La destinée de cette matrone fut sans doute le lot commun de toute l'aristocratie colonaise qui avait échappé au fer des conquérants.

[211] Salvien, *Epist.*, I.

Toutefois, quand l'ivresse du carnage fut passée, ce qui survivait de la population romaine ne fut plus inquiété dans sa condition diminuée. Romains et barbares cohabitèrent tranquillement dans l'enceinte démantelée, à l'ombre des monuments mutilés par la violence et consumés par le feu. Les premiers continuèrent même pendant longtemps de former le fond de la population colonaise; ils ne furent assimilés qu'à la longue, grâce à l'afflux incessant des éléments barbares qui de la campagne se versaient dans la ville. Aujourd'hui encore, il n'est aucune partie de l'Allemagne où le mélange des deux races s'accuse dans un plus heureux ensemble de qualités diverses. C'est de leurs ancêtres, les Ubiens romanisés, que les Rhénans tiennent cette humeur facile et cette vivacité d'esprit qui les distinguent des autres tribus germaniques, et qui est comme le souvenir de leur antique parenté avec les peuples de la Gaule.

Le nom des Ripuaires, sous lequel il est convenu de désigner tous les Francs d'arrière-garde qui n'avaient pas quitté les rives du Rhin, ne fut dans l'origine qu'une simple désignation géographique. Relativement récent, puisqu'il apparaît pour la première fois dans un chroniqueur du sixième siècle[212], il s'appliquait aux diverses peuplades franques connues sous les noms de Chattes, d'Ampsivariens, de Hattuariens, de Bructères, dont les noms particuliers disparaissent de l'histoire à partir de la fin du cinquième siècle. Tous ils ne forment plus qu'une seule et même nation, et ils vivent, on ne sait à partir de quand, sous l'autorité d'un seul roi. Le royaume des Ripuaires s'étendait sur les deux rives du Rhin depuis l'île des Bataves jusqu'à la Lahn sur la rive droite, jusqu'au delà de Trèves et à la haute Moselle sur la rive gauche. Si, comme on est autorisé à le croire, les Chattes avaient été rattachés aux Ripuaires, les frontières méridionales du royaume allaient jusqu'à Mayence. Vers l'ouest, où depuis la soumission des Thuringiens belges par Clovis il confinait aux Saliens, il avait pour limite probable le cours inférieur de la Meuse. C'était, dans l'ensemble, un grand et beau royaume, qui aurait pu rivaliser avec celui des Saliens, si l'histoire n'avait toujours réservé la prépondérance aux peuples qui se sont trouvés au premier rang dans les luttes avec le passé.

[212] Dans Jordanes, c. 36, à l'occasion de la guerre contre Attila en 451.

La capitale des Ripuaires, la belle et grande ville de Cologne sur le Rhin, avait perdu beaucoup de la prospérité dont elle jouissait à l'époque impériale. De toute sa civilisation primitive il ne restait que des ruines. Les monuments de l'antiquité païenne et les sanctuaires chrétiens gisaient dans la même poussière. La hiérarchie épiscopale n'existait plus, et le culte du vrai Dieu n'était célébré qu'au milieu des temples croulants. Pendant que les chrétiens clairsemés, reconnaissables au costume romain et à l'humilité de l'allure, allaient hors ville porter leurs hommages aux tombeaux des Vierges ou à ceux des Saints d'or, les conquérants barbares érigeaient leurs sanctuaires païens aux portes mêmes de Cologne, et jusqu'au milieu du sixième siècle on y vint manger les repas sacrés, adorer les idoles, et suspendre devant elles l'effigie des membres dont on demandait la guérison[213]. Grâce à l'absence de tout prosélytisme religieux chez les barbares, les deux races vivaient côte à côte, sans ces conflits aigus qui caractérisaient les rapports confessionnels dans les royaumes ariens, et les chrétiens de la Ripuarie pouvaient voir dans leurs maîtres païens des prosélytes futurs. Il n'est pas douteux qu'avant même que la masse du peuple ripuaire se soit convertie à l'Évangile, plus d'un Franc de

Cologne et de Trèves ait connu et confessé la religion du Christ. Toutefois il serait téméraire d'affirmer que dès cette époque, suivant l'exemple donné par Clovis, la famille royale des Ripuaires avait embrassé le christianisme avec le gros de son peuple.

[213] Grégoire de Tours, *Vitæ Patrum*, VI, 2.

Le sceptre des Ripuaires était alors dans les mains du vieux roi Sigebert, celui, qui, comme nous l'avons vu, avait eu sur les bras les Alamans à la journée de Tolbiac. Blessé au genou dans cette bataille, il était resté estropié, et il gardait le surnom de Sigebert le Boiteux. Une infirmité contractée d'une manière aussi glorieuse rehausserait le prestige d'un souverain chez des nations modernes; chez les barbares, qui exigeaient avant tout de leurs rois des qualités physiques, elles le réduisaient presque à rien. Ils ne respectaient pas un roi qui ne portât sur lui, en quelque sorte, les insignes naturels de sa supériorité. Mutilé, estropié, infirme, comment aurait-il mené son peuple à la guerre, et lui aurait-il donné l'exemple de la force et du courage? Il suffisait d'une blessure qui le défigurât, comme, par exemple, la perte d'un œil, pour qu'il cessât d'être considéré comme un vrai souverain[214]. Aussi la situation de Sigebert doit-elle s'être ressentie de l'accident qui avait entamé sa vigueur corporelle, et il ne serait pas étonnant qu'il fallût chercher dans la déconsidération qui l'atteignit dès lors les causes de sa mort tragique. Malheureusement, les ténèbres les plus opaques règnent sur l'histoire du royaume ripuaire de Cologne, et la seule page qui en soit conservée n'est qu'un palimpseste où la légende a inscrit ses récits naïvement invraisemblables en travers de la réalité effacée. Voici ce qu'elle racontait dès la fin du sixième siècle:

[214] Le point de vue barbare en cette matière se trouve exposé d'une manière fort instructive dans la *Lex Bajuvariorum*, II, 9: «Si quis filius ducis tam superbus vel stultus fuerit vel patrem suum dehonestare voluerit per consilio malignorum vel per fortiam, et regnum ejus auferre ab eo, dum pater ejus adhuc potest judicium contendere, in exercitu ambulare, populum judicare, equum viriliter ascendere, arma sua vivaciter bajulare, non est surdus nec cecus, in omnibus jussionem regis potest implere, sciat se ille filius contra legem fecisse» (M. G. H., *Leges*, III, p. 286.) Il y a eu de multiples applications de ce principe dans la légende et dans l'histoire: par exemple, Grégoire de Tours, II, 41; III, 18; *Vita sancti Theodorici Abbatis* (Mabillon, *Acta Sanct.*, I. p. 599), et Flodoard, *Historia Remensis ecclesiæ*, I, c. 24. Cf. *Histoire poétique des Mérovingiens*, pp. 296 et 503.

«Pendant que le roi Clovis demeurait à Paris, il fit dire en secret au fils de Sigebert:

«—Voilà que ton père est vieux et qu'il boite. S'il venait à mourir, tu hériterais de son royaume et tu deviendrais notre ami.»

«Enflammé d'ambition, le jeune prince médita de tuer son père. Comme celui-ci, sorti de Cologne, avait passé le Rhin pour se promener dans la forêt de Buchonie, son fils lui dépêcha des assassins, qui l'égorgèrent pendant qu'il dormait à midi sous sa tente. Il se flattait ainsi de devenir le maître de son royaume. Mais, par le jugement de Dieu, il tomba lui-même dans la fosse qu'il avait creusée pour son père. Il fit mander à Clovis la mort du vieux roi, ajoutant:

«—Mon père est mort, et je suis en possession de son trésor et de son royaume. Envoyez-moi des hommes de confiance, à qui je remettrai de plein gré la part qui vous conviendra de ses richesses.»

Clovis lui fit répondre:

«—Je te remercie de ta bonne volonté, et je te prie de montrer ton trésor à mes envoyés; tu le garderas ensuite tout entier.»

«Chlodéric, aussitôt les envoyés de Clovis arrivés, leur exhiba tout le trésor paternel. Pendant qu'ils examinaient divers objets, il leur dit:

«—Voici un coffre où mon père avait l'habitude d'entasser des pièces d'or.

«—Plongez la main jusqu'au fond, dirent les envoyés, et ramenez tout.»

«Pendant que Chlodéric, profondément incliné sur le coffre, se mettait en devoir de leur obéir, l'un d'eux, levant sa hache, lui brisa la tête. Et ainsi le parricide expia ce qu'il avait fait à son père. Clovis, apprenant que Sigebert avait péri et son fils également, vint à Cologne, rassembla tout le peuple, et dit:

«—Écoutez ce qui est arrivé. Pendant que je naviguais sur l'Escaut, Chlodéric, fils de mon parent, poursuivait son père et faisait courir le bruit que je voulais le faire assassiner. Et pendant que le vieux roi fuyait par la forêt de Buchonie, il lui envoya des assassins qui le mirent à mort. Lui-même périt massacré, je ne sais par qui, pendant qu'il ouvrait le trésor paternel. Pour moi, je n'ai aucune complicité dans ces actes; je sais que ce serait un crime de verser le sang de mes proches. Mais puisque le mal est fait, je vous donne un conseil dont vous vous trouverez bien, si vous le suivez; soumettez-vous à moi, et vous serez sous ma protection.»

«Le peuple applaudit à ces paroles, en faisant entendre des acclamations et en entrechoquant les boucliers, éleva Clovis sur le pavois et en fit son souverain. Celui-ci prit possession du royaume de Sigebert et mit la main sur son trésor[215].»

[215] Grégoire de Tours, II, 40.

Les contradictions et surtout les énormes invraisemblances de cette tradition populaire crèvent les yeux. Elles s'expliquent dans un récit qui a passé par beaucoup de bouches avant d'être mis par écrit, mais il est indispensable de les signaler pour fixer la vraie valeur de la narration. Si le roi de Cologne a été tué pendant qu'il se promenait dans la Buchonie, pourquoi est-il dit un peu plus loin qu'il fuyait devant son fils Chlodéric? Si c'est celui-ci qui est le meurtrier, qui a dit à la tradition populaire qu'il ait agi à l'instigation de Clovis? Et si Clovis a voulu plus tard se débarrasser de Chlodéric par un meurtre, est-il sérieux de prétendre qu'il l'aurait fait assassiner dans son propre palais, et par des ambassadeurs? Enfin, à supposer qu'il ait réellement commis une pareille trahison, comment croire que le peuple ripuaire se serait laissé persuader qu'il en était innocent? En contredisant d'une manière si éclatante l'opinion qu'elle attribue aux Ripuaires, la tradition ne se démasque-t-elle pas comme une légende postérieure et sans autorité? Toutes ces invraisemblances sans doute ne choquaient pas l'esprit populaire à l'époque où écrivait Grégoire de Tours, mais elles dénoncent le récit à la critique moderne, et nous forcent à reconnaître ici le travail inconscient de la poésie, non les souvenirs exacts de l'histoire.

Qu'il nous soit permis d'inviter le lecteur à nous suivre pour quelques instants dans l'atelier de la critique, où une analyse méthodique du récit qu'il vient d'entendre nous permettra peut-être de le ramener à ses éléments constitutifs et de nous rendre compte de sa formation. En éliminant tous les détails légendaires, nous rencontrons au centre de celui-ci un noyau vraiment historique: la mort tragique des deux rois de Cologne. Sigebert et Chlodéric vivaient encore en 507; en 511, tous deux étaient disparus, et Clovis régnait à leur place. Ce double drame a vivement préoccupé l'imagination populaire; elle a voulu en savoir la cause, et elle n'a pas manqué d'en trouver une qui la satisfît. «Cherche à qui le crime profite,» telle est la règle qui guide l'esprit des foules dans la recherche du coupable. Or le seul qui eût intérêt à faire périr Sigebert, c'est celui qui devait être son héritier, et Chlodéric s'est vu ainsi transformé en parricide de par la rigoureuse logique de l'épopée. Peut-être celle-ci aurait hésité à charger sa mémoire d'un crime aussi monstrueux, si la fin précoce et tragique de ce prince n'avait été une preuve de sa culpabilité. Car il est un autre axiome non moins cher à la logique populaire, et que l'épopée consacre tous les jours dans ses tableaux, c'est que tout crime s'expie dès ici-bas par la loi du talion. Ils sont innombrables, les personnages historiques dont la tradition a noirci la mémoire, simplement parce qu'ils ont été malheureux, et qu'on n'a pu expliquer leur malheur autrement que par leurs fautes. Si Chlodéric a péri de bonne heure et d'une mort cruelle, c'est qu'il avait mérité ce châtiment, c'est qu'il était l'auteur de la catastrophe mystérieuse qui avait emporté son père. Mais la mort de Chlodéric lui-même, à qui profitait-elle, sinon à Clovis, qui devint grâce à elle le roi des Ripuaires? Encore une fois donc, dans cette imagination populaire qui ne peut pas se résigner à laisser quelque part aux éléments fortuits, c'est Clovis qui a fait périr Chlodéric, et qui est devenu ainsi l'exécuteur des justes vengeances d'un Dieu irrité[216].

[216] Je crois devoir rappeler au lecteur que je me borne à résumer ici les considérations développées dans l'*Histoire poétique des Mérovingiens*, pp. 293-302.

Tel est le procédé poétique par lequel, remontant des effets aux causes et raisonnant d'après les lois d'une logique simple et rigoureuse, l'imagination populaire est arrivée à s'expliquer toute cette série d'événements. Une ambition criminelle a poussé un prince royal au parricide; mais la justice divine fait marcher la vengeance sur les traces du crime, et succomber le coupable sous les coups de son heureux successeur.

Ainsi, l'évolution est complète. Le fait inexpliqué, tombé dans l'imagination épique comme une graine dans le sol, y a germé, grandi, et s'est peu à peu ramifié de la manière qu'on vient de voir. Le peuple possède maintenant une explication satisfaisante de l'avènement de Clovis au trône des Ripuaires. Certes, l'épopée aurait pu s'arrêter ici. Mais, une fois en voie d'explication, elle va jusqu'au bout. Elle a entrevu une possibilité, c'est que l'artificieux Clovis, en vue d'amener le dénouement dont il devait profiter, ait lui-même provoqué le crime de Chlodéric. Et voilà l'histoire qui entre dans une nouvelle phase, racontant comment le roi des Saliens arme un fils contre son père, et les pousse tous les deux dans la tombe pour hériter de l'un et de l'autre. Que Clovis soit de la sorte transformé en un perfide et sanguinaire intrigant, cela importe peu. Les milieux où se sont élaborées ces légendes étaient trop barbares pour se rendre compte qu'ils le diminuaient en le peignant sous de telles couleurs; ils admiraient la ruse quand elle avait réussi, et estimaient doublement le héros qui joignait au courage intrépide les ressources d'un esprit ingénieux et délié. Ne nous étonnons donc pas de la physionomie atroce que nous trouvons à Clovis chaque fois que nous le rencontrons dans les récits populaires: ses admirateurs barbares l'ont fait à leur image.

Si maintenant on veut bien accorder à la critique le droit qu'on a laissé pendant quatorze siècles à la poésie, et lui permettre de reconstituer à son tour l'histoire telle qu'elle a dû se passer, nous formulerons nos conclusions comme suit. Le fait historique jeté en pâture aux imaginations des barbares du sixième siècle, c'est l'assassinat mystérieux du roi Sigebert dans la forêt de Buchonie, qui eut lieu vraisemblablement dans l'automne de 507. A la nouvelle de sa mort, son fils Chlodéric, qui, peut-être, était encore occupé au fond de l'Aquitaine à combattre les Visigoths, accourut à la hâte; mais il périt lui-même au milieu des troubles qu'avait provoqués la mort de son père. Ce double meurtre rendait vacant le trône des Ripuaires, et Clovis se présenta pour recueillir la succession de ses deux parents. Comme il était le plus proche, peut-être le seul héritier légitime, qu'il avait assez de puissance pour s'imposer, et que les Ripuaires étaient honorés de mettre à leur tête un souverain si illustre, il fut acclamé avec enthousiasme, et élevé sans retard sur le pavois. Le trône de Cologne sera devenu vacant vers 508, et la nouvelle que Clovis en aura reçue à Bordeaux ne doit pas avoir contribué pour peu à son brusque retour vers le Nord.

Qu'on ne s'étonne pas de la hardiesse de ces conjectures, et de l'énormité des amputations qu'avec le scalpel de la critique nous venons de faire au récit traditionnel. Il faut s'être rendu compte, par une étude assidue, des prodigieuses altérations que l'esprit épique fait subir à l'histoire, pour reconnaître que nous n'avons pas abusé de la liberté de l'hypothèse. Dans l'histoire poétique de Gondebaud et de Clotilde, le résidu historique représente vis-à-vis de la légende une proportion plus faible encore, et nul ne se serait avisé d'aller dans la voie des négations aussi loin que les faits constatés nous ont menés presque à notre insu.

L'annexion du royaume des Ripuaires couronnait la carrière conquérante du fils de Childéric. Maintenant, tous les peuples de race franque se trouvaient réunis sous sa loi. Les bases étaient jetées d'un vaste empire qui, ayant la Gaule pour centre, rayonnerait peu à peu sur le reste de l'Europe occidentale et centrale. En attendant, Clovis se trouvait être le roi le plus puissant de la chrétienté. Son autorité était reconnue depuis le Wahal jusqu'aux Pyrénées. Il était parvenu à faire ce que l'Empire avait en vain essayé à tant de reprises: imposer une même autorité à la Gaule et à la Germanie. Ce fut un résultat immense, car l'action et la réaction de ces deux pays l'un sur l'autre, pendant les premiers siècles, c'est, en quelque sorte, le meilleur de leur histoire et de l'histoire de l'Europe. Leur coexistence séculaire sous la même dynastie jusqu'au traité de Verdun, en 843, leur a imprimé un cachet de parenté indélébile qu'elles ont conservé après dix siècles d'existence séparée. D'autre part, la Ripuarie fut la réserve du peuple franc. Il viendra un jour, dans les annales de ce grand peuple, où le rameau salien paraîtra desséché, et où l'on pourra croire que la Gaule est prête à retomber dans l'anarchie. Alors surgiront les héros qui donneront à la nation sa seconde dynastie, celle des Pépins et des Charles, enfants du pays ripuaire. Ils continueront l'œuvre commencée par les Saliens, ils réapprendront aux Francs le chemin des expéditions victorieuses, et Charlemagne sera le nouveau Clovis. En effet, si l'Empire d'Occident se trouve achevé le jour où le pape Léon III posa la couronne impériale sur la tête du fils de Pépin, il ne faut pas oublier qu'il a été commencé pendant les années où Soissons, Toulouse et Cologne passaient tour à tour, avec leurs royaumes, sous l'autorité du héros mérovingien.

LE CONCILE D'ORLÉANS

Comme on l'a vu dans les chapitres précédents, l'histoire ne nous a conservé de Clovis que le souvenir de ses principaux faits d'armes, souvent fort défigurés par la tradition populaire, et quelques épisodes de sa vie privée, qui n'ont pas moins souffert. Et c'est tout. Son action politique, son rôle de législateur, de diplomate et d'homme d'Etat nous échappent entièrement. L'attention des contemporains ne se portait pas sur ces sujets austères et abstrus; ce qui les passionnait, c'était le héros seul, et non les destinées collectives dont il avait la responsabilité. A leurs yeux, l'histoire de la fondation du royaume franc se résumait dans la biographie du roi.

Nous devrions donc terminer ici l'histoire de Clovis, si nous en demandions les éléments à ceux-là seuls qui se sont attribué la mission de nous la raconter. Heureusement il y a eu, à côté des annalistes, un témoin qui avait au plus haut degré, avec le souci des intérêts généraux, celui d'en léguer le souvenir à la postérité. L'Église, dès son origine, avait pris l'habitude de consigner par écrit tout ce qui se passait de mémorable dans son sein, et elle conservait avec soin les documents qui rendaient témoignage de ses œuvres. Quelques pages des archives qu'elle tenait au sixième siècle en Gaule nous permettent d'envisager, une fois au moins, le fondateur de la monarchie franque sous un autre aspect que celui du guerrier armé de la francisque et combattant à la tête de son armée.

Nous apprenons d'abord, par une circulaire royale adressée à tous les évêques du royaume, qu'après la guerre d'Aquitaine, le roi, obéissant à des préoccupations toutes chrétiennes, s'efforça de soulager autant qu'il était en son pouvoir les souffrances des populations qui avaient été le plus éprouvées. L'édit par lequel, on s'en souvient, il avait pris sous sa protection spéciale les personnes et les biens de l'Église avait été violé en plus d'une rencontre; d'autre part, le droit de la guerre avait sévi avec toute sa rigueur, et quantité de prisonniers avaient été entraînés hors de leur pays dans toutes les provinces du royaume. Il y avait donc, maintenant que la lutte était terminée, un double devoir à remplir: assurer force de loi aux généreuses dispositions du monarque, et faciliter le libre exercice des droits de la charité. En conséquence, une nouvelle circulaire fut adressée aux évêques, dans laquelle le roi leur rappelait la protection qu'il avait accordée aux églises, en déclarant qu'il leur appartenait de s'en prévaloir. Toute personne ecclésiastique, religieuse, veuve, clerc ou fils de clerc, ou serf d'église, si elle avait été faite captive contrairement à la paix du roi, c'est-à-dire aux dispositions indiquées ci-dessus, devait être rendue sans retard à la liberté: il suffisait pour cela que son évêque la réclamât dans une lettre scellée de son sceau, et sous la foi du serment. Cette dernière condition, disait Clovis, était imposée par son peuple, à raison des fraudes nombreuses auxquelles donnait lieu la faveur royale.

Quant aux laïques faits prisonniers en dehors de la *paix du roi*, c'est-à-dire qui n'avaient pas été mis sous sa protection spéciale, l'évêque pouvait, s'il le trouvait bon, donner à qui il voulait mission de les racheter[217].

[217] Sirmond, *Concilia Galliæ*, t. I, p. 176; Boretius, *Capitularia regum francorum*, t. I, p. 1.

Cette lettre, on n'en peut pas douter, provoqua un grandiose mouvement de rachat. Tout le pays franc fut sillonné de mandataires épiscopaux allant jusque dans les cantons les plus reculés, soit réclamer des prisonniers injustement détenus, soit offrir l'or de l'Église pour rendre la liberté aux captifs. Il y eut sans doute des prélats qui voulurent faire eux-mêmes leur tournée de rédemption, comme saint Epiphane de Pavie, et l'on peut croire que plus d'un, se conformant aux recommandations des conciles, suivit l'exemple de Césaire d'Arles et vendit les vases sacrés de son église pour racheter des chrétiens prisonniers. Nous savons de même, par la Vie de saint Eptade, que ce simple prêtre déploya une admirable activité dans ce rôle de libérateur, et qu'il fit tomber les fers d'une multitude de captifs disséminés dans toutes les provinces[218]. Ainsi l'Église marchait sur les pas de l'État pour fermer les blessures qu'il avait faites, et pour atténuer par sa charité des maux qu'elle n'avait pu empêcher.

[218] Voir ci-dessus.

L'édit que nous venons d'analyser est le seul qui nous reste de Clovis: il est digne d'ouvrir la série des actes officiels de la monarchie très chrétienne. N'est-il pas instructif, tout au moins, de constater qu'au moment où la légende le montre fendant la tête de ses proches et ourdissant contre eux les plus viles intrigues, l'histoire authentique nous initie aux nobles préoccupations qui dictent sa circulaire aux évêques? Si des documents de ce genre nous avaient été conservés en plus grand nombre pour le règne de Clovis, dans quelle autre lumière nous apparaîtrait ce personnage, et avec quelle netteté supérieure se dessinerait son histoire pleine d'ombres et de lacunes!

Hâtons-nous d'ajouter, toutefois, que nous possédons encore un autre acte, plus important et plus solennel, où le roi civilisateur s'affirme dans la plénitude de son activité royale, je veux dire les canons du concile d'Orléans, réuni par son ordre en l'an 511.

L'importance de cette assemblée est considérable. Les conciles, c'était pour l'Église l'instrument par excellence de gouvernement et de législation. Après les guerres, les invasions, les conquêtes, l'établissement définitif des Visigoths au sud et des Francs au nord, après tant de troubles et de désordres qui avaient ébranlé les assises de la vie publique, il était temps que l'Église des Gaules se ressaisît. Le concile d'Orléans marque le retour d'une vitalité régulière et tranquille dans ce grand corps, dont l'organe principal recommence à fonctionner librement. En renouant la chaîne de la tradition conciliaire, l'épiscopat franc faisait œuvre de régénération sociale et politique à la fois.

Le concile d'Orléans n'eut pas le caractère des conciles ordinaires qui se réunissaient périodiquement, en conformité des canons, autour d'un même métropolitain. En d'autres termes, ce ne fut pas un concile provincial, mais un concile national, auquel furent convoqués tous les évêques sujets de Clovis, et qui délibéra sur les intérêts religieux de tout le royaume franc.

On ne s'étonnera pas de voir, dans une assemblée purement religieuse, les groupements se faire selon les cadres de l'administration civile. La hiérarchie ecclésiastique n'y répugnait pas, trouvant un surcroît d'autorité dans le caractère national que prenaient par là ses délibérations. Le concile d'Agde, réuni en 506 autour de saint Césaire d'Arles, avait été, lui aussi, un concile national du royaume visigoth, et de même celui qui, en 517, devait se tenir à Épaone, rassembla autour de saint Avitus tout l'épiscopat du royaume burgonde. Seulement, le concile d'Orléans fut convoqué par le roi des Francs, et non par un des métropolitains de son royaume[219]. Roi catholique d'un peuple catholique, Clovis ne pouvait ni se désintéresser des délibérations du concile, ni rester étranger aux préparatifs d'une si grande entreprise. Les relations entre l'Église et lui étaient empreintes d'une confiance et d'une cordialité qui faisaient de son intervention une nouvelle preuve de son dévouement. C'est lui qui convoqua les prélats, et qui même, à ce qu'il paraît, fixa leur ordre du jour dans une série de questions qui leur furent soumises[220]. Les canons qu'ils arrêtèrent ne sont, en définitive, que leur réponse au questionnaire royal. Incontestablement, une participation si active aux travaux de l'épiscopat franc suppose que le roi est intervenu à l'instance des évêques eux-mêmes, pour prêter à leurs délibérations une plus grande solennité, et, le cas échéant, pour leur garantir une sanction efficace. D'ailleurs, il était l'héritier des empereurs, et l'on était habitué, dans les provinces, à la collaboration des deux pouvoirs dans les travaux de ce genre.

[219] Voir la lettre des Pères du concile à Clovis, et aussi leur introduction dans Sirmond, *Concilia Galliæ*, t. I, pp. 177 et 178, et Maassen, *Concilia ævi merovingici*, p. 2. En 567, le concile de Tours, c. 22, citant un canon du concile d'Orléans 511, dit: In synodo Aurelianense, quam invictissimus rex Chlotveus fieri supplicavit. (Maassen, p. 132.)

[220] Secundum voluntatis vestræ consultationem et titulos quos dedistis ea quæ nobis visum est definitione respondimus. Sirmond, I, p. 177; Maassen, p. 2.

Tout porte à croire que l'idée du concile partit des rangs de l'épiscopat du royaume d'Aquitaine. C'est immédiatement après la conquête de ce royaume qu'il se réunit, et cela dans une ville qui servait de frontière entre ce pays et la France proprement dite. Les seuls intérêts d'ordre local qui firent l'objet de quelques dispositions conciliaires sont relatifs aux rapports entre les deux confessions religieuses[221], qui n'étaient en opposition que dans la Gaule méridionale. Enfin, la présidence du concile fut déférée, non pas à saint Remi, qui n'y assista même pas, ni non plus à saint Mélaine de Rennes, comme le soutient à tort un biographe de ce saint[222], mais à Cyprien, archevêque de Bordeaux et métropolitain de la première Aquitaine.

[221] Voir ci dessous, p. 146.

[222] *Vita sancti Melanii.*

Ce choix est significatif, si l'on se rappelle que Clovis passa à Bordeaux tout l'hiver de 506-507, et qu'il dut par conséquent avoir les rapports les plus fréquents avec le métropolitain d'un pays qu'il avait tant d'intérêt à s'attacher. Comment pourrait-on se dérober à l'idée que la question du concile a dû être agitée dès lors dans les conférences du roi et du prélat?

Et s'il en est ainsi, il sera bien permis de faire un pas de plus. Rappelons-nous que peu de temps auparavant l'évêque de Bordeaux avait donné l'hospitalité à une autre illustration, amenée dans les murs de sa ville épiscopale par l'exil, il est vrai, et non pas la victoire. Nous voulons parler de saint Césaire d'Arles, qui a su conquérir, pendant son séjour dans la capitale du royaume visigoth, non-seulement le respect du roi barbare, mais sans doute aussi le respect, l'affection et l'admiration de tous ceux qui l'approchèrent. Certes, Cyprien de Bordeaux n'a pas été le dernier à subir le charme de ce saint personnage, il est peu douteux qu'il n'ait été au courant du grand projet que Césaire portait alors dans sa tête et qu'il réalisa, avec l'autorisation du roi, dès qu'il fut rentré dans sa ville épiscopale: le concile national d'Arles en 506. Cyprien assista à cette auguste assemblée, et son nom est le premier qui figure, après celui de Césaire lui-même, parmi ceux des évêques qui en ont signé les actes. Ils n'est donc pas téméraire de considérer Cyprien comme un véritable collaborateur de Césaire dans l'entreprise, alors délicate et difficile, de réunir, au lendemain de la persécution, tous les évêques catholiques du royaume visigoth[223].

[223] C'est l'opinion fort probable de Malnory, *Saint Césaire*, p. 66.

Et, dès lors, il semble bien que nous soyons sur la voie de l'inspiration première d'où est sortie la réunion du concile d'Orléans. Cyprien de Bordeaux n'a été que l'instrument d'un plus grand que lui, qui est saint Césaire lui-même. On sait que cet illustre confesseur n'était pas seulement par ses vertus, par l'ardeur de son zèle pour le salut des âmes et par la force de sa parole partout écoutée, quelque chose comme le prophète des Gaules: il était encore investi, par la confiance des souverains pontifes, de la mission de les représenter en Gaule avec la qualité de vicaire du Saint-Siège. Le décret du pape Symmaque qui lui avait conféré cette dignité, déjà possédée avant lui par plusieurs de ses prédécesseurs depuis le commencement du cinquième siècle, marquait expressément parmi ses charges les plus importantes, la convocation des conciles. C'est donc en acquit d'un devoir que l'archevêque d'Arles s'attachait à stimuler, à raviver une institution qui avait été si florissante au cinquième siècle, et l'on ne sera pas étonné, connaissant son zèle et son abnégation, qu'il ait étendu l'activité de sa propagande, même sur les pays où il n'avait pas à jouer de rôle personnel[224]. Ainsi s'expliquent aussi les nombreuses et frappantes analogies que les historiens ont relevées entre le concile d'Orléans et celui d'Agde[225]: tous deux d'ailleurs sont des assemblées nationales destinées à réunir tous les prélats d'un même royaume, tous deux ont pour mission d'organiser la vie religieuse dans des pays où elle vient de traverser de pénibles crises. On peut donc en quelque sorte toucher du doigt le lien qui rattache au vicariat des Gaules, et par lui à la papauté, la grandiose manifestation de vitalité religieuse par laquelle se clôturent les annales du premier roi chrétien des Francs[226].

[224] Je crois devoir citer ici en entier le passage de Malnory, *Saint Césaire*, p. 114; après ce que je viens de dire, l'assertion de cet auteur que je souligne dans ma citation ne paraîtra plus fondée: «Stimuler partout la réunion de ces assemblées (des conciles) était la plus importante des charges tracées dans les privilèges de Césaire, et on peut croire qu'il y déploya tout son zèle. C'est à lui que se rattache le mouvement extraordinaire de conciles régionaux et nationaux qui se produit des deux côtés des Pyrénées et surtout en Gaule, à cette époque. *Seul d'entre ceux qui ont été tenus de son vivant en Gaule, le concile I d'Orléans, en 511, réuni sur un ordre personnel de Clovis, qui fait ici la figure d'un nouveau Constantin, peut être considéré comme le produit d'une inspiration spéciale probablement ecclésiastique, mais qui paraît bien être indépendante de Césaire.* Tous les autres, depuis celui d'Epaone en Burgondie (517) jusqu'au IVme d'Orléans (541), antérieur de deux ans à la mort de Césaire, se rattachent si visiblement par leur dispositif aux conciles de la province d'Arles, et en particulier aux statuts de Césaire et au concile d'Agde, qu'on dirait une conspiration de toute la Gaule pour l'adoption de la discipline antérieure. Le fait que Césaire n'a plus présidé, après Agde, de concile étranger à sa province, n'autorise pas à dire que des assemblées telles que celles d'Epaone, Clermont, Orléans II-IV, se sont tenues tout à fait en dehors de lui. Les grands métropolitains qui ont convoqué et présidé ces assemblées ont certainement subi son influence plus ou moins avouée.»

[225] Arnold, *Cæsarius non Arelate*, p. 231, note 736.

[226] S'il fallait en croire la vie de saint Mélaine, évêque de Rennes, c'est ce saint qui aurait joué le rôle principal au concile d'Orléans. Voici comment

elle s'exprime dans sa recension A, qui est la plus ancienne (cf. l'Appendice): *Sinodum vero in Aurelianense civitate XXXII épiscoporum congregavit (Chlodovechus), qui canones statuerunt, quorum auctor maxime sanctus Melanius prædicator Redonenis episcopus extitit, sicut etiam in praefatione ejusdem concilii hactenus habetur insertum.* Mais ce renseignement est emprunté à peu près textuellement à un document du huitième ou neuvième siècle intitulé *Adnotatio de synodis*, et c'est ce document que la vie appelle *præfatio*. L'*Adnotatio* elle-même, bien loin de consigner ici un renseignement authentique, s'est bornée à induire le rôle de saint Mélaine de la place qui lui est donnée parmi les signataires du concile d'Orléans dans une pièce intitulée: *De episcopis qui suprascriptos canones consenserunt et subscripserunt*, et par conséquent son témoignage s'évanouit en fumée. C'est ce que démontre d'une manière lumineuse M. Lippert dans son beau mémoire intitulé: *Die Verfasserschaft der Kanones Gallischer Concilien des V und VI Jahrhunderts* (*Neues Archiv*, t. XIV, 1889), auquel je renvoie le lecteur. Sa démonstration me dispense de réfuter les amplifications d'une recension postérieure du *Vita Melanii* (C) qui va jusqu'à prétendre que saint Mélaine, fut mis à la tête du concile d'Orléans (*eum sibi in primatem praefecerunt* p. 534) et celles de Vincent de Beauvais qui, lui (*Speculum historiale*, XXI, c. 23), croit savoir que c'est le même saint qui a réuni le concile (*hanc synodum 32 episcoporum congregavit sanctus Melanius.*)

Du reste, le premier concile national du royaume de Clovis fut bien loin d'être une assemblée plénière de l'épiscopat franc. Sur soixante-quatre sièges épiscopaux que contenait alors le royaume, il vint à Orléans trente-deux évêques, c'est-à-dire tout juste la moitié, et il ne s'y trouva que six des dix métropolitains. La plus forte représentation fut celle des trois Lyonnaises, qui formaient le noyau de la monarchie: elles donnèrent seize présents contre sept absents. Dans les deux Aquitaines, récemment annexées, nous relevons neuf présents et cinq absents. Par contre, les douze diocèses de la Novempopulanie ne comptaient que trois représentants, à savoir, les évêques d'Eauze, d'Auch et de Bazas. Des diocèses de la région pyrénéenne, pas un seul n'avait répondu à la convocation du roi des Francs. Comminges, Bénarn, Oloron, Lectoure et Couserans s'étaient abstenus, et il en était de même de Dax, de Buch[227], d'Aire et de Tarbes.

[227] M. Longnon, *Atlas historique de la France*, texte explicatif, p. 151, doute cependant que la *civitas Boiatium* ait jamais formé un évêché.

Ce qui est très frappant, c'est l'absence totale des évêques des deux Germanies et de la première Belgique. Mayence, Trèves, Cologne, Metz, Toul, Verdun et Tongres, ces sièges dont plusieurs ont eu un passé si glorieux et des chrétientés si florissantes, se tiennent absolument à l'écart. La seconde Belgique n'a envoyé que les évêques de ses cités méridionales, à savoir,

Soissons, Vermand, Amiens et Senlis; quant aux huit autres sièges, qui sont Reims, Laon, Châlons-sur-Marne, Arras, Cambrai, Tournai, Thérouanne, Beauvais et Boulogne, la place de leurs évêques reste vide sur les bancs du concile et au bas de ses actes. Que quelques-uns de ces prélats, et en particulier celui de Reims, aient été empêchés de se trouver à la réunion, cela est bien probable; mais il est difficile d'admettre que ce fût le cas pour tous, surtout si l'on réfléchit que les diocèses non représentés constituent, au nord comme au sud, un seul groupe géographique. Tirez une ligne qui passerait au nord d'Amiens, de Vermand et de Soissons, et qui reviendrait vers le sud à l'ouest de Tongres, et vous aurez délimité la frontière septentrionale et orientale de l'ensemble des diocèses dont les pasteurs légiférèrent à Orléans. En d'autres termes, le vieux royaume des Francs Saliens n'a pas envoyé un seul prélat au concile. C'est là un indice bien significatif de l'extinction de la hiérarchie catholique dans ce pays, depuis sa conquête par les rois mérovingiens[228].

[228] Le canon 10 du troisième concile de Paris, tenu entre 556 et 573, veut que les actes du concile soient signés même par les évêques qui n'ont pu y assister. (Sirmond, I, p 317. Maassen, p. 145.) Si cette disposition n'était pas nouvelle, on pourrait renforcer singulièrement l'argument que je tire de l'absence des noms des évêques septentrionaux. Mais je crois que ce serait une conclusion erronée: on ne voit pas qu'avant le concile de Paris on se soit conformé à la règle qu'il trace; d'ailleurs, il est certain que tous les évêques francs ne furent pas à Orléans, puisque saint Remi y manqua.

La nature des travaux du concile suggère la même conclusion. Il n'y est question aucunement des besoins spéciaux de l'Église dans les provinces où il restait des populations païennes à convertir. Toutes les résolutions supposent des contrées où la religion chrétienne est sans rivale. On se borne à légiférer pour des diocèses existants; il n'est point parlé de ceux qui ont disparu dans la tourmente du cinquième siècle; le nom du paganisme et la mention des superstitions païennes ne viennent pas une seule fois sous la plume des greffiers du synode. Pas une seule fois non plus, les sollicitudes des Pères ne vont au delà des régions de langue et de civilisation romaines. La terre des Francs germaniques ne semble pas plus exister pour eux que si elle avait été engloutie par les flots de l'Océan.

Après plusieurs jours de délibération, le concile, qui avait siégé probablement dans la cathédrale Sainte-Croix, clôtura ses travaux le dimanche 10 juillet 511. Il avait arrêté trente et un canons que tous les évêques, Cyprien de Bordeaux et les autres métropolitains en tête, signèrent avant de se séparer. Ces canons embrassaient un ensemble varié de résolutions se rapportant à la vie chrétienne, et en particulier au gouvernement ainsi qu'à l'administration de l'Église; nous les passerons en revue dans un ordre méthodique.

Parmi les questions soumises aux délibérations des prélats, il y en avait deux qui présentaient un intérêt particulier pour l'État: celle du droit d'asile et celle du recrutement du clergé. Il s'agissait de délimiter en cette manière les frontières des deux pouvoirs, ou, pour mieux dire, d'élaborer des solutions qui pussent être accueillies par l'autorité politique.

En ce qui concerne le droit d'asile, l'assemblée confirma les dispositions inscrites dans le code Théodosien, et reproduites dans la loi des Burgondes et dans celle des Visigoths. Elle proclama le caractère inviolable non seulement du sanctuaire lui-même, mais encore du vestibule ou *atrium* qui le précédait, et des habitations ecclésiastiques qui entouraient le vestibule. La raison de cette extension de l'immunité est manifeste: pour que le droit d'asile ne devînt pas illusoire, il fallait que le réfugié trouvât un logement dans le pourpris de l'édifice sacré; sinon, il aurait pu être tenté de profaner le lieu saint lui-même en y dressant sa table et son lit. Le concile défendit à l'autorité publique de pénétrer dans les cloîtres pour y chercher le coupable, que ce fût un homicide, un adultère, un voleur, un ravisseur ou un esclave fugitif; il défendit aussi au clergé de le livrer, avant que celui qui le poursuivait eût prêté le serment solennel, sur l'Évangile, qu'il ne lui infligerait pas de châtiment corporel et qu'il se contenterait, soit de reprendre son esclave, soit de recevoir une compensation. Si l'homme qui avait prêté ce serment le violait, il devait être excommunié et séparé de la société de tous les catholiques. Si, d'autre part, le coupable ne voulait pas convenir d'une composition et s'enfuyait de l'enceinte, on ne pouvait pas en rendre responsable le clergé. Si c'était un esclave, et qu'il refusât de sortir après que son maître avait prêté le serment requis, alors celui-ci avait le droit d'aller s'emparer de sa personne.

Telle fut la forme que le concile d'Orléans donna au droit d'asile dans le royaume franc[229]. On conviendra qu'à une époque d'anarchie il constituait une des plus précieuses garanties d'ordre public, et un des meilleurs moyens d'adoucir les mœurs. Il ne supprimait pas le châtiment des coupables, comme on l'a dit souvent; il en atténuait la rigueur cruelle, il mettait un obstacle à l'exercice illimité de la vengeance privée, et il préparait de loin la substitution du règne du droit aux violences de l'arbitraire.

[229] Canons 1, 2 et 3, dans Sirmond, I, p. 178; Maassen, pp. 2 et 3.

La question du recrutement du clergé n'était pas moins complexe. En principe, l'Église a toujours affirmé son droit de choisir ses ministres et condamné toute entrave à la liberté des vocations ecclésiastiques. En fait, certains intérêts politiques et privés étaient venus mettre des restrictions à l'usage de ce droit. Sous l'Empire romain, beaucoup de gens entraient dans le clergé pour jouir de ses immunités, et pour se dérober à l'écrasant fardeau des charges civiles qui pesaient sur la bourgeoisie. Pour les curiales des municipes, ces éternels souffre-douleur de la fiscalité, la cléricature était devenue une espèce d'asile d'un nouveau genre. On sait l'acharnement avec lequel l'Empire poursuivait, partout où ils cherchaient à lui échapper, ces malheureux qui lui répondaient de la rentrée de ses impôts. Aussi ne sera-t-on pas étonné que Constantin ait défendu, par une loi de 320, l'entrée des curiales dans le clergé[230]. L'interdiction était radicale, et, pendant tout le quatrième siècle, elle fut tour à tour atténuée, supprimée, rétablie et renforcée par les empereurs: encore à la date de 458, Majorien y ajoutait des dispositions nouvelles[231]. En une matière aussi délicate, les intérêts de l'Église et ceux de l'État, également impérieux les uns et les autres, semblaient ne pas pouvoir être conciliés; satisfaire ceux-ci, c'était porter atteinte au recrutement du sacerdoce; déférer à ceux-là, c'était priver l'État de ses agents les plus indispensables.

[230] L'existence de cette loi, non conservée, est attestée au code Théodosien, XVI, II, 3.

[231] *Novellæ Majoriani*, t. I, au code Théodosien.

Mais la liberté des vocations ecclésiastiques rencontrait encore un autre obstacle dans l'institution de l'esclavage. Introduire un esclave dans le clergé, c'était causer à son maître un tort semblable à celui que l'on causait à l'État en ordonnant un curiale. Aussi la loi ecclésiastique avait-elle de tout temps reconnu le droit du maître dont l'esclave avait été ordonné sans son autorisation à le réclamer, en dépit du caractère sacerdotal dont il était revêtu. Elle-même, dans le cas où le maître consentait à l'entrée de son esclave dans le clergé, ne lui accordait les ordres sacrés qu'après qu'il avait été affranchi au préalable. L'esprit de ces dispositions se retrouve, au cinquième siècle, dans les constitutions impériales de Valentinien III en Occident[232], et de Zénon en Orient[233]: l'une et l'autre défendent de conférer les ordres sacrés aux esclaves, même du consentement du maître, attendu, dit la dernière, qu'il peut leur procurer l'accès du sacerdoce en leur donnant la liberté[234].

[232] *Novellæ Valentin.* III, tit. XII.

[233] *Cod. Justinian.*, I, III, 36.

[234] Servos sane sociari clericorum consortiis, volentibus quoque et consentientibus dominis, modis omnibus prohibemus, quum liceat eorum dominis, data prius servis libertate, licitum eis ad suscipiendos honores clericorum iter, si hoc voluerint, aperire. *Ibid.*, l. c.

Tel était, au moment où s'ouvrit le concile d'Orléans, l'état de cette délicate question du recrutement du clergé. Le concile ne s'écarta pas des principes qui avaient inspiré en cette matière la législation canonique et celle de la société civile; mais il édicta des mesures qui en devaient, sans froisser les droits des pouvoirs publics ou privés, amener une application plus modérée et plus compatible avec la liberté de l'Église. Le quatrième canon stipula qu'à l'avenir aucun homme libre ne serait reçu dans le clergé sans l'ordre du roi ou l'autorisation du comte, excepté toutefois les fils, petits-fils et arrière-petits-fils de prêtres, que l'évêque pourrait ordonner s'il voulait[235]. C'était non seulement soustraire à l'interdiction une bonne partie de ceux à qui elle pouvait s'appliquer; mais encore, par le privilège accordé au pouvoir royal, mettre celui-ci à même d'élargir les lois en dispensant de leur application. Le huitième canon était conçu dans le même esprit: tout en respectant les droits des maîtres, il trouvait un moyen ingénieux de les combiner avec ceux de l'Église. Il décidait que si l'évêque avait, en connaissance de cause, conféré le diaconat ou la prêtrise à quelque esclave à l'insu de son maître, il était tenu de restituer à celui-ci le double de son prix, mais que l'ordination restait valide. Il en était de même si l'évêque avait ignoré la condition servile de l'ordinand; dans ce cas, le dommage devait être réparé par ceux qui l'avaient présenté au consécrateur[236]. C'est ainsi qu'avec des ménagements pleins de douceur, mais avec une claire conscience de son but, l'épiscopat franc défaisait maille par maille l'étroit tissu dans lequel la législation civile enfermait la libre allure de l'Église. Il ne faisait aucune opposition formelle et catégorique aux décisions du pouvoir civil; mais, avec un art exquis, il plaçait à côté du fait légal un principe qui en impliquait la négation, laissant au temps le soin de supprimer la contradiction en ramenant le fait au principe.

[235] Canon 4, Sirmond, I, p. 179; Maassen, p. 4.

[236] Canon 8, Sirmond, p. 180; Maassen, p. 5.

Les autres délibérations du concile d'Orléans roulèrent toutes sur des questions exclusivement religieuses ou ecclésiastiques. Un canon proscrivit une superstition que l'antiquité païenne avait léguée au monde chrétien, et qui était pratiquée même dans le clergé catholique: c'était une espèce particulière de divination, qui consistait à ouvrir au hasard les Livres saints, et à attribuer la valeur d'un oracle aux premiers versets qu'on y lisait[237]. Condamné déjà en 465, par les Pères du concile de Vannes[238], l'abus fut de nouveau interdit à Orléans sans qu'on parvînt à l'extirper, puisque, vers la fin du siècle, nous le voyons pratiqué encore par un homme de la sainteté et de l'intelligence de Grégoire de Tours. Il ne faut pas crier à la stérilité des dispositions conciliaires. En général, on peut dire qu'il n'y en a pas eu qui n'ait dû être édictée plusieurs fois avant de triompher; on doit, au contraire, reconnaître l'excellence d'une institution grâce à laquelle les évêques condamnaient réunis ce qu'ils pratiquaient isolés.

[237] Canon 30, dans Sirmond, I, p. 183; Maassen, p. 9.

[238] Canon 16, dans Sirmond, I, p. 140.

Une grande largeur d'esprit présida au règlement des difficultés relatives à l'arianisme. Le concile favorisa de tout son pouvoir la conversion des hérétiques, en permettant à leurs prêtres, s'il n'existait pas d'autre empêchement, de conserver leur rang lorsqu'ils passaient dans l'Église orthodoxe. Pour les sanctuaires ariens, il décida qu'après avoir été consacrés par l'évêque ils pouvaient être affectés au culte catholique[239]. On ne doit pas douter que ces deux mesures, qui ouvraient si larges les portes de la communion des saints à tous les ariens de bonne volonté, n'aient contribué efficacement à l'extirpation de l'hérésie dans la Gaule méridionale.

[239] Canon 10, Sirmond, I, p. 180; Maassen, p. 5.

Le culte et la liturgie furent l'objet de plusieurs importants canons. Le concile exigea que les fidèles assistassent à la messe entière, et n'en sortissent pas avant d'avoir reçu la bénédiction du prêtre[240]. Il décida que la durée du carême était de quarante et non de cinquante jours[241]. Il rendit obligatoire la fête des Rogations, récemment instituée à Vienne en Dauphiné par saint Mamert, et qui de là s'était répandue rapidement dans le reste de l'Église. Il voulut que les trois jours qu'elle durait fussent des jours de jeûne et d'abstinence; il décida que les esclaves des deux sexes seraient dispensés de tout travail afin de pouvoir assister aux processions, et il donna pouvoir à l'évêque de punir le prêtre qui refuserait d'y participer[242]. Ainsi continuait au sein de l'Église la floraison liturgique; chaque génération en s'écoulant ajoutait un joyau au diadème de ses fêtes, et le cercle enchanté de ses prières se nouait en guirlandes parfumées autour de toute l'année chrétienne.

[240] Canon, 26, Sirmond, I, p. 182; Maassen, p. 8.

[241] Canon, 24, Sirmond, I, p. 182; Maassen, p. 8.

[242] Canon, 27, Sirmond, I, p. 182; Maassen, p. 8.

La discipline ecclésiastique était peut-être, de tous les sujets, celui que l'Église soignait avec le plus de sollicitude; aussi ne s'étonnera-t-on pas d'y voir consacrer un grand nombre de canons. Il faut parler d'abord des attributions réservées aux évêques en leur qualité de chefs de diocèse. Le diocèse était dans l'Église primitive, et avant le mouvement de concentration qui s'est fait autour de la chaire romaine, l'organisme par excellence de la vie religieuse, et l'évêque était le centre et la source de toute autorité et de toute discipline. Le lien qui rattachait les fidèles à leur évêque était le lien le plus fort qui les rattachât à l'Église elle-même: il fallait veiller, s'il y avait lieu de l'élargir, à ce qu'il ne pût jamais être défait ou rompu. Voilà pourquoi l'on faisait aux fidèles dispersés dans les paroisses rurales l'obligation d'affirmer par intervalles l'unité diocésaine, en venant assister aux offices de la cathédrale aux fêtes de Noël, de Pâques et de Pentecôte. Le concile d'Orléans renouvela cette prescription[243]. Il rappela aussi aux fidèles que toutes les églises qui se construisaient dans le diocèse, que ce fût dans le domaine d'un particulier ou ailleurs, restaient sous la juridiction de l'évêque[244]: mesure d'une importance capitale, qui sauvegardait l'unité religieuse, et constituait la barrière la plus solide que la féodalité envahissante ait rencontrée sur son chemin. Le concile consacra l'autorité de l'évêque sur toutes les personnes comme sur tous les biens de son église; il lui en subordonna les religieux comme les laïques; il ne permit ni à ses prêtres ni à ses moines d'aller trouver le roi pour lui demander un bénéfice sans la permission de l'évêque diocésain; celui qui contreviendrait à cette défense devait être privé de son rang et de la communion jusqu'à ce qu'il eût satisfait[245]. Mais en même temps qu'il veillait à conserver intacte l'autorité épiscopale, le concile voulut que l'évêque se souvînt aussi de ses devoirs: il exigea que tous les dimanches, sauf empêchement, il assistât aux offices de l'église la plus voisine[246]; il ne lui permit pas de manier l'arme de l'excommunication contre un laïque qui revendiquerait les biens d'une église ou d'un évêque[247]. Il est intéressant de constater ces restrictions que les évêques eux-mêmes apportent à leur pouvoir: rien ne montre mieux l'action modératrice des conciles.

[243] Canon 25, Sirmond, I, p. 182; Maassen, p. 8.

[244] Canon 17, Sirmond, p. 181; Maassen, p. 6.

[245] Canon 7, Sirmond, p. 179; Maassen, p. 4.

[246] Canon 31, Sirmond, p. 183; Maassen, p. 9.

[247] Canon 6, Sirmond, p. 179; Maassen, p. 4.

Plusieurs autres dispositions des conciles antérieurs furent renouvelées en ce qui concernait la vie du clergé. Telle fut en premier lieu celle qui défendait aux clercs de tout rang, tant aux évêques qu'aux prêtres et aux diacres, d'avoir dans leur maison d'autres femmes que leurs parentes les plus proches[248]. Il fut interdit aux veuves de clercs de se remarier; celles qui avaient contracté mariage furent contraintes de rompre leur union, sous peine d'excommunication tant pour elles que pour leurs complices[249]. Enfin il fut décidé que le prêtre ou diacre coupable d'un crime capital serait privé de son office et exclu de la communion des fidèles[250].

[248] Canon 29, Sirmond, p. 183; Maassen, p. 8.

[249] Canon 13, Sirmond, p. 180; Maassen, p. 6.

[250] Canon 9, Sirmond, p. 180; Maassen, p. 5.

Tout cet ensemble de mesures était relatif au clergé séculier; il faut y ajouter celles qui concernaient le clergé régulier. Quatre importants canons furent consacrés à la vie monastique, et il faut remarquer qu'ils ont pour caractère général le renforcement de l'autorité épiscopale sur le clergé régulier. Les abbés des monastères, se souvenant, dit le concile, de l'humilité dont leur profession leur faisait un devoir, eurent à reconnaître l'autorité de l'évêque, et celui-ci garda sur eux un droit de correction. Tous les ans ils devaient se réunir à l'endroit où il leur avait donné rendez-vous. Eux-mêmes, de leur côté, voyaient confirmer leur autorité sur leurs moines. Le religieux qui, contrevenant à sa règle, possédait quelque chose en propre, devait en être dépouillé par l'abbé; celui qui s'évadait de son monastère devait y être ramené et mis sous bonne garde, avec l'aide de l'évêque. L'abbé lui-même était déclaré coupable s'il n'usait pas de son droit de correction, ou s'il accueillait un moine fugitif[251]. Il fut défendu aux moines de quitter leur monastère pour se bâtir des cellules à part, à moins qu'ils n'eussent l'aveu de leur évêque et de leur abbé; les Pères du concile voyaient dans cette tendance à s'isoler une preuve de vanité et d'outrecuidance[252]. Ils fermèrent l'accès de tout grade dans l'ordre ecclésiastique à quiconque, après avoir professé la vie religieuse en prenant le manteau de moine, l'avait ensuite quittée pour contracter les liens du mariage[253]. Enfin, descendant jusque dans le détail, ils réglèrent de menues questions de costume monastique[254].

[251] Canon 19, Sirmond, p. 181; Maassen, p. 7.

[252] Canon 22, Sirmond, p. 182; Maassen, p. 7.

[253] Canon 21, Sirmond, p. 182; Maassen, p. 7.

[254] Canon 20, Sirmond, p. 182; Maassen, p. 7.

Les simples fidèles s'entendirent rappeler une des défenses les plus impérieuses de cette époque: celle du mariage entre beaux-frères et belles-sœurs, et il faut remarquer que par belle-sœur on devait entendre, au sens du concile, aussi bien la femme du frère que la sœur de la femme[255]. Deux canons, le onzième et le douzième, furent consacrés aux pénitents, classe de fidèles toujours nombreuse, et qui comprenait plusieurs catégories. Il y avait ceux que l'Église avait condamnés à la pénitence pour expier leurs fautes; il y avait aussi ceux qui se l'étaient imposée spontanément et par ferveur de contrition. Ceux-ci étaient tenus de respecter leur vœu et ne pouvaient retourner à la vie du siècle, sinon ils étaient exclus de la communion, et nul fidèle ne pouvait les admettre à sa table sans s'exposer à partager leur sort. Toutefois, si un prêtre ou un diacre avaient, par pénitence, abandonné le service de l'autel, il leur fut permis, par égard pour le salut des âmes, d'administrer le sacrement de baptême en cas de nécessité[256].

[255] Canon 18, Sirmond, p. 181; Maassen, p. 6.

[256] Canon 12, Sirmond, p. 180; Maassen, p. 5.

Dans les mesures qu'il prit par rapport aux biens ecclésiastiques, le concile, comme dans tout l'ensemble de ses dispositions, ne fit qu'étendre, confirmer ou interpréter des canons antérieurs. Tous les biens immeubles de l'église, ainsi que les esclaves et le bétail, devaient être à la disposition de l'évêque, qui en faisait l'usage prescrit par les canons. Si, dans une vue d'humanité, il abandonnait pour un temps déterminé à des prêtres ou à des moines l'exploitation de champs ou de vignes, aucune prescription ne pouvait jamais éteindre son droit de propriété, et les dispositions de la loi civile ne pouvaient pas être invoquées contre lui[257]. Quant aux offrandes en nature que les fidèles faisaient sur l'autel, si c'était dans la cathédrale, elles devaient se partager par moitié entre l'évêque et le clergé de cette église[258]. Dans les églises rurales, l'évêque avait droit à un tiers seulement, les deux autres tiers appartenaient au clergé local[259]. Une question toute neuve, c'était celle de la répartition des biens que l'Église devait à la libéralité de Clovis, ou qu'elle en attendait encore. Fallait-il les soumettre aux règles ordinaires, ou l'évêque pouvait-il en disposer à son gré? Le concile répondit en rappelant les principes canoniques sur l'emploi des revenus de l'Église: un tiers revenait au clergé pour sa subsistance, un tiers aux pauvres et au rachat des captifs, un dernier tiers à l'entretien des églises et du culte. Cette clause semblait dure à certains prélats, qui, paraît-il, auraient voulu regarder les libéralités royales comme des faveurs personnelles. Mais le concile s'éleva avec force contre cette prétention; il menaça l'évêque récalcitrant d'une réprimande publique de la part de ses comprovinciaux; s'il ne se soumettait, il devait être exclu de la communion de ses frères dans l'épiscopat[260]. Loin de pactiser ainsi avec l'égoïsme et l'avidité de ses propres membres, l'épiscopat franc leur rappela dans un canon spécial toute l'étendue de leur devoir de charité: *L'évêque*, dit le seizième canon, *doit, dans la mesure du possible, fournir les aliments et les vêtements aux pauvres et aux infirmes que leur santé empêche de travailler de leurs mains*[261]. On sait quelle riche variété d'œuvres charitables couvre l'ampleur magnifique de cette formule, qui mettait dans la clientèle de l'Église toutes les misères et toutes les souffrances d'ici-bas.

[257] Canon 23, Sirmond, p. 182; Maassen, p. 7.

[258] Canon 14, Sirmond, p. 180; Maassen, p. 6.

[259] Canon 15, Sirmond, p. 181; Maassen, p. 6.

[260] Canon 5, Sirmond, p. 179; Maassen, p. 4.

[261] Sirmond, p. 181; Maassen, p. 6.

Avant de se séparer, les évêques, Cyprien de Bordeaux et les autres métropolitains en tête, signèrent les actes et en adressèrent une copie au roi, avec une lettre ainsi conçue:

«A leur seigneur, fils de la sainte Église catholique, le très glorieux roi Clovis, tous les évêques à qui vous avez ordonné de venir au concile. Puisque un si grand souci de notre glorieuse foi vous excite au service de la religion, que dans le zèle d'une âme vraiment sacerdotale vous avez réuni les évêques pour délibérer en commun sur les besoins de l'Église, nous, en conformité de cette volonté et en suivant le questionnaire que vous nous avez donné, nous avons répondu par les sentences qui nous ont paru justes. Si ce que nous avons décidé est approuvé par vous, le consentement d'un si grand roi augmentera l'autorité des résolutions prises en commun par une si nombreuse assemblée de prélats[262].»

[262] Sirmond, p. 177; Maassen, p. 2.

Cette lettre était un acte de déférence de l'épiscopat envers la majesté royale, ou, pour employer l'expression du concile lui-même, c'était sa réponse au questionnaire de Clovis. On se tromperait si, de la formule respectueuse de la fin, on tirait la conclusion que les canons d'Orléans avaient besoin de la confirmation royale. L'Église, chez les Francs mérovingiens, légiférait avec une souveraineté absolue dans son domaine; ses canons étaient obligatoires en conscience pour tous les fidèles, y compris le roi lui-même, et nul n'aurait pu, sans se charger d'un péché grave, y contrevenir en quelque matière que ce fût. Elle n'avait donc pas à demander à Clovis une confirmation dont elle pouvait se passer; ce qu'elle désirait, c'est qu'en se montrant disposé à y obéir lui-même, il augmentât le prestige et l'autorité des résolutions conciliaires. D'en faire passer la substance dans le droit civil, cela ne vint à l'esprit de personne: c'est plus tard seulement, et dans une mesure d'abord très restreinte, que les dispositions du droit ecclésiastique commencèrent à y pénétrer. En attendant, les résolutions du concile d'Orléans avaient force de loi pour l'Église franque, même celles qui auraient été en contradiction avec le code[263].

[263] Voir Lœning, *Geschichte des deutschen Kirchenrechts*, t. II, pp. 150 et suiv.

Nous ne quitterons pas la mémorable assemblée de 511 sans faire un rapprochement qui se sera sans doute présenté à l'esprit du lecteur. C'est une œuvre législative qui a ouvert les annales des Francs, et c'est une œuvre législative qui ferme le règne de Clovis. Mais depuis les séances des quatre prud'hommes qui délibèrent sous les chênes de Salaheim jusqu'à celles des trente-deux pontifes qui siègent sous les voûtes du sanctuaire d'Orléans, quel chemin parcouru! La loi salique est le code d'un petit peuple païen; les canons de 511 sont la charte d'une grande nation chrétienne. Là, on arrêtait le bilan de la barbarie; ici, on continue l'œuvre de la civilisation. Là, un certain nombre de dispositions purement pénales résument l'activité négative du passé; ici, les prescriptions positives d'une loi morale supérieure font pénétrer dans le droit public les influences fécondantes de l'avenir. L'histoire de la fondation de la monarchie franque est comprise entre ces deux dates, et toute la philosophie de cette histoire tient dans ce simple rapprochement.

CLOVIS ET L'ÉGLISE

Il serait d'un haut intérêt, après avoir envisagé les sommets de l'histoire de Clovis, de jeter un coup d'œil dans ses replis, et de l'étudier dans la menue activité de la vie quotidienne. Combien elle s'éclairerait pour nous, si nous pouvions joindre, à l'histoire de ses exploits militaires, au moins quelques aperçus de son administration et de son gouvernement! La pénurie de nos documents nous réduit à ne presque rien connaître de ces sujets, qui prennent une place capitale dans l'histoire de tant de souverains. C'est là ce qui rend la vie de Clovis si difficile à écrire: elle finit chaque fois au retour d'une campagne, c'est-à-dire là où les exigences de l'esprit moderne voudraient la voir commencer.

Nous essayerons du moins, dans les pages qui vont suivre, de grouper tous les renseignements qu'il a été possible de recueillir. Ce sera la faute des matériaux et non celle de l'auteur, si le tableau produit l'effet d'une mosaïque formée d'une multitude de fragments rapportés.

De l'administration civile de Clovis, nous ne savons absolument rien. Deux anecdotes, d'ailleurs fort légendaires, nous le montrent conférant le duché de Melun à un de ses fidèles nommé Aurélien[264], et le comté de Reims à un autre du nom d'Arnoul[265]. On n'a d'ailleurs pas besoin de ces indications pour admettre que l'institution des ducs et des comtes de l'époque mérovingienne est aussi ancienne que la dynastie elle-même.

[264] Eo tempore dilatavit Chlodovechus amplificans regnum suum usque Sequanam. Sequenti tempore usque Ligere fluvio occupavit, accepitque Aurilianus castrum Malidunensem omnemque ducatum regionis illius. *Liber historiæ*, c. 14. Je ne garantis pas tout ce passage, que la présence du fabuleux Aurélien rend justement suspect; mais j'admets, contre Junghans, p. 30, et Krusch, note de son édition du *Liber historiæ*, p. 260, que l'auteur aura eu souvenance d'un comte de Melun nommé Aurélien, et qu'il l'aura identifié avec le personnage de la légende. Cet Aurélien historique était-il un contemporain de Clovis? On n'en peut rien savoir.

[265] *Ex Vita sancti Arnulfi martyris* (dom Bouquet, III, p. 383).

Législateur, Clovis occupe dans les traditions de son peuple une place qui n'est pas indigne du fondateur de l'État. La loi salique n'existait jusqu'à lui que dans le texte germanique, arrêté par les quatre prud'hommes de la vieille patrie. Selon le prologue de ce célèbre document[266], il en fit faire, après son baptême, une recension nouvelle, qu'il aura dépouillée de tout caractère païen. Cette rédaction écrite en latin, sans doute à l'usage des habitants de la Gaule romaine, a fait entièrement oublier l'ancienne version germanique, et est seule arrivée jusqu'à nous, avec son escorte de textes dérivés ou remaniés au cours des âges. Chose curieuse, pour la *Lex salica* de Clovis, la terre franque, c'est le pays situé entre la Loire et la forêt Charbonnière, c'est-à-dire la Gaule chrétienne et civilisée qui était sa récente conquête. La France primitive, le pays des vrais Francs germaniques, la terre de Clodion, de Mérovée et de Childéric, ne compte plus, et l'on dirait quelle n'existe pas. Faut-il donc croire que le roi des Francs soit devenu à tel point un étranger pour sa propre race, qu'il n'ait plus même pris la peine de légiférer pour elle? Non certes, et s'il n'est fait aucune mention de la mère patrie dans le texte latin de la loi, c'est apparemment qu'elle restait en possession de l'ancien texte germanique arrêté par les quatre prud'hommes.

[266] V. la note suivante.

Le code élaboré par Clovis marque une nouvelle étape dans la voie du progrès social chez les Francs. Il n'est pas la reproduction pure et simple du texte germanique; il ne se contente pas non plus d'en biffer les dispositions qui sentent trop l'idolâtrie, il le tient au courant, si je puis ainsi parler, du développement total de la nation, devenue un peuple civilisé depuis son introduction dans la Gaule romaine et son baptême. «Ce qui était obscur dans le pacte, Clovis l'éclaira; ce qui y manquait, il y pourvut[267].» Cette formule sommaire mais expressive de la *Loi salique* nous laisse deviner une activité législative qui a dû être considérable, mais que nous devons nous résigner à ne connaître jamais.

[267] At ubi Deo favente rex Francorum Chlodeveus torrens et pulcher et primus recepit catholicam baptismi, et quod minus in pactum habebatur idoneo per proconsolis regis Chlodovechi et Hildeberti et Chlotarii fuit lucidius emendatum. Prologue de la Loi salique. Pardessus, *Loi salique*, p. 345; Hessels et Kern, *Lex salica*, p. 422.

Elle indique aussi ce que les monuments contemporains nous montrent, à savoir, un prodigieux accroissement de la puissance royale chez les Francs. Est-ce l'influence naturelle de ses conquêtes et de ses victoires, est-ce la proximité de l'influence romaine, est-ce le caractère sacré donné au pouvoir royal par la doctrine chrétienne, ou bien plutôt ne sont-ce pas toutes ces raisons à la fois qui ont placé le roi si haut au-dessus de son peuple? Il n'est plus le prince tel que l'a connu la vieille Germanie; il est un maître dont le pouvoir n'a pas de limites dans le droit, il est armé du *ban*, qui est la sanction redoutable donnée par des pénalités spéciales à chacune de ses volontés, il remanie et complète la législation avec une autorité souveraine, et son *præceptum* suffit pour lui garantir l'obéissance.

Voilà la place conquise par le roi dans la vie du peuple franc. Celle qu'il prend dans l'Église a un caractère spécial; il y exerce une influence qui n'est égalée par nulle autre. Sans doute il n'est pas, comme l'empereur, placé au-dessus d'elle pour la dominer, ni, comme les rois ariens, en dehors d'elle pour la combattre. Il en fait partie à la fois comme simple fidèle et comme souverain; fidèle, il obéit à ses lois, il croit à sa doctrine; roi, et roi catholique, il écoute les conseils de ses prélats, il la protège selon ses forces, il a sur sa vie une action et une autorité qu'elle ne lui dispute pas.

Nous l'avons vu investi du droit de convoquer les conciles; mais ce n'est pas tout. La première de ces assemblées qui se soit tenue depuis sa conversion a subordonné à la volonté royale l'entrée des hommes libres dans le clergé. En matière d'élections épiscopales, sans jouir d'aucun droit canonique d'intervention, il dispose en fait d'une influence considérable. Sans violer ni contester le libre recrutement du sacerdoce, il y intervient avec une autorité à laquelle tout le monde défère. Quand le roi catholique a dit quel homme il veut voir mettre sur un siège épiscopal, il ne se trouve personne pour être d'un autre avis, et de fait ce sera lui qui nommera l'évêque.

Le roi n'est-il pas lui-même membre de l'Église, et, si l'on peut ainsi parler, son pouvoir électoral ne doit-il pas être en proportion des intérêts qu'il représente? Nous le voyons, lors de la vacance des sièges épiscopaux de Verdun et d'Auxerre, jeter les yeux sur des hommes qu'il respecte, et leur offrir ces hautes charges, et c'est leur refus seul qui empêche que sa volonté se fasse, mais en combien d'autres occurrences elle aura eu force de loi! Ce qui semble pouvoir être affirmé, c'est que, dans aucun cas, un siège épiscopal n'aurait pu être donné contrairement à sa volonté. Au dire du biographe de saint Sacerdos, ce prélat fut élevé au siège épiscopal de Limoges par l'élection du clergé, aux acclamations du peuple, avec le consentement du roi Clovis[268]. Voilà bien, désormais, les trois éléments distincts qui constituent l'élection d'un évêque.

[268] *Ex vita sancti Sacerdotis* (dom Bouquet, III). Cette formule semble empruntée au canon 10 du Ve concile d'Orléans en 549: cum voluntate regis, juxta electionem cleri aut plebis (Maassen, *Concilia* p. 103). Mais il est manifeste que le concile d'Orléans ne put que consacrer un état de choses antérieur, et il est impossible de supposer que cet état de choses ne remonte pas au règne de Clovis.

Un épisode bien authentique va nous montrer de fort près cette situation de la royauté en face de l'Église, et la nature de l'influence qui lui est reconnue. Sur la recommandation de Clovis, saint Remi de Reims avait conféré les ordres sacrés à un certain Claudius. Cet individu était probablement déjà suspect; après la mort du roi, il donna un grand scandale. On voit qu'entre autres il avait frauduleusement dépouillé de ses biens un nommé Celsus, et saint Remi convient lui-même qu'il était coupable de sacrilège. Néanmoins il intervint en sa faveur et demanda qu'il fût admis à la pénitence, alors qu'aux termes du concile d'Orléans il devait être excommunié. Cette indulgence lui valut d'amers reproches de la part de trois évêques, Léon de Sens, Héraclius de Paris et Théodore d'Auxerre. Autant qu'il est possible d'entrevoir leur attitude, ils rendirent l'évêque de Reims responsable des fautes de son protégé; ils lui firent notamment un devoir de rechercher et d'indemniser lui-même les créanciers de Claudius; enfin, ils lui rappelèrent que si ce malheureux avait pu jeter le discrédit sur sa robe, on le devait à la pusillanimité de Remi, qui l'avait ordonné à la prière du roi et contrairement aux canons. Dans sa réponse, qui nous a été conservée, le saint se défend assez mollement sur la question du fond; il convient d'ailleurs d'avoir déféré au désir de Clovis et continue sur un ton énergique:

«Oui, j'ai donné la prêtrise à Claudius, non à prix d'or, mais sur le témoignage du très excellent roi, qui était non seulement le prédicateur, mais encore le défenseur de la foi. Vous m'écrivez que sa demande n'était pas conforme aux canons. C'est le maître du pays, c'est le gardien de la patrie, c'est le triomphateur des nations qui me l'avait enjoint[269].»

[269] M. G. H., *Epistolæ merovingici et karolini ævi*, p. 114.

On ne prendra pas au pied de la lettre cette dernière expression, inspirée au saint vieillard par le sentiment d'une détresse morale qu'il ne parvient à cacher que d'une manière imparfaite à ses contradicteurs. L'âpreté même de leurs reproches et la faiblesse de ses excuses nous permettent de nous rendre un compte exact de la situation qui est l'objet de cette correspondance. Clovis avait obtenu de saint Remi un acte contraire à la législation canonique. On peut mettre une bonne partie de la condescendance de l'évêque de Reims sur le compte de ses relations spéciales avec Clovis. Le pontife avait pour son royal filleul la tendresse d'un père, avec le respect presque religieux qui lui faisait voir en Clovis l'instrument manifeste de la Providence. C'était sa conquête à lui, c'était sa gloire, c'était le fruit de ses sueurs. Toute sa pensée gravitait autour de l'homme providentiel: qu'aurait-il refusé à son fils, à son néophyte, à son roi? Il y a quelque chose de touchant à le voir, après cinquante-trois ans de pontificat, obligé de défendre sa conduite auprès de collègues plus jeunes que lui, et qui, comme il le leur rappelle, lui devaient leur ordination. Mais ces confrères avaient pour eux la lettre des canons, et ce débat entre évêques au sujet de l'intervention du roi marque bien la distance qu'il y avait entre le droit strict qui ne lui accordait rien, et la déférence qui lui cédait tout[270].

[270] Sur *les élections épiscopales sous les Mérovingiens*, il faut lire le bon mémoire de M. Vacandard dans la *Revue des Questions Historiques*, t. LXIII (1898), où est citée, p. 321, n. 1 et 2, la bibliographie antérieure.

Souvent même, c'est l'Église qui allait au-devant du roi, et qui le sollicitait de trancher des questions, le prenant pour arbitre et l'honorant de sa confiance. Lorsque saint Fridolin fut élu abbé de Saint-Hilaire, à Poitiers, il hésita longtemps, nous dit son biographe, à accepter cette dignité, malgré les instances de l'évêque saint Adelfius; finalement, vaincu à demi par les prières de l'évêque, il lui propose d'aller ensemble trouver le roi, pour qu'une affaire de telle conséquence ne fût pas entreprise sans son concours. Et les voilà qui partent tous les deux pour le palais royal, l'évêque à cheval, comme l'exigeait son rang, l'abbé à pied, comme il faisait d'habitude[271]. Ne voit-on pas comme un tableau en raccourci de toutes les relations entre l'Église et l'État dans cet évêque et cet abbé qui vont amicalement trouver le roi, pour le prier de les mettre d'accord sur une question qui n'est pas de son ressort, mais qu'ils lui soumettent par déférence et par respect?

[271] *Ex vita sancti Fridolini* (dom Bouquet, III, p. 388).

Un pareil degré de condescendance de la part de l'Église ne s'expliquerait guère, si l'on ne savait qu'il était réciproque de la part du roi. C'est la confiance qui formait la base des relations mutuelles. Au lieu de délimiter anxieusement leurs frontières, les deux pouvoirs semblaient s'inviter mutuellement à les franchir. Clovis convoquait des conciles et intervenait dans les élections épiscopales; mais lui-même, jusqu'à quel point ne se laissait-il pas inspirer, guider, conseiller par les évêques? Toute sa politique intérieure, toute son attitude vis-à-vis des indigènes, c'est l'épiscopat qui l'a dictée, et l'on a vu plus haut que ce sont des évêques qui ont suggéré la convocation du concile national. En un mot, son action sur l'Église a pour contrepoids une action non moins énergique de l'Église sur l'État. Les évêques composaient son conseil: saint Remi resta jusqu'à la fin en grand crédit auprès de lui, et on nous dit que saint Mélaine, évêque de Rennes, compta également parmi ses conseillers les plus écoutés.

Toute l'hagiographie du temps est remplie des marques de respect qu'il donna aux évêques. Les récits qui nous en ont gardé le souvenir n'ont pas tous le degré d'authenticité nécessaire pour s'imposer à la croyance du lecteur; mais dans l'impuissance où nous sommes d'y faire le partage exact du vrai et du faux, quoi de plus légitime que de les reproduire dans leur simplicité, comme des documents qui ont droit tout au moins à l'attention de l'histoire? C'est pour cette raison que nous avons cru devoir réserver une place, sur ces pages, aux épisodes suivants.

Étant en Aquitaine, Clovis entendit parler des vertus de saint Germier, évêque de Toulouse. Il le fit venir auprès de lui, l'invita à sa table, et prit grand plaisir à sa conversation. Le saint distribua des eulogies au roi et à ses grands; eux lui confessèrent leurs péchés et écoutèrent ses exhortations à la pénitence. Le roi, voyant la sainteté du prélat, le supplia de prier pour lui, et lui dit:

«Demandez-moi ce que vous voudrez de mes biens, et mes serviteurs vous accompagneront pour vous le donner.

—Donnez-moi seulement, reprit le saint, dans le territoire de Toulouse, autant de terre que mon manteau pourra en recouvrir auprès de Saint-Saturnin, pour que je puisse dormir en paix sous la protection de ce patron céleste.»

Mais le roi ne voulut pas se laisser vaincre en générosité: il donna au saint la terre d'Ox avec six milles à la ronde, et, pour son tombeau, il lui accorda tout le territoire que sept paires de bœufs pourraient labourer en un jour. Toutes ces libéralités furent consignées dans des chirographes que le roi et ses grands scellèrent de leurs sceaux. Le roi y ajouta cinq cents sicles d'or et d'argent, des croix d'or, des calices d'argent avec leurs patènes, trois crosses épiscopales en or et en argent, trois couronnes dorées, et autant de voiles d'autel en byssus. C'est ainsi qu'après être resté avec le roi pendant une vingtaine de jours, le saint partit chargé de trésors: le roi l'embrassa en lui faisant ses adieux, et se recommanda à lui comme un fils[272].

[272] *Ex Vita sancti Germerii* (dom Bouquet, III, p. 386). Voir l'appendice.

Auch, la vieille cité métropolitaine de la Novempopulanie, a enveloppé dans un récit aux couleurs bibliques le souvenir qu'elle a gardé du héros franc. Lorsqu'il approcha de cette ville, dit une tradition, l'archevêque saint Perpet alla à sa rencontre, et lui présenta le pain et le vin, comme autrefois Melchisédech à Abraham. Le roi récompensa magnifiquement le vieux pontife: il lui donna toute la ville d'Auch avec ses faubourgs, et plusieurs églises; il offrit également à l'église Sainte-Marie sa tunique et son manteau de guerre; il lui offrit encore une aiguière d'or, et cent sous d'or pour faire des couronnes de lumière; il lui assigna de plus un revenu de cent douze sous d'or à toucher sur le fisc royal; il lui donna enfin l'église royale de Saint-Pierre-de-Vic. Reconnaissante de tant de libéralités, l'Église d'Auch célébrait tous les ans, au 3 juin, l'office double de sainte Clotilde[273].

[273] La plus ancienne attestation de ce récit se trouve dans un acte de 1292, consigné au registre des enquêtes du parlement de Paris et reproduit par R. Choppin, *De jure monachorum*, p. 307; il figure aussi dans un extrait du cartulaire du chapitre d'Auch, n° 132, reproduit en appendice, n° 7, dans de Brugèles, *Chronique ecclésiastique du diocèse d'Auch*, Toulouse, 1746. Voir aussi Baiole, *Histoire sacrée d'Aquitaine*, Cahors, 1644, p. 332; Loubens, *Histoire de l'ancienne province de Gascogne*, Paris, 1839, pp. 90-91; Monlezun, *Histoire de la Gascogne*, Auch, 1846, t. I, p. 189; Lafforgue, *Histoire de la ville d'Auch*, Auch, 1851. Selon Monlezun, *l. c.*, une des couronnes faites avec l'or offert par le roi a subsisté jusqu'en 1793; on l'appelait *la couronne de Clovis*.

Tournai racontait un épisode non moins intéressant. Attiré par la réputation de l'évêque, saint Éleuthère, Clovis serait venu revoir la vieille capitale de ses ancêtres, et assister à la prédication du prélat. Mais une inspiration divine révéla au saint le tourment secret du roi: il avait péché après son baptême, et il n'osait confesser sa faute. Profondément ému, le roi essaya vainement de contester la vérité de cette révélation que l'évêque lui communiqua; il versa des larmes, et le supplia de prier pour lui. Et voilà que le lendemain, pendant que l'évêque célébrait le divin sacrifice aux intentions de Clovis, un ange du Seigneur lui apparut au milieu d'une lumière éblouissante, et lui annonça que ses prières étaient exaucées. En même temps il lui remettait un écrit contenant la faute secrète du roi. Clovis rendit des actions de grâces à Dieu et à saint Éleuthère, et ne quitta Tournai qu'après avoir comblé l'évêque de ses pieuses largesses[274].

[274] *Vita sancti Eleutherii auctior* dans les *Acta Sanctorum* des Bollandistes, 20 février, t. III, pp. 183-190, et Ghesquière, *Acta Sanctorum Belgii*, t. I, pp. 475-500.

Cette attitude vis-à-vis de l'épiscopat s'expliquerait déjà à suffisance par des raisons d'ordre politique supérieur. C'étaient les évêques qui avaient aidé le roi des Francs à établir son pouvoir; c'est par eux et avec eux qu'il gouvernait. Il le savait, et sa déférence pour eux était antérieure à sa conversion. Mais, après le baptême, des motifs de piété s'ajoutèrent aux considérations de la politique pour augmenter son respect envers les évêques. Il vit en eux des hommes qui avaient reçu l'Esprit-Saint, et qui étaient les dispensateurs des faveurs célestes. Leur science, leur sagesse, leur piété, leurs vertus, la majesté de cette vie sacerdotale qui les élevait au-dessus de la terre et qui faisait d'eux des hommes surnaturels, tout cela agissait puissamment sur son âme, religieuse et impressionnable comme toute âme de barbare. Il se sentait plus rapproché du Dieu qu'il adorait dans leur société, et il comptait sur leurs prières comme sur le moyen le plus efficace d'arriver au ciel. L'épiscopat, qui était le point d'appui de sa politique, était aussi la sûre direction de sa conscience de chrétien. Comme sa vie publique, sa vie privée semblait la vérification de cette parole qu'il prononça un jour: «Où serait l'espoir de vaincre, si nous offensions saint Martin?» Entendez ici, par saint Martin, l'épiscopat de la Gaule.

Les mêmes sentiments, au dire de la légende, dictaient la conduite du roi vis-à-vis de toutes les personnes qui, sans occuper un rang dans la hiérarchie ecclésiastique, se distinguaient par l'éminence de leurs vertus. Il croyait, avec tous ses contemporains, à l'efficacité de leurs prières; il était convaincu qu'elles avaient le don d'opérer des miracles. Lui-même, au dire d'un hagiographe, fut favorisé d'une guérison miraculeuse obtenue par l'intercession d'un vénérable solitaire. C'était la vingt-cinquième année de son règne, celle qui allait être rendue mémorable par la conquête de l'Aquitaine. Il y avait deux ans qu'il était en proie à la maladie, et ni les prières de son clergé ni les soins de ses médecins ne parvenaient à le soulager. Enfin, l'un de ces derniers, nommé Tranquilinus, conseilla au roi de faire venir Séverin, abbé de Saint-Maurice en Valais, homme doué de l'esprit de Dieu, et dont les prières obtenaient une multitude de guérisons miraculeuses. Aussitôt le roi fit partir son chambellan Transoarius pour Agaune, et le saint, déférant à ses prières, apparut au chevet du royal malade comme plus tard saint François de Paule auprès du lit de Louis XI. Après avoir adressé au ciel de ferventes prières, il ôta son manteau, en revêtit le roi, et à l'instant la fièvre abandonna le malade. Clovis, plein de reconnaissance, tomba aux pieds du saint, et le pria de prendre dans son trésor toutes les sommes qu'il voulait pour les distribuer aux pauvres; il lui offrit aussi de faire relâcher tous les coupables qui se trouvaient enfermés dans les prisons[275]. On veut que l'église Saint-Séverin de Paris, qui est sous le patronage de l'abbé d'Agaune, ait été élevée en souvenir de cet heureux événement.

[275] *Ex Vita sancti Severini Abbatis Agaunensis* (dom Bouquet, III, p. 392.) Ce récit est loin d'être garanti, bien qu'il en soit souvent fait état même par des historiens peu tendres à l'endroit des légendes, notamment par Junghans, p. 77, n. 1, par W. Schultze, *Das Merovingische Frankenreich*, p. 72, et en dernier lieu par Arnold, *Cæsarius von Arelate*, p. 242. Voir l'Appendice.

D'autres saints personnages, au dire de la légende, ont été en rapports intimes avec Clovis. Saint Fridolin de Poitiers, admis à sa table, a réparé miraculeusement une belle coupe de verre, qui s'était cassée en tombant des mains du roi au moment où il la présentait au saint[276]. Un saint ermite du nom de Léonard, qui demeurait dans la forêt de Panvain, près de Limoges, fit la connaissance du roi dans des circonstances fort dramatiques. Clotilde, qui était venue résider avec son époux dans le château de cette forêt, était menacée de périr dans les douleurs de l'enfantement, et Clovis au désespoir implora le pieux solitaire de venir à son aide. Léonard se mit en prières, et la reine fut sauvée par miracle[277].

[276] *Ex Vita sancti Fridolini* (dom Bouquet, III, p. 388).

[277] Arbellot, *Vie de saint Léonard, solitaire en Limousin*, Paris, 1863. Les pages 277-289 contiennent le texte d'une vie inédite de saint Léonard, d'après plusieurs manuscrits dont un du onzième siècle.

Sans doute, la plupart de ces récits ont été embellis par la pieuse imagination des hagiographes, et il n'est pas interdit de croire que les épisodes qui sont à la fois les plus extraordinaires et les moins prouvés appartiennent au domaine de la fiction pure.

Ce qui se dégage des plus authentiques, c'est l'intimité des rapports entre le roi et les saints, c'est la justesse de l'instinct qui poussait la royauté à se rapprocher de ceux qui représentaient le mieux les aspirations chrétiennes de leur peuple. Avec un admirable sentiment des vrais intérêts de sa couronne, Clovis se mêlait familièrement, sans crainte de compromettre son prestige, aux hommes humbles et pauvres revêtus d'une majesté supérieure par le respect public, et le nimbe de leur sainteté jetait une partie de son éclat sur le front du souverain. Rien n'a plus contribué à sa popularité que l'amitié des saints. Les actes de clémence qu'ils lui inspiraient affermissaient son pouvoir en lui ouvrant les cœurs. Bien des fois, saint Remi et sainte Geneviève arrachèrent au rude justicier la grâce des malheureux qui remplissaient les prisons publiques. Parmi ceux que menaçait sa vengeance, il y avait un grand seigneur du nom d'Euloge, qui se réfugia dans l'église Notre-Dame de Reims: à l'intercession de Remi, le roi lui laissa la vie et la possession de ses biens[278]. Au dire d'un hagiographe, l'évêque aurait même obtenu du roi que chaque fois qu'il passerait par la ville de Reims ou par son territoire, tous les prisonniers seraient aussitôt mis en liberté, et, ajoute-t-il, cet usage se conserve encore aujourd'hui[279].

[278] Hincmar *Vita sancti Remigii*, dans les *Acta Sanctorum* des Bollandistes, 1er octobre, t. I, p. 153 A.

[279] *Vie de saint Léonard*, éditée par le chanoine Arbellot, c. 3.

Les vastes ressources de la couronne permirent au roi de témoigner de la manière la plus efficace sa bienveillance à l'Église en la comblant de ses dons, en venant à son aide dans ses œuvres de charité et dans ses créations de tout genre. Il faut se souvenir que la générosité était la première vertu d'un roi germanique. Sa main devait toujours être ouverte, excepté quand elle brandissait l'épée. Il passait sa vie à faire des cadeaux, à distribuer à ses amis l'or travaillé sous forme de bracelets à tours multiples, dont il détachait les morceaux, et, pour la poésie barbare, il était avant tout le *briseur d'anneaux*. Lorsqu'avec les pièces de métal précieux entassées dans ses trésors, il put disposer aussi des domaines sans nombre que la conquête avait fait tomber entre ses mains, alors il eut de nouveaux moyens d'être généreux, et la série des donations de terres commença. L'Église fut au premier rang des amis qui participèrent à ces libéralités. On peut dire, sans crainte de se tromper, que tous les diocèses eurent leur part[280]. Après la conquête de la Gaule romaine, après celle de la Gaule visigothique, il s'ouvrit comme deux phases d'abondance qui furent employées à prodiguer les richesses aux églises. Les actes du concile d'Orléans parlent expressément des libéralités royales faites ou promises à tous les diocèses[281]. L'hagiographie ne nous mentionne pas une seule fois les relations du roi avec quelque saint sans nous faire connaître les cadeaux dont il le combla. Nous l'avons vu prodiguer ses dons aux églises Saint-Martin de Tours et Saint-Hilaire de Poitiers; nous l'avons vu enrichir aussi généreusement saint Germier de Toulouse et saint Perpet d'Auch; nous savons avec quelle libéralité il aida saint Eptade à racheter les captifs. Il ne fut pas moins prodigue envers saint Mélaine de Rennes, qui put faire une multitude de bonnes œuvres avec les ressources que le roi mettait à sa disposition[282]. L'église de Vannes se glorifiait de devoir à ses pieuses largesses le trésor de reliques qu'elle conservait depuis les jours de saint

Paterne, son premier évêque[283]. L'église de Nantes montrait avec orgueil, dès le douzième siècle, la charte contenant les faveurs dont l'avait comblée le premier roi de France[284]. Ce serait une tâche fastidieuse que de relever, dans les biographes et les chroniqueurs, les récits souvent légendaires qui nous ont conservé la trace de toutes ces générosités, et il suffit de dire d'une manière générale que Clovis partagea largement avec l'Église les richesses considérables qui affluaient de toutes parts dans son trésor et dans son domaine.

[280] Illi (il s'agit surtout de Clovis) monasteria et ecclesias ditaverunt; isti (il s'agit de ses petits-fils) eas diruunt ac subvertunt. Grégoire de Tours, IV, 48.

[281] De oblationibus vel agris quos domnus noster rex ecclesiis suo munere conferre dignatus est, vel adhuc non habentibus Deo inspirante contulerit, ipsorum agrorum vel clericorum immunitate concessa, id esse justissimum definimus ut... Sirmond, *Concilia Galliæ*, I, p. 179; Maassen, *Concilia ævi merov.*, I, p. 4.

[282] *Vita sancti Melanii*, dans les *Acta Sanctorum* des Bollandistes. Sur les divers textes de cette vie, voir l'Appendice.

[283] Un sermon prêché dans la cathédrale de Nancy au douzième siècle et conservé dans le manuscrit 9093 latin de la bibliothèque nationale à Paris contient le passage suivant: Circa initia etiam hujus nascentis ecclesiæ, divinæ misericordiæ dulcor in hoc se aperuit quod Clodovæus rex Francorum illustrissimus per beatum Paternum patronum nostrum transmisit huic ecclesiæ desiderabilem thesaurum videlicet etc. Suit une énumération de reliques. V. A. de la Borderie, *Histoire de Bretagne*, t. I. p. 204. note 2 et p. 331.

[284] V. dans Dom Morice, *Mémoires pour servir de preuves à l'histoire de Bretagne*, t. I, p. 547, le texte de la charte de Louis-le-Gros, datée de 1123, dans laquelle sont rappelées les libéralités de Clovis; on y lit: «Quoniam vir venerabilis Bricius Namneticæ sedis episcopus præsentiam nostram non absque magno labore itineris humiliter adiit et præcepta antiquorum et venerabilium Francorum regum Karoli, Clodovæi et filii ipsius Clotarii attulit et ostendit, etc. L'authenticité de cette charte, contestée par Travers, *Histoire de la ville et du comté de Nantes*, I, p. 244 et par M. C. Port, *Dictionnaire de Maine-et-Loire*, t. II, s. v. Loué, est défendue par M. L. Maître, *Étude critique sur la charte du roi Louis VI*, Rennes 1887, et par M. A. Luchaire, *Louis VI le Gros, Annales de sa vie et de son règne*, pp. 153, 323 et suivantes. Au surplus, les défenseurs de l'authenticité ne sont pas d'accord sur la personne de ce Clovis, père de Clotaire, car cette désignation convient aussi bien à Clovis II qu'à Clovis Ier; bien plus, si l'on admet qu'ici *Clodovæus* équivaut à la forme *Hludovicus* usitée au onzième siècle, on peut penser à l'une des séries royales Charlemagne, Louis le Débonnaire et Lothaire, ou encore Charles le Simple, Louis d'Outre-Mer, Lothaire. M. Luchaire penche pour une de ces dernières hypothèses, M.

Maître, *o. c.* et M. Orieux (*Bulletin de la Société archéologique de Nantes*, t. 39, 1898, p. 59), pensent à Clovis Ier. Selon moi, le rédacteur de l'acte, authentique ou non, n'a pu penser qu'à un Clovis, et je suis porté à croire que c'est Clovis Ier.

De tous les prélats sur lesquels il fit pleuvoir ainsi les preuves de sa munificence, le plus favorisé fut naturellement saint Remi de Reims. Dès le neuvième siècle, nous entendons la tradition énumérer les dons qu'il tenait de son généreux filleul. Ils consistaient surtout en domaines territoriaux, répartis dans plusieurs provinces de la France. Le saint ne voulut en garder que quelques-uns, situés dans la partie orientale du royaume, et distribua le reste aux autres églises, pour qu'on ne pût pas lui reprocher de faire de l'amitié du roi une source de profits[285]. Toutefois l'église de Reims gardait dans son trésor un encensoir et un calice émaillé provenant, selon la tradition, d'un grand vase en argent que Clovis avait donné à saint Remi, pour en faire ce qu'il voulait[286].

[285] Hincmar, *Vita sancti Remigii*, 66, dans les Bollandistes, p. 149 C.

[286] Du moins je crois pouvoir interpréter de la sorte le passage suivant du testament (d'ailleurs apocryphe) de saint Remi: Aliud argenteum vas, quod mihi domnus illustris memoriæ Hlodowicus rex, quem de sacro baptismatis fonte suscepi, donare dignatus est, ut de eo facerem quod ipse voluissem, tibi hæredi meæ ecclesiæ supra memoratæ jubeo thuribulum et imaginatum calicem fabricari: quod faciam per me si habuero spatium vitæ. *Acta Sanctorum* des Bollandistes, 1er octobre, t. I, p. 167 F.

La tradition a conservé, sous une forme poétique où se trahit avec éclat l'action de l'imagination populaire, le souvenir des acquisitions faites alors par l'église de Reims. Elle a supposé, en présence d'un domaine d'une certaine étendue, qu'il avait été donné tout entier par un seul donateur, et qu'il marquait le territoire dont le donataire avait pu faire le circuit en un temps déterminé. Nous rencontrons plusieurs fois dans l'histoire de Clovis cette curieuse transformation des vieux souvenirs, où le lecteur retrouvera, à défaut d'authenticité, la fraîcheur et la naïveté de la poésie primitive:

«Clovis, dit la légende, avait alors sa résidence à Soissons, d'où il avait expulsé Syagrius, et il se délectait dans la société et dans l'entretien de saint Remi. Or saint Remi avait cédé à l'évêché de Laon et à d'autres établissements religieux les terres qu'il tenait de la libéralité du roi des Francs dans le Soissonnais et le Laonnais, et il ne possédait aux environs de Soissons qu'une petite ferme, donnée autrefois à son prédécesseur saint Nicaise. Les habitants, qui étaient accablés de redevances, demandèrent de pouvoir payer désormais à l'église de Reims ce qu'ils devaient au roi, et la pieuse reine appuya leur requête. En conséquence, le roi promit à saint Remi de lui donner tout le territoire dont le saint pourrait faire le circuit pendant le temps que lui-même ferait sa méridienne.

«Le saint se mit donc en marche, jalonnant sa route par des points de repère, et délimitant ainsi le territoire dont on voit encore aujourd'hui les bornes. Sur son chemin, un homme propriétaire d'un moulin le repoussa, de peur qu'il n'englobât le moulin dans ses limites.

«—Ami, lui dit l'évêque avec douceur, qu'il ne te déplaise pas que nous possédions ce moulin à deux.»

«Mais l'autre le chassa, et aussitôt voilà la roue du moulin qui se met à tourner à rebours. Alors l'homme rappela à grands cris le saint et lui dit:

«—Serviteur de Dieu, viens, et nous serons ensemble les propriétaires de ce moulin.

«—Non, répondit saint Remi, il ne sera ni à toi ni à moi.»

«Et à l'instant il se creusa en cet endroit une fosse d'une telle profondeur, que depuis lors il n'est plus possible d'y construire.

«Plus loin, d'autres individus chassèrent également le saint, ne voulant pas lui laisser faire le circuit d'un petit bois.

«—Eh bien, dit saint Remi, que jamais de ce bois il ne vole une feuille ni ne tombe une branche sur mon bien.

«Et, quoique ces deux domaines soient contigus, le vœu du saint a été accompli tant que la forêt est restée debout.

«Partant de là, le saint arriva dans un endroit nommé Chavigny, qu'il voulut également englober. Mais là aussi, il fut repoussé par les habitants. Et lui, le visage joyeux, tantôt s'éloignant, tantôt se rapprochant, il continuait de planter ses points de repère; aujourd'hui encore, en parcourant les lieux, on peut voir où il s'est rapproché, où il a dû s'écarter. Repoussé une dernière fois, il dit:

«—Peinez toujours et supportez l'indigence.»

«Et cette sentence persiste toujours et prouve la puissance surnaturelle de ses paroles.

«Cependant le roi s'était réveillé. Par un précepte de son autorité, il confirma saint Remi dans la possession de toutes les terres dont il avait fait le circuit. Ce domaine, dont Luilly et Cocy sont les noyaux, est encore aujourd'hui la paisible possession de l'église de Reims[287].»

[287] Hincmar, *Vita sancti Remigii*, 80-82, dans les *Acta Sanctorum* p. 152. Il n'y a pas lieu de discuter avec les érudits qui, comme M. Krusch (*Neues Archiv.*, t. XX, p. 523), veulent se persuader que ces légendes sont autant de *faux* fabriqués par Hincmar. Les savants au courant des traditions populaires seront d'un autre avis, et ils rapprocheront de cet épisode le passage du

diplôme apocryphe de Clovis pour saint Jean de Réomé, où on lit: Ut quantumcumque suo asino sedens una die circa locum suum nobis traditum et commendatum de nostris fiscis circuisset, perpetuo per nostram regalem munificentiam habeat. Bréquigny et Pardessus, *Diplomata*, I, p. 32; Pertz, *Diplomata*, p. 11.—Voir encore la *Vie de saint Léonard*, c. 12-25, et l'*Histoire de saint Germier* ci-dessus, p. 163.

Écoutons maintenant le récit des libéralités faites par le roi des Francs à l'église de Senlis. Ce n'est pas, cette fois, une tradition populaire que nous allons entendre, c'est une légende née à l'ombre d'un cloître, et qui a gardé la saveur propre au milieu ecclésiastique dont elle est sortie. Clovis, dit-elle, après son baptême, visita successivement tous les sanctuaires de son royaume. Le renom de saint Rieul le conduisit aussi à Senlis, où il arriva escorté de plusieurs évêques de la deuxième Belgique. Après s'être fait raconter l'histoire et les miracles du saint, il voulut qu'on ouvrît son tombeau et qu'on lui donnât de ses reliques. L'évêque de la ville,—c'était probablement Livianus, qui assista au concile d'Orléans en 511,—s'opposa avec énergie à la demande du roi, disant qu'on ne pouvait souscrire à une pareille profanation des choses saintes. Mais, bien que les autres évêques appuyassent cette manière de voir, le roi insista tellement, qu'il fallut bien se rendre à son désir. La tombe est ouverte, un parfum céleste s'en échappe, et tous les assistants, le roi, les évêques, les grands, tombent à genoux en remerciant Dieu. Puis l'évêque se mit en devoir d'enlever, avec des tenailles, une des dents du saint, et, ô prodige! de cette bouche dont le temps a rongé les chairs s'échappe un flot de sang rouge et chaud. Le roi prend la relique; mais, frappé par le miracle, il sort tout bouleversé et sans penser à honorer le précieux dépôt qu'il a entre les mains. Aussi, lorsqu'il voulut rentrer en ville (la basilique du saint se dressait sur son tombeau en dehors de l'enceinte), c'est en vain qu'il essaya de retrouver la porte par laquelle il était sorti. Il tourna plusieurs fois autour des murailles sans voir aucune ouverture. Enfin les évêques lui firent comprendre que, pour faire cesser l'hallucination, il devait restituer la précieuse relique au tombeau du saint, et faire à la basilique des dons qui permettraient de la reconstruire dans des conditions plus dignes de son patron. Le roi se conforma à ces conseils; il décida de reconstruire l'église à ses frais, à partir des fondements; il fit édifier un édicule en or forgé sur le tombeau du saint, il donna à l'église le bourg de Bucianum sur la Marne avec toutes ses dépendances; il restitua la dent après l'avoir fait enchâsser dans l'or et sertir de pierres précieuses; enfin, il fit encore cadeau de quantité de vases d'or et d'argent, et de vêtements sacerdotaux avec broderies en or. A peine avait-il promis tout cela, qu'il retrouva les portes de la ville toutes grandes ouvertes, et qu'il y put passer sans obstacle[288].

[288] *Ex Vita sancti Reguli episcopi* (dom Bouquet, III, p. 391).

Mais de tous les aspects sous lesquels se présente à nous le règne de Clovis, aucun n'a le charme pénétrant et le parfum de poésie des légendes qui racontent la part qu'il a prise à la fondation des monastères.

Tous les âges, depuis les plus rapprochés du règne de Clovis, en ont gardé le vivant souvenir. Grégoire de Tours en parle comme d'une chose universellement connue, et les hagiographes des premiers siècles se font manifestement l'écho de la tradition publique en rappelant, sans prendre la peine d'insister, les nombreux monastères qu'il a bâtis ou aidé à fonder[289].

[289] Voir ci-dessus le passage de Grégoire de Tours, IV, 48.—Clodoveo Francorum regi fit cognitus (Melanius) et ejus strenuus efficitur consiliarius. Ejus quippe consilio multas a fundamentis construxit ecclesias desertasque reparavit, et monasteria quædam decentissime fabricavit. *Vita Melanii*, dans les *Acta Sanctorum* des Bollandistes, 6 janvier, t. I, et Desmedt, *Catalogus hagiographicus Parisiensis*, t. I, p. 71 où il y a une autre recension de cette vie. La troisième recension, qui est publiée au t. II, p. 531 du même ouvrage, ne contient pas de mention des monastères.—Reversusque rex cum victoria adepta, regnum Francorum strenue rexit, monasteria plurima sanctorum edificavit, etc. *Vita sanctæ Chlothildis*, dans M. G. H., *Scriptores Rerum Merovingicarum*, t. II, p. 345.—Quot monasteria construxit, quot prædia ornamenta eisdem monasteriis distribuit, nemo potest recordari. Note du treizième siècle dans un manuscrit du *Liber historiæ*, c. 19 (M. G. H., p. 273).

On ne connaîtrait pas bien ce règne aussi obscur que glorieux, si l'on ne s'arrêtait un instant pour essayer de soulever, après quatorze siècles révolus, le voile d'oubli qui s'est appesanti sur l'une de ses pages les plus dignes d'intérêt. Que ne donnerait-on pas pour retrouver l'histoire authentique d'une de ces colonies sacrées, qui s'en allèrent dans les solitudes incultes, munies du diplôme royal, planter l'étendard de la croix et jeter les semences d'un avenir meilleur! Mais, hélas! plus que jamais nous nous acheminons à travers les ténèbres, et c'est à peine si nous retrouvons par-ci par-là, comme une étincelle qui brille sous la cendre d'un foyer dévasté, un souvenir expirant, qui n'a plus même assez de vie pour charmer un instant le regard ému du poète.

Implantée à Trèves par saint Athanase, à Tours par saint Martin, et dans les Pays-Bas par saint Victrice de Rouen, la vie monastique avait commencé à fleurir dans ces régions, comme une vigoureuse plante du sud qui ne pâtit point d'être transportée sous des cieux plus froids, mais qui s'accommode de tous les climats et qui fructifie partout. Les terribles bouleversements qui se produisirent dès le commencement du cinquième siècle, et qui se prolongèrent jusqu'après le baptême de Clovis, avaient interrompu cette heureuse floraison; mais voici qu'au lendemain de la conversion des Francs, les monastères se remettent à surgir du sol comme les fleurs au printemps.

De tous ceux qui s'enorgueillirent d'avoir eu Clovis pour fondateur ou pour bienfaiteur insigne, je ne sais s'il en est aucun dont les titres méritent plus de confiance que ceux de l'abbaye de Baralle, dans le village de ce nom, sur la route de Cambrai à Arras. Baralle est une maison qui a disparu dès le neuvième siècle, qui n'a jamais eu d'historien, et dont personne n'avait intérêt à embellir ou à exagérer les souvenirs. Si, malgré cela, ils ont été mis par écrit à une époque déjà ancienne, il y a lieu de croire qu'ils remontent à un passé lointain, et qu'ils plongent en pleine antiquité mérovingienne. L'absence de tout élément légendaire dans la sobre notice consacrée à ce monastère confirme leur authenticité.

«A Baralle, dit le chroniqueur, il y avait un monastère de congrégation canonique, fondé, selon la tradition, par le roi Clovis, et consacré par saint Vaast en l'honneur de saint Georges. On y vénérait le bras de ce martyr. Des colonnes de marbre et des ruines de beaux édifices anciens qu'on y trouve encore attestent que cette maison était opulente et riche. Aux jours de l'évêque Dodilon de Cambrai, les chanoines, voyant que les Normands ravageaient toute la province, brûlaient et profanaient les lieux saints, se réfugièrent à Cambrai avec les reliques et le trésor de leur église. L'évêque les reçut avec la plus généreuse hospitalité, et ils y restèrent quelque temps. Lorsqu'ils crurent l'ennemi parti, ils voulurent prendre congé de l'évêque et retourner chez eux. Mais le prélat les supplia de n'en rien faire, et de se défier des ruses d'un perfide ennemi qui pouvait fort bien être caché encore dans les environs. Par déférence pour ces conseils, ils restèrent quelques jours encore; puis ils déclarèrent que cette fois, tout danger étant disparu, rien ne s'opposait plus à leur départ. En vain l'évêque, mieux avisé, fit de nouvelles instances; ils refusèrent de l'écouter, et force lui fut de les laisser partir.

«Il en sera comme vous voudrez, leur dit-il; mais, ajouta-t-il, comme s'il avait eu le pressentiment de ce qui allait arriver, je retiendrai ici cette précieuse relique, le bras de saint Georges.»

«Les moines consentirent à lui laisser en gage la relique, mais tinrent bon pour le reste, et, dans leur aveugle obstination, méprisèrent les sages conseils et les offres généreuses du prélat. Ils partirent donc; mais à peine étaient-ils éloignés de trois milles, qu'ils furent surpris par l'ennemi et massacrés. Leur monastère fut réduit en cendres, et tous les environs livrés au pillage; seuls les endroits fortifiés purent résister. Plus tard, on rebâtit une modeste petite église sur les ruines, et un seul prêtre la desservit; quant à la relique de saint Georges, elle resta désormais à Cambrai[290].»

[290] *Gesta Episcop. Camerac.*, II, 11, dans M. G. H., *Scriptores*, VII, pp. 458-459. Voir sur Baralle la notice de M. Godin dans le *Dictionnaire historique et archéologique du département du Pas-de-Calais, arrondissement d'Arras*, t. II, p. 136. Une fontaine y porte encore le nom de Saint-Georges, et l'on y a trouvé des

tombeaux maçonnés dont la chronique fait un ermitage sous le vocable du même saint. Il est à remarquer qu'on a exhumé à Baralle beaucoup d'objets romains, ce qui atteste l'antiquité du lieu. Mabillon ne parle pas de Baralle dans ses *Annales*.

Voilà la tradition qui se conservait, au onzième siècle, dans le clergé de l'église de Cambrai. Tout, nous l'avons déjà dit, y porte un cachet d'authenticité qu'il serait difficile de méconnaître. Le vocable de saint Georges, qui était le patron vénéré de tous les hommes de guerre, semble insinuer que le monastère est une création spontanée de Clovis lui-même. Enfin, la mention des chanoines réguliers indique que la tradition remonte à une époque où la règle bénédictine ne s'était pas encore introduite en Gaule. A voir cette antique maison surgir si près du berceau de la monarchie salienne, n'est-on pas autorisé à croire que Clovis aura voulu consacrer à la patrie de ses pères la première de ses fondations monastiques, et que ce cloître dédié à saint Georges aura dû le jour à un vœu du roi très chrétien?

Pour trouver un souvenir rattaché à l'histoire de Clovis par une tradition aussi ancienne et aussi oubliée que celle de Baralle, il faut gagner l'extrémité méridionale du royaume, où Junant, dans le Quercy, se réclamait, dès le neuvième siècle, du puissant conquérant de l'Aquitaine. Située dans la vallée du Lot, à une lieue environ de Figeac, l'abbaye était une de ces maisons modestes et obscures comme il en a surgi beaucoup pendant les premiers âges de la vie monastique en Gaule. Ses courtes annales ne contiennent rien, si ce n'est l'histoire de sa naissance et celle de sa mort, toutes deux racontées avec cette simplicité absolue qui exclut toute idée de fiction. Saint-Martin de Junant, dit un écrivain du douzième siècle, fut fondé par Clovis en l'honneur du saint évêque de Tours, et doté d'honneurs et de richesses[291]. L'endroit de la vallée où s'élevait l'abbaye était fort resserré et exposé aux fréquentes inondations du Lot, ce qui empêchait la maison de se développer, et la maintenait en permanence dans un état de ruine et de délabrement. Au neuvième siècle, le roi Pépin d'Aquitaine, fils de Louis le Débonnaire, imagina de la rattacher à l'abbaye Sainte Foi de Conques, fondation de l'époque de Charlemagne. Seulement, quand il s'agit de recueillir à Conques la population de Junant, les bâtiments se trouvèrent trop petits, et alors on résolut de construire une succursale de Conques à Figeac, sur la Selle. Junant fut complètement abandonné; ses édifices tombèrent en ruines, la trace même en disparut bientôt, et, sans le nom glorieux du conquérant de la Gaule associé au souvenir de ses premiers jours, l'histoire aurait oublié jusqu'à son existence. Combien ce souvenir doit avoir été vivace il y a mille ans, puisque depuis lors il a pu arriver intact jusqu'à nous, à travers des siècles d'indifférence pendant lesquels il n'y avait plus personne pour s'y intéresser! Rien ne plaide mieux en faveur de sa vénérable antiquité que ce rare phénomène de conservation. Comme Baralle, Junant nous offre une tradition constituée dès le neuvième siècle, et à laquelle les générations n'ont plus rien ajouté. Il serait difficile de ne pas attribuer à ces deux maisons le premier rang parmi toutes celles qui mettent leurs origines sous le patronage de Clovis[292].

[291] Circuiensque vicina loca, in Caturcinio in loco qui Junantus (Vinantus dans Chavanon, *Adhémar de Chabannes*, p. 21.) dicitur monasterium in honore beati Martini construxit et ob amorem ipsius confessoris maximis honoribus ac diversis thesauris abundantissime ditavit. D'après le manuscrit d'Adhémar de Chabannes, dans *Scriptores Rerum Meroving.*, t. II, p. 270, note.

[292] Voir le manuscrit 2 d'Adhémar de Chabannes (douzième siècle), ad ann. 754 (M. G. H., *Scriptores*, IV, p. 114). Les faux titres de Figeac ont fort embrouillé toute cette question d'origines monastiques; on la trouve tirée au clair dans G. Desjardins, *Essai sur le cartulaire de l'abbaye de Sainte-Foi de Conques en Rouergue* (*Bibl. de l'école des Chartes*, t. XXXIII, 1872).

Junant n'est pas d'ailleurs le seul monastère d'Aquitaine qui ait de si grands souvenirs. La ville d'Auch, qui nous a déjà raconté une si curieuse tradition sur l'entrée de Clovis dans son enceinte, se souvenait également que l'abbaye de Saint-Martin, bâtie à ses portes, avait été fondée pour lui à la prière de la reine Clotilde. Elle voulait aussi qu'il eût ensuite fait don de ce monastère à l'église Notre-Dame d'Auch, et il n'y a rien que de vraisemblable dans cette version, bien que sous sa forme actuelle on y trouve des détails qu'il serait difficile de concilier avec les données de l'histoire[293].

[293] Voir les auteurs cités ci-dessus et Lecoy de la Marche, *Saint Martin*, p. 515. On ne peut pas admettre avec nos vieux auteurs que Clovis, entrant pour la première fois à Auch, après la défaite d'Alaric, ait fait don à l'église Notre-Dame du monastère de Saint-Martin, récemment construit par lui. Cette donation, si nous admettons que Saint-Martin ait été fondé par Clovis, doit se rapporter à une date postérieure.

Il est plus malaisé de se prononcer sur les titres de l'abbaye de Simorre, située sur la Gimonne, à quelques lieues au sud-est d'Auch. Elle aussi, elle avait confié à son cartulaire de vieux souvenirs qui attribuaient sa fondation à Clovis. Elle croyait même savoir que le nombre des religieux établis par lui dans le monastère primitif était de dix-huit, mais que ce nombre fut augmenté dans la suite par les libéralités de divers seigneurs. En attendant que les prétentions de Simorre fassent l'objet d'un sérieux examen, nous croyons pouvoir accueillir ici, au moins à titre provisoire, une tradition respectable déjà par sa simplicité même, et qui a été conservée jusqu'à la fin de l'ancien régime sans que personne l'ait rendue suspecte en l'amplifiant[294].

[294] De Brugeles, *Chroniques ecclésiastiques du diocèse d'Auch*, pp. 180, 185 et 187, d'après un cartulaire de Simorre. «Il est fait mention de cette fondation dans des lettres de la chancellerie de l'an 1511, dans des statuts faits au chapitre l'an 1512, dans un arrêt du conseil d'État de l'an 1522, et dans un inventaire de production devant l'official d'Auch en 1558.» *Idem*, p. 180. Cf. *Gallia christiana*, I, p. 1013.

Combien, en regard de ces humbles notices, que leur modestie même recommande à l'attention, les légendes mérovingiennes de l'abbaye de Moissac, bien moins garanties cependant[295], apparaîtront supérieures en intérêt pour le lecteur amoureux du pittoresque! Située sur le Tarn, à peu de distance du confluent de cette rivière avec la Garonne, l'abbaye de Moissac a trouvé en son abbé Aymeri de Peyrac (1377-1402) un historien érudit et zélé, qui n'a laissé dans l'oubli aucune de ses légendes, et qui en a peut-être embelli quelques-unes. Sous sa plume, l'histoire de la fondation de Moissac semble prendre la couleur d'un conte des *Mille et une nuits*. Écoutons l'intéressant narrateur.

[295] Un diplôme de Pépin Ier d'Aquitaine pour Moissac, en 818, attribue la fondation de cette abbaye à saint Amand: Monasterio quod dicitur Moissiacum in pago Caturcino super fluvium qui dicitur Tarnus, quod olim sanctus Amandus abbas in honore sancti Petri apostolorum principis construxit (Dom Bouquet, VI, p. 663.) Cf. Mabillon, *Annales O. S. B.*, t. I, p. 358, et Lagrèze-Fossat, *Études historiques sur Moissac*, Paris, 1870-1874, t. III, p. 8. Cet auteur ne connaît que le diplôme de Pépin, en 845, qui est apocryphe, et qui reproduit textuellement l'authentique cité ici. Cf. dom Bouquet, t. VIII, p. 356. L'abbé Foulhiac, *Mélanges sur le Quercy*, cité par Lagrèze-Fossat, III, p. 9, croit que saint Amand aura fondé Moissac sous Clovis II, et qu'on aura confondu ce prince avec Clovis Ier.

C'était en 507. Clovis avait vaincu Alaric, et il s'avançait à marches forcées sur Toulouse pour s'emparer de la capitale des Visigoths. La nuit qui précéda son arrivée à Moissac, il eut sous la tente, pendant son sommeil, une vision bizarre, dans laquelle il voyait des griffons ayant des pierres dans leur bec, et les portant dans une vallée où ils commençaient la construction d'une église. Or, le lendemain, en longeant les rives du Tarn à la tête de son armée, voilà qu'il aperçut soudain les oiseaux de son rêve. Ils étaient de grandeur gigantesque, et de proportions que n'avait aucun autre oiseau. Aussitôt Clovis descendit de cheval, raconta sa vision à son armée, et lui proposa de commencer la construction d'un édifice qu'on mettrait sous le patronage de saint Pierre. L'armée acclama ces paroles, et sans tarder elle se mit à jeter les fondements d'une église qui fut achevée plus tard, après la soumission totale de l'Aquitaine. En souvenir de cet événement, on voyait encore, à la fin du quatorzième siècle, dans le pavement en mosaïque de l'église de Moissac, en avant du chœur, deux oiseaux de grande taille, qui passaient pour représenter les oiseaux de Clovis. Le lecteur familiarisé avec l'étude de la poésie populaire n'aura pas de peine à reconnaître dans cette mosaïque l'origine de la tradition elle-même, ou du moins celle des formes fantastiques sous lesquelles elle a été conservée. Mais, à quelque date que soit née la légende des griffons, le souvenir de Clovis était ancien à Moissac. Déjà, en 1212, dans une lettre de doléances adressée à Philippe-Auguste, l'abbé de ce monastère rappelait qu'une tradition immémoriale en attribuait la fondation à Clovis, et citait, à titre de preuve, l'inscription suivante, qui se lisait au-dessus de la porte de l'abbaye de Moissac:

HOC TIBI CHRISTE DEUS REX INSTITUIT CLODOVEUS AUXIT MUNIFICUS POST HUNC DOMINUS LUDOVICUS

A cette date, l'abbaye célébrait plusieurs services annuels pour le repos de l'âme des rois de France qui l'avaient fondée et dotée, et, dans la pensée des moines, Clovis était du nombre. Plusieurs siècles après, cette pieuse coutume était encore en vigueur. On se souvenait du conquérant de l'Aquitaine dans la solitude du monastère, et la prière catholique allait chercher sa mémoire dans l'oubli profond du passé[296].

[296] Voir la chronique d'Aymeri de Peyrac, manuscrit 4991 A du fonds latin de la Bibliothèque nationale de Paris, f⁰ˢ 102 v., 105 et 165 v. Cf. Lagrèze-Fossat, *Études historiques sur Moissac*, Paris, 1870-74, t. III, p. 495, et t. I, p. 373. La légende de Moissac fut plus tard remaniée, comme celle de la sainte Ampoule, des anges y furent substitués aux oiseaux. «Les habitants illettrés croient et affirment encore que la statue colossale du Christ qui décore le tympan du grand portail de l'Église est celle de Clovis. Ils lui donnent le nom de *Reclobis*, mot patois formé par contraction des mots latins *rex* et *Clovis*. Il est très probable que cette croyance est très ancienne.» (Lagrèze-Fossat, III, pp. 496 et 497.) Il est toutefois bien loin d'être prouvé que Moissac ait été fondé par Clovis; selon Lagrèze-Fossat lui-même, III, p. 8, il devrait sa fondation à saint Amand.

Nous avons énuméré toutes les fondations monastiques attribuées à Clovis dans le pays de la Garonne et de ses affluents. Mais le reste de la France en possède plusieurs également, qu'il convient de passer en revue, et dont il faut examiner les titres.

Le Limousin ne s'est pas contenté de mettre Clovis en relations avec Léonard, le saint ermite de la forêt de Panvain[297]. Selon une attestation de la fin du quinzième siècle, ce roi devrait être considéré comme le fondateur de l'abbaye du Dorat, car, en revenant de la bataille de Vouillé, il y aurait fondé le modeste oratoire qui fut le berceau de cette maison. Les clercs qu'il y plaça, au dire de la tradition, reçurent de lui une dotation territoriale, à laquelle il ajouta le précieux privilège de l'immunité[298].

[297] Sur saint Léonard, voir ci-dessus p. 167.

[298] Le texte du prétendu diplôme de Clovis pour le Dorat est publié par Aubugeois de la Ville du Bort, *Histoire du Dorat*, Paris 1880 (d'après Leymarie *Histoire de la bourgeoisie*, t. II, p. 345); il est contenu dans un vidimus du 5 février 1495, délivré par le gardien du sceau du bailliage de Limousin au chantre de l'église du Dorat, syndic du chapitre. D'après ce vidimus, le document était transcrit dans un vieux livre écrit sur parchemin, richement relié et renfermant les évangiles. M. Alfred Leroux, *Additions et rectifications à l'Histoire du Dorat de M. Aubugeois de la Ville de Bort* (*Bulletin de la Société archéologique et historique du Limousin*, t. 29, 1881, p. 139), ne voit dans ce texte qu'un fragment de chronique, postérieur peut-être de six siècles (de l'avis même de M. l'abbé Rougerie) au fait dont il s'agit. M. l'abbé Rougerie, *Vies de saint Israël et de saint Théobald*, Le Dorat, 1871, se donne des peines stériles pour défendre la tradition locale étayée de si faibles appuis.

Saint-Mesmin de Mici invoque à la fois un diplôme de Clovis et une Vie de ses saints fondateurs. Il est vrai que le diplôme n'est pas authentique, et que la Vie ne paraît pas contemporaine; mais toutes les objections qu'on peut soulever contre certaines de leurs parties laissent debout la tradition ancienne qu'ils ont mise par écrit. Clovis, nous dit-elle, désirait faire quelque chose pour le saint prêtre Euspice, qui avait refusé l'évêché de Verdun. L'ayant emmené sur les bords de la Loire avec son neveu saint Mesmin, et connaissant son goût pour la vie monastique, il lui proposa de chercher dans ce pays un endroit qui serait à sa convenance, et lui promit de lui en faire donation. Aidé de Mesmin, Euspice se mit en quête, et arrêta finalement son choix sur une presqu'île formée par le confluent de la Loire et du Loiret, en aval d'Orléans. La biographie des deux saints vante le charme de ces lieux, où la beauté du site, la fertilité du sol et la profondeur de la solitude se réunissaient pour en faire le séjour idéal d'une congrégation monastique. La presqu'île n'était pas grande, mais elle produisait en abondance le blé et le vin; des bosquets pleins d'oiseaux diversifiaient le paysage, fermé d'un côté par la majesté sévère des grands bois, largement ouvert de l'autre par la Loire, sur laquelle apparaissaient fréquemment des vaisseaux marins qui, remontant le fleuve, apportaient dans l'intérieur de la Gaule les marchandises les plus variées de l'étranger.

C'est là qu'Euspice, avec l'assentiment du roi et grâce à ses libéralités, inaugura la florissante abbaye de Saint-Mesmin. Sentant sa fin approcher, le vieillard voulut que l'acte de donation fût passé au nom de son neveu comme au sien, ce qui fut fait. Dans sa rédaction la plus concise, et qui a été admise comme authentique par la plupart des historiens, l'acte comprenait la concession du fisc royal de Mici, plus une chênaie, une saussaie et deux moulins. En outre, le roi recommandait les deux solitaires à la bienveillance de l'évêque d'Orléans Eusebius, et mettait leur monastère sous sa protection. Telle fut, au dire de la tradition, l'origine de l'abbaye de Saint-Mesmin de Mici[299].

[299] Voir les deux vies de saint Mesmin de Mici, dont la première, selon Mabillon, serait du septième siècle, et dont la seconde est dédiée à Jonas d'Orléans, qui vécut au neuvième (Mabillon, *Acta Sanct. O. S. B.*, I, pp. 562 et suivantes).—Pour le diplôme, outre les auteurs cités par Pardessus (*Diplomata*, I, pp. 57 et 58), et par Pertz (*Diplomata*, pp. 3 et 120), il faut lire Vergnaud-Romagnesi, *Mémoire sur l'ancienne abbaye de Saint-Mesmin-de-Mici*, Orléans, 1842, et surtout un mémoire qui se trouve dans les Factums de la Bibliothèque nationale (*Recueil Thoisy*, 384), et qui est intitulé: *Factum pour maître Lie Chassinat contre les religieux Feuillants de l'abbaye de Saint-Mesmin, appelans d'une sentence du 8 juillet 1659, rendue par le bailli d'Orléans*, avec un appendice portant en tête: *Advertissement servant à l'examen des titres et chartulaires de l'abbaye de Saint-Mesmin, et pour en justifier les faussetés.* Cf. Mabillon, *Annales O. S. B.*, t. I, p. 33.

Les autres monastères qui revendiquent Clovis pour fondateur sont loin d'exhiber des titres aussi sérieux que ceux de Mici. Ceux de Saint-Michel de Tonnerre[300] et de Molosme[301], dans le voisinage de cette ville, ainsi que ceux de Saint-Pierre de Flavigny[302] sont inconnus, et pour cette raison ils échappent également à la controverse et à l'attention de l'historien. Ceux de Saint-Pierre-le-Vif de Sens doivent être résolument écartés, malgré les déclarations explicites des deux diplômes de fondation de cette abbaye. A en croire l'une de ces pièces apocryphes, attribuée à Clovis, ce roi aurait fait don à sa fille Théodechilde, qui avait consacré sa virginité au Christ, d'un domaine considérable situé en Bourgogne, et provenant, au dire du diplôme, de la dot de Clotilde. Mais Théodechilde était la fille de Thierry Ier et non de Clovis, et toutes les assertions du diplôme croulent par la base devant cette simple rectification, unanimement admise aujourd'hui[303].

[300] Mabillon, *Annales O. S. B.*, t. I, p. 50.

[301] *Idem, ibid.*, I, p. 49.

[302] Le P. Grignard, qui s'en est occupé en dernier lieu, écrit: «Quad multa? Opinio quæ tenet Flaviniacensem abbatiam regnante Clodoveo primo fuisse fundatam, dubia ne dicam commenticia videtur.» *Wissenschaftliche Studien und Mittheilungen aus dem Benediktinerorden*, 2e année, t. I, (1881), p. 253.

[303] La confusion est ancienne; on la trouve déjà au onzième siècle dans Odorannus de Sens, et au douzième siècle dans Clarius. A. de Valois, t. I. p.

326, et Mabillon *Annales, O. S. B.*, t. I, pp. 47-48, en ont fait justice, mais cela n'a pas empêché l'abbé Chabeau, *Sainte Théodechilde vierge*, Aurillac, 1883, et l'abbé Bouvier, *Histoire de l'abbaye de Saint-Pierre-le-Vif* (*Bulletin de la Société des sciences historiques et naturelles de l'Yonne*, t. XLV, 1891), de soutenir le point de vue d'Odorannus. Récemment, M. Maurice Prou a repris l'examen de la question dans un travail qu'on peut considérer comme définitif, et qui est intitulé: *Études sur les chartes de fondation de l'abbaye de Saint-Pierre-le-Vif. Le diplôme de Clovis et la charte de Théodechilde*, Sens, 1894.

Les titres de Sainte-Marie de Bethléem, qui a été dans les derniers temps un prieuré de l'abbaye de Ferrière en Gâtinais, sont également fort sujets à caution. Si l'histoire qu'ils nous racontent avait le moindre degré de vraisemblance, elle contiendrait un épisode bien curieux de la biographie de Clovis. «J'ai appris, lui fait dire le diplôme, de la bouche de Remi de Reims, mon ami très cher, qui m'en a certifié le récit, que Bethléem en Gâtinais a été fondé par saint Sabinien, par saint Potentien, par saint Coffin et par plusieurs autres disciples de saint Pierre envoyés en Gaule. Or, pendant que ces saints personnages étaient en prière la nuit, une éblouissante lumière se répandit soudain, et ils virent apparaître dans les airs la scène de la naissance de Notre-Seigneur. L'enfant Jésus, la Vierge, saint Joseph, le bœuf et l'âne de la crèche, tout, jusqu'aux anges chantant le *Gloria in excelsis*, se révéla aux yeux de ces saints solitaires. Appelé par le bruit de cette merveille, et par celui des miracles qui se font tous les jours dans ce saint lieu, j'y suis venu humblement prier la Mère de Dieu, et, par piété envers elle, voyant que l'étroitesse de ce sanctuaire ne suffisait pas à l'affluence des fidèles, j'ai décidé d'y bâtir une église plus vaste et plus belle en l'honneur des saints apôtres Pierre et Paul. Avant de quitter cette retraite, j'ai jeté les fondements de ce temple, que j'achèverai par la suite avec la grâce de Dieu.» Telle est la légende de Bethléem; malgré son caractère peu digne de foi, elle devait trouver une place dans ce récit, parce qu'elle contient peut-être une parcelle de vérité qu'il y aurait intérêt à mettre en lumière[304].

[304] Dom G. Morin, *Histoire générale des pays de Gastinois, Senonois et Hurepois*, Paris, 1630, p. 764.

Arrêtons-nous encore un instant, avant de terminer cette revue, devant le diplôme de fondation de l'abbaye de Saint-Jean de Réomé, aujourd'hui Moutiers-Saint-Jean (Côte-d'Or). Ce document, attribué à Clovis, nous offre une nouvelle version de la légende populaire que nous avons déjà rencontrée dans la vie de saint Remi. On y lit que Clovis donna à l'abbé Jean, qu'il vénérait comme son patron spécial, autant de terres fiscales qu'il pouvait en parcourir en un jour, monté sur un âne. Hâtons-nous de dire que le diplôme n'est pas authentique, et ajoutons que la vie de saint Jean de Réomé, qui est du septième siècle au plus tard, ne sait rien des relations du saint avec le roi Clovis. Cette dernière circonstance est bien faite pour rendre suspecte la tradition elle-même, et cependant il y a dans le diplôme des passages qui ont un tel accent d'antiquité, qu'on est tenté d'y voir, avec des critiques distingués, une pièce authentique défigurée par des interpolations ou par des remaniements[305].

[305] Il n'y a rien à tirer de Roverius, *Reomaus seu historia Monasterii sancti Joannis Reomaensis in castro Lingonensi*, Paris, 1637, et rien de neuf à apprendre dans l'étude de M. de Lanneau (*Bulletin de la Société des sciences historiques et naturelles de Semur*, 6e et 7e année, 1869-1870).

On connaît maintenant Clovis fondateur de monastères[306]. Les pages que nous lui avons consacrées ne sont peut-être pas complètes, et les traditions qu'elles racontent n'ont pu être toujours contrôlées et vérifiées. Le lecteur nous pardonnera de les avoir rapportées néanmoins, telles que nous les avons trouvées dans les diplômes et dans les chroniques. En une matière si obscure et si peu explorée, n'y avait-il pas lieu de tout recueillir, et de ne rien omettre de ce qui peut devenir un indice? Nous l'avons pensé, et, ne pouvant pas toujours faire le départ de nos matériaux, nous avons voulu les reproduire indistinctement, croyant qu'il y avait quelque profit à se souvenir ici de la parole évangélique: *Collige fragmenta ne pereant.*

[306] Nous ne parlons pas ici de Nesle-la-Reposte, qui ne peut invoquer que deux statues du portail de son église, prises arbitrairement pour Clovis et pour Clotilde (Mabillon, *Annales*, I, p. 50), ni de Romainmotier, au canton de Vaud, dont les prétentions reposent sur une confusion manifeste avec Clovis II (Voir F. de Chavannes, *Recherches sur le couvent de Romainmotier*, dans *Mémoires et documents publiés par la Société d'histoire de la Suisse romande*, t. III, Lausanne, 1842).

Toutefois, on se ferait une idée fausse des relations de Clovis avec l'Église, si on voulait ne les apercevoir que dans la lumière adoucie et sous les couleurs harmonieuses de la légende. En réalité, ce règne si rempli de péripéties militaires, et pendant lequel les armées franques ne cessèrent de sillonner la Gaule, n'a pas seulement assisté à des fondations d'églises et de monastères, et les institutions religieuses y ont plus d'une fois pâti des violences que déchaînait ou autorisait la guerre. Deux générations après la mort du roi, on se souvenait encore des déprédations que les grands s'étaient permises du temps de Clovis à l'endroit des biens ecclésiastiques, et le concile de Paris, réuni vers 570, mettait les héritiers des spoliateurs en demeure de restituer des biens injustement acquis. «Il est arrivé, dit le premier canon de ce concile, qu'au temps des discordes, et par la permission du roi Clovis, de bonne mémoire, certains se sont emparés des biens de l'Église et en mourant les ont légués à leurs successeurs. Nous voulons que ceux-là aussi, si, avertis par leurs évêques et reconnaissant leurs fautes, ils ne font restitution, soient temporairement exclus de la communion. Ces biens enlevés à Dieu même et qui, il faut le croire, ont causé la mort prématurée des ravisseurs, leurs fils ne doivent pas les garder plus longtemps[307].»

[307] Sirmond, *Concilia antiqua Galliæ*, t. I, p. 314; Maassen, *Concilia ævi Merovingici*, p. 143: Accidit etiam ut temporibus discordiæ sub permissione bonæ memoriæ domini Clodovei regis res ecclesiarum aliqui competissent, ipsasque res, in fata conlapsi, propriis heredibus reliquissent. Ce texte n'est pas sûr: au lieu de *sub permissione* les manuscrits lisent *supra promissionem*, ce qui n'a pas de sens; je me suis rallié avec Thomassin et Hefelé à la correction de Sirmond. Cf. Thomassin, *Vetus disciplina*, pars. II, lib. II, c. 12, n° 13, p. 588; Lœning, *Geschichte des Deutschen Kirchenrechts*, t. II, p. 689; Hefelé, *Conciliengeschichte*, t. III. p. 12.

Ces paroles sont graves, et ce serait les mal comprendre que d'en conclure qu'elles visent exclusivement les détenteurs des biens ravis. En prononçant ici le nom de Clovis, le concile a manifestement voulu indiquer, d'une manière discrète, la part de responsabilité qu'il entendait lui laisser dans l'œuvre de spoliation. Il n'en faudrait pourtant pas conclure, avec certains historiens, qu'au jugement du concile, c'est Clovis qui a dépouillé des églises pour enrichir ses fidèles[308]. L'allusion faite aux troubles pendant lesquels ont eu lieu les déprédations montre qu'il s'agit de violences illégales, et non de mesures prises en vertu d'une décision du souverain[309]. Au surplus, c'est un évêque encore, et un contemporain du concile de Paris, qui formule dans les termes suivants le jugement de l'Église sur le fondateur de la monarchie mérovingienne.

[308] C'est ainsi que l'entend notamment Lœning, *l. c.*: «Schon unter Chlodovech kam es vor, dass der Kœnig, den Bitten seiner Grossen nachgebend, Kirchengut einzog und zu ihren Gunsten darüber verfügte.» Il se peut que ce cas se soit produit, mais le concile ne le dit pas.

[309] Grégoire de Tours, H. F. IV. 28.

«Faut-il s'étonner, écrit Grégoire de Tours en parlant des princes de son temps, qu'ils soient accablés de tant de plaies? Mais rappelons-nous ce que faisaient leurs pères, et voyons ce qu'ils font eux-mêmes. Ceux-là, après avoir entendu les prédications des évêques, abandonnaient les temples païens pour les sanctuaires du vrai Dieu; ceux-ci, tous les jours, pillent les églises. Ceux-là enrichissaient les monastères et les lieux saints; ceux-ci les détruisent et les renversent. Ceux-là vénéraient et écoutaient de tout cœur les prêtres de Dieu; ceux-ci, non-seulement ne leur prêtent plus l'oreille, mais vont jusqu'à les persécuter[310].»

[310] Lire sur toute cette question Bondroit, *Des capacitate possidendi ecclesiæ aetate merovingicâ*, Louvain 1900, pp. 105 et suivantes, où toutes les difficultés relatives au texte dont il s'agit sont exposées et judicieusement discutées.

DERNIERS JOURS ET MORT DE CLOVIS

Les dernières années de Clovis s'écoulèrent à Paris, où, selon l'expression de son historien, il avait fixé le siège de son royaume[311]. C'est là que nous le trouvons au retour de la guerre d'Aquitaine, et que son fils, Thierry, vint le rejoindre après son infructueuse campagne de Provence[312].

[311] Egressus autem a Turonus Parisius venit ibique cathedram regni sui constituit. Grégoire de Tours, II, 38.

[312] Id., *Ibid.*

Séduit, comme l'avait été avant lui Julien l'Apostat, par les charmes de ce séjour, Clovis légua à ses enfants sa prédilection pour Lutèce.

Avec son beau fleuve, son air salubre, son ciel d'une rare douceur, son sol fécond, ses collines aux flancs couverts de vignobles et au sommet ombragé de forêts, sa population industrieuse et dès lors enrichie par le trafic, son île qui s'épanouissait au milieu de la Seine comme un superbe joyau, Paris était le séjour le plus délicieux de la Gaule[313]. Ses environs, où la Seine se déroule avec des courbes harmonieuses au milieu d'un paysage riche et pittoresque, n'avaient pas une moindre attraction pour un barbare passionné, comme tous les Mérovingiens, pour la la vie des champs. Plus d'une des nombreuses résidences royales que les rois Francs possédèrent dans cette région, telles que Clichy, Épineuil, Chelles, Rueil, Bonneuil et d'autres encore furent peut-être inaugurées par le vainqueur d'Alaric lui-même[314].

[313] C'était l'impression des contemporains. Qu'on lise ce dithyrambe qu'un auteur méridional, un Toulousain selon M. J. Havet (Œuvres t. I, p. 223-225), écrivant vers 800 la *Passio sanctorum martyrum Dionisii* etc., Quia esset salubris aere, jocunda flumine, fecunda terris, arboribus nemorosa et venetis uberrima, constipata populis, refecta commerciis, etc. (M. G. H., *Auctores Antiquissimi*, t. IV, pp. 101-105.)

[314] A. de Valois, t. I, p. 299.

Selon toute probabilité, Clovis demeurait à Paris dans le palais de Constance Chlore, situé sur la rive gauche de la Seine, en face de l'île de la Cité, et le long de la chaussée romaine de Paris à Orléans[315]. Ce grandiose édifice, dont les ruines massives et sombres évoquent si puissamment les austères souvenirs du passé au milieu du jeune et bruyant quartier Saint-Michel, avait échappé aux destructions des Huns, et le roi barbare s'y trouvait de plein droit le successeur des empereurs. Les jardins du palais, bornés des deux côtés longs par l'emplacement des rues Bonaparte et Saint-Jacques, s'étendaient vers le nord jusqu'au fleuve, pleins de vieux arbres contemporains de Camulogène. C'est sur leur immense superficie que Childebert put découper plus tard, à l'ouest, le domaine qu'il assigna à sa nouvelle église Saint-Vincent, mieux connue de la postérité sous le nom de Saint-Germain-des-Prés. Installé au large dans la superbe résidence impériale, toujours somptueuse bien qu'un peu délabrée, le roi des Francs y coulait, pendant les rares intervalles de ses guerres, des heures d'un rapide repos au milieu de la jeune famille qui croissait à ses côtés.

[315] Dulaure, *Histoire de Paris*, éd. de 1852, t. I, p. 168. Cf. *Paris à travers les âges*, t. I, p. 17.

Des fenêtres du palais royal, qui regardait le soleil levant, un calme et doux spectacle s'offrait aux yeux. L'opulente vallée s'y étalait avec délices dans la fraîcheur de sa verdure et sous la sérénité de son ciel, qui permettait, au dire d'un de ses plus fervents admirateurs, d'y élever des figuiers en plein air[316]. Coupant à angle presque droit la route d'Orléans vis-à-vis du palais, mais tournant ensuite brusquement au sud-est, la chaussée de Sens gravissait à travers des vignobles et des jardins les pentes adoucies des riantes collines qui ferment au midi le bassin de la Seine, et venait atteindre au sommet un large plateau qui dominait toute la vallée. Ce plateau portait le même nom que la ville, peut-être parce qu'il lui avait donné le sien: c'était le *mons Lucotecius*, ou, comme nous dirions, le mont Lutèce. Là se trouvait le plus grand et le plus ancien cimetière de Paris. Comme si la cité avait dû revêtir, dès cette époque, le caractère cosmopolite qui la distingue aujourd'hui, on y voyait, alignés le long de la chaussée ou espacés des deux côtés dans les champs, des tombeaux qui emmenaient la pensée aux extrémités les plus opposées du monde ancien. Les inscriptions y parlaient les deux langues de la civilisation, et le voyageur s'acheminait à travers des avenues funéraires qui faisaient passer tour à tour sous ses yeux les monuments du paganisme romain, les édicules étranges de Mithra, et les chastes et sobres emblèmes de la foi chrétienne. Là dormait, au milieu de plusieurs de ses successeurs, l'évêque de Paris, saint Prudence, et l'on veut que les chrétiens des premiers âges y aient possédé une catacombe où ils célébraient les sacrés mystères, et qui s'élevait sur les ruines d'un ancien sanctuaire de Diane, la déesse des forêts[317].

[316] Voir tome I, p. 103.

[317] Lebeuf, *Histoire de la ville et de tout le diocèse de Paris*, nouvelle édition, Paris, 1883, t. I, pp. 228 et suiv.; Saintyves, *Vie de sainte Geneviève*, pp. 101, 130, 295; Franklin, dans *Paris à travers les âges*, IX, p. 2

Plus d'une fois, le regard de Clovis et de Clotilde s'était arrêté sur ce tranquille horizon, des hauteurs duquel semblait descendre jusqu'à eux, à travers le murmure des verdoyants ombrages, la solennelle invitation de la mort. L'idée leur sourit d'y répondre en préparant là-haut la place de leur dernière demeure, à l'abri d'un sanctuaire qui serait le monument durable de leur foi commune, et qui dresserait au-dessus de toute la vallée le signe glorieux de la résurrection. Toujours le souvenir de Clotilde a été associé à celui de Clovis dans l'histoire de cet édifice sacré[318]; il n'est guère douteux qu'elle en ait suggéré la première idée au roi. Un chroniqueur parisien du huitième siècle, dont les souvenirs locaux ont souvent une grande valeur historique, attribue formellement cette initiative à Clotilde. Il est vrai que, d'après lui, c'était dans la pensée du couple royal une église votive, qui devait être bâtie si le roi revenait victorieux de la guerre d'Aquitaine[319]. Ce qui est certain, c'est que la construction n'en fut commencée que dans les dernières années, puisqu'elle n'était pas achevée lorsque Clovis mourut.

[318] Grégoire de Tours, II, 43: Basilica sanctorum Apostolorum quam cum Chrodechilde regina ipse construxerat.—Le même, IV, 1: Nam basilicam illam ipsa construxerat.

[319] *Liber historiæ*, c. 17.

Le roi voulut inaugurer les travaux avec toute la solennité du rite germanique, si nouveau et si curieux, dans son formalisme barbare, pour la population romaine de Paris. Aussi en a-t-elle gardé le souvenir comme d'une chose qui se voit rarement, et son chroniqueur a-t-il cru devoir transmettre à la postérité le récit de l'étrange cérémonie. Debout et en armes sur le terrain qu'il se proposait d'attribuer à la nouvelle église, Clovis, de toute la force de son bras, lança droit devant lui sa hache d'armes, cette francisque dont le tranchant avait fendu plus d'un crâne ennemi[320]. Par cet acte symbolique, il indiquait qu'il entendait prendre possession du sol à la façon du guerrier victorieux, ou encore du dieu Thor lui-même quand, lançant le redoutable marteau de sa foudre sur la terre, il s'emparait à jamais du domaine qu'avaient touché ses traits enflammés.

[320] *Liber historiæ*, l. c. Je ne sais pas pourquoi M. Krusch, *Neues Archiv.*, XVIII, p. 42 conteste à cette tradition historique toute valeur, comme s'il s'agissait d'une invention légendaire. En réalité, elle se borne à nous apprendre la cérémonie par laquelle fut inaugurée la construction: or cette cérémonie, essentiellement barbare, était usitée dans tous les cas analogues et resta jusqu'en plein moyen âge en vigueur dans les pays germaniques, et dans ceux qui avaient subi l'influence des Germains. Cf. J. Grimm, *Deutsche Rechtsalterthümer*, 2e édition, (1854) pp. 54-68.

Bientôt l'église surgit du sol, appuyée sur une crypte qui devait recevoir les sépultures royales, et offrant aux regards l'aspect des primitives basiliques. Elle pouvait avoir, nous dit un historien, deux cents pieds de long sur cinquante à soixante de large[321]. L'intérieur en était non voûté, mais lambrissé à la manière antique; de riches mosaïques ainsi que des peintures murales en animaient les parois. On y avait accès, du côté occidental, par un triple portique orné, comme l'intérieur, de mosaïques et de peintures représentant des scènes de l'Ancien et du Nouveau Testament[322]. A côté de l'église s'élevèrent de spacieux bâtiments conventuels pour la demeure des chanoines réguliers qui devaient la desservir. Un vaste territoire, longeant les jardins du palais et allant d'un côté jusqu'à la Seine et de l'autre jusqu'à la Bièvre, forma la seconde enceinte de cette fondation vraiment royale. La plus grande partie en était occupée par des closeries et des vignobles à travers lesquels circulaient d'ombreux sentiers de noyers et d'amandiers chantés au douzième siècle, en vers agréables, par le poète Jean de Hautefeuille. Le douaire assigné au monastère était considérable: il comprenait Nanterre, Rosny, Vanves, Fossigny, Choisy, et la terre connue sous le nom de *fief de Sainte-Clotilde*[323].

[321] Viallon, *Vie de Clovis le Grand*, pp. 448 et suiv.

[322] *Vita sanctæ Genovefæ*, XI, 53 (Kohler): *Miracula sanctæ Genovefæ*, cf. du Molinet, *Histoire de sainte Geneviève et de son église royale et apostolique à Paris*, manuscrit de la bibliothèque Sainte-Geneviève, livre III, chap. II.

[323] Du Molinet, *o. c.*, livre III, chap. III, suivi par les autres historiens de sainte Geneviève. Le livre de du Molinet, resté inédit, est un travail excellent, qu'il n'y aurait plus intérêt à publier toutefois, parce que la meilleure partie en a passé depuis dans les travaux consacrés au même sujet.

Clovis ne vécut pas assez longtemps pour voir l'achèvement de cette fondation grandiose; c'est Clotilde qui la mit sous toit et qui en termina les dépendances[324]. Il paraîtrait toutefois, si l'on en croit le chroniqueur parisien auquel nous avons déjà fait des emprunts, que le roi put encore assister à la consécration de l'église. Cet écrivain ajoute que Clovis pria le pape de lui envoyer des reliques des saints Pierre et Paul, parce qu'il voulait en faire les patrons du nouveau sanctuaire, et qu'à cette occasion il fit tenir au souverain pontife de riches cadeaux[325]. C'est probablement alors aussi qu'il lui envoya une superbe couronne d'or, garnie de pierres précieuses, qu'on appelait «de Règne»[326]. Plusieurs historiens du moyen âge ont parlé de cette couronne qui mérite une mention ici, puisqu'elle fut le premier hommage de la royauté très chrétienne à l'Église universelle.

[324] *Vita sancti Genovefæ*, XI, 53 (Kohler).

[325] C'est ce que dit une note d'un des manuscrits du *Liber historiæ*, c. 17. Dans tous les cas, elle se trompe tout au moins sur le nom du pape, qu'elle appelle Hormisdas. Hormisdas ne monta sur le trône de saint Pierre qu'en 514, trois ans après la mort de Clovis. Peut-être faut-il garder le nom d'Hormisdas, et remplacer celui de Clovis par celui de Clotilde?

[326] Eodem tempore venit regnus cum gemmis preciosis a rege Francorum Cloduveum christianum, donum beato Petro apostolo. *Liber Pontificalis*, éd. Duchesne, t. I, p. 271. Ce passage, écrit au sixième siècle, a passé en

substance dans le *Vita sancti Remigii* de Hincmar, *Acta Sanctorum*, p. 156, F, et de là dans Sigebert de Gembloux, *Chronicon* (dom Bouquet, III, p. 337). M. l'abbé Duchesne écrit à ce sujet, *o. c.*, p. 274: «Clovis mourut trois ans avant l'avènement du pape Hormisdas. Il est possible que l'envoi du *regnus* ou couronne votive, dont il est ici question, ait souffert quelque retard. Du reste, le nom de Clovis n'est attesté ici que par les manuscrits de la seconde édition; l'abrégé Félicien coupe la phrase après *Francorum*.» Cf. A. de Valois, I, pp. 270 et 299; dans ce dernier passage, il fait dire à ses sources que Clovis envoya la couronne qu'il avait reçue d'Anastase.

Pendant que l'on poussait activement les travaux, le roi était emporté par une mort précoce à l'âge de quarante-cinq ans, le 27 novembre 511[327]. Succomba-t-il aux fatigues de ses campagnes ou aux vices d'une constitution minée par quelque mal héréditaire? On ne saurait le dire, mais les courtes destinées de la plupart de ses successeurs confirment une supposition que nous avons déjà faite au sujet de ses ancêtres, et rendent plus vraisemblable la dernière alternative. Son corps, enfermé dans un sarcophage de pierre de forme trapézoïde, et dont des croix étaient tout l'ornement, fut déposé dans la crypte vierge encore de la colline de Lutèce. Il disparaissait de la scène du monde au moment où il semblait qu'il allât goûter en paix les fruits de ses grands travaux, et consolider, comme chef d'État, ce qu'il avait fondé comme guerrier. La Providence, après l'avoir employé pendant trente ans à la création d'une œuvre prédestinée, ne lui avait laissé que le temps de préparer son tombeau.

[327] Sur l'âge de Clovis et sur l'année de sa mort, Grégoire de Tours, II, 43. Sur le jour, Viallon, *Histoire de Clovis le Grand*, p. 473, et les missels de sainte Geneviève (manuscrit n° 1259, fol. 8, et manuscr. 90), qui donnent le 27 novembre comme anniversaire de la *depositio* de Clovis. Dubos, III, p. 403, se demande s'il ne s'agit pas plutôt du jour où les restes de ce roi furent déposés dans la crypte après l'achèvement de l'église. La date du 27 novembre 511 est solidement justifiée par M. Levison, *Zur Geschichte des Frankenkönigs Clodowech* (*Bonner Jahrbücher*, t. 103, p. 47 et suivantes.)

Le moment est venu de porter un jugement d'ensemble sur cette puissante personnalité.

Le fondateur de la monarchie franque n'est pas un de ces génies transcendants comme Charlemagne, qui créent les événements par la seule force de leur volonté souveraine, et qui laissent leur empreinte indélébile sur toutes les choses auxquelles ils touchent. C'est une nature hardie et énergique de conquérant, qui regarde les destinées en face, et qui, sans trembler devant elles, va à leur rencontre l'épée à la main. Il ne se préoccupe pas d'étudier la signification prophétique des choses que l'histoire déroule devant lui; il lui suffit de voir, d'un coup d'œil ferme et juste, la place qu'il y peut prendre, et il se la fait large et belle. Son ambition n'est pas insatiable; il a une idée bien nette de la limite de ce qui lui est possible, et il ne la franchit point, quoi qu'il lui en puisse coûter. A deux reprises, il évite prudemment d'en venir aux mains avec le seul rival qui fût digne de lui; Théodoric put le gourmander après sa victoire sur les Alamans, il put même arrêter dans le sud-est le cours de ses victoires sans le décider à prendre les armes. Il faut savoir gré au conquérant franc de cette modération, n'eût-elle même sa source que dans un calcul. En politique, c'est une vertu encore pour l'homme d'État d'obéir à la voix de son intérêt plutôt qu'aux chimères de l'imagination. A la force et à la prudence, nous le voyons joindre l'adresse. Il ne fait pas une entreprise sans se procurer des alliés, et ceux-ci il les trouve, non seulement parmi les princes de sa famille, mais encore parmi ses ennemis d'hier, à preuve l'arien Gondebaud, dont il obtient l'alliance dans sa campagne contre les Visigoths ariens. Il n'est pas moins avisé dans ses relations avec Byzance: il accepte les honneurs qui lui sont offerts par l'empereur, il sait en faire état aux yeux des populations gallo-romaines, mais il ne donne rien en échange, et toute la finesse de la diplomatie impériale est tenue en échec par sa tranquille réserve. Eut-il un idéal de gouvernement, et cet idéal, quel fut-il? L'histoire n'a point pris la peine de nous le dire, et nous ne le saurons peut-être jamais. C'est pour cette raison sans doute qu'on a cru pouvoir lui préférer Théodoric, dont la correspondance officielle parle souvent un si magnifique langage. Mais cette supériorité n'est qu'apparente. Si c'était le roi franc qui eût eu à sa disposition la plume de Cassiodore, nul doute qu'on n'admirât le civilisateur dans Clovis, et que dans Théodoric on ne vît que l'assassin d'Odoacre, le meurtrier de Boëce et de Symmaque. De tout temps l'histoire s'est laissé faire illusion par les lettres. Et le plus grand malheur, aux yeux de la postérité, pour des créateurs d'État comme Clovis, c'est de n'avoir pas eu à leur service une plume éloquente: *carent quia vate sacro*.

S'il s'agit d'apprécier l'homme après le souverain, nous connaissons trop mal Clovis pour porter sur sa personne un jugement complet et motivé. L'histoire ne nous a conservé de lui que le souvenir de quelques faits d'armes; elle ignore tout le reste, elle ne sait rien de sa vie privée. Cette lacune a été comblée par l'épopée, qui a enlaidi sa physionomie en la dessinant d'après un idéal barbare, et qui a mis un type de convention à la place du héros historique. Enfin, les mœurs atroces des rois mérovingiens qui sont venus par la suite ont jeté leur ombre sinistre en arrière sur la grande mémoire du fondateur du royaume. Si bien que, l'histoire se taisant et l'imagination ayant seule la parole, le Clovis qu'on nous a montré est toujours le barbare d'avant le baptême. On ne voit pas en quoi il est converti, on ne sait pas à quoi lui sert d'avoir été baptisé.

Pour retrouver la figure véritable du fondateur de la France, il faut donc effacer de sa physionomie tous les traits dont la poésie populaire l'a chargée à son insu. Ce travail, nous l'avons fait, et nous avons lieu de croire qu'il est définitif. Il faut ensuite se prémunir contre les suggestions fallacieuses de l'analogie. Invoquer la barbarie des petits-fils pour faire croire à celle de l'aïeul, sous prétexte que toutes les barbaries se ressemblent, c'est une erreur. Le barbare converti, qui, touché de la grâce, est venu à Jésus-Christ par le libre mouvement de sa volonté, ne doit pas être comparé à celui qui a reçu le baptême dès l'enfance, mais qui ne réagit pas contre les influences d'un milieu encore saturé de mœurs païennes. Comme les convertis anglo-saxons, Ethelbert et Edwin, Clovis occupe un niveau religieux fort supérieur à celui de ses descendants. Les contemporains ne s'y sont pas trompés, à preuve le parallèle établi entre eux et lui par Grégoire de Tours, et que nous avons reproduit plus haut[328].

[328] Voir ci-dessus p. 190.

Et le poète inconnu qui a dépeint les visions prophétiques de la reine Basine ne porte pas un autre jugement. Pour lui, Clovis est le lion; ses fils sont comparés à des rhinocéros et à des léopards; ses petits-fils ne sont plus que des ours et des loups[329]. Cette impression eût été celle de tous les historiens, s'ils n'avaient eu l'esprit prévenu par les légendes apocryphes. Non, il n'est pas permis d'attribuer uniformément le même degré de barbarie à tous les Francs. Les mœurs frénétiques des descendants de Clovis ne suffisent pas pour accuser celui-ci, non plus que les crimes d'une Frédégonde ne sont un argument contre la sainteté de Clotilde, de Radegonde et de Bathilde. Ces nobles et chastes figures qui passent, voilées et en prière, à travers un monde secoué par la fièvre de toutes les passions, sont la preuve de la fécondité du christianisme parmi les Francs, et protestent contre l'hypothèse d'une barbarie qui n'aurait pas connu d'exception.

[329] Voir tome I, p. 201.

Si nous nous en tenons, pour juger Clovis, au petit nombre des faits avérés qui composent l'histoire de son règne, il ne nous apparaîtra pas sous un jour défavorable. Sans doute, nous le voyons, avant sa conversion, frapper avec une vigueur cruelle un de ses guerriers qui l'a offensé, de même qu'après son baptême il tue de sa main le soldat qui a violé le ban du roi en pillant un homme de Saint-Martin; mais il ne faut pas oublier qu'il usait d'un droit du pouvoir royal, et que si, dans le premier cas, il satisfait sa soif de vengeance, dans le second, en tuant un pillard, il préservait des milliers d'innocents. Toutes les guerres de cette époque étaient atroces; mais les siennes furent relativement humaines, car ses édits protégèrent des contrées entières contre les déprédations de ses soldats, et, la lutte terminée, il aidait l'Église à fermer les plaies en lui fournissant des ressources pour racheter les prisonniers. Loin que nous trouvions chez lui des actes de véritable cruauté, nous le voyons au contraire user de clémence envers les Alamans vaincus, et renoncer à poursuivre son avantage sur Gondebaud. Converti à la foi catholique, il se montre tolérant envers ceux de sa nation qui sont restés païens; il les reçoit souvent à sa table, et rien ne laisse croire qu'ils soient exclus de sa faveur. Dans ses relations domestiques, il est accessible aux sentiments affectueux: il pleure sa sœur Alboflède, il s'attache de tout cœur à sa femme Clotilde, et lui laisse prendre un grand et légitime ascendant sur sa vie. Malgré ses répugnances personnelles, il lui permet de faire baptiser ses deux enfants, et c'est en grande partie sous l'influence de Clotilde qu'il se convertit. Fidèle à ses devoirs, Clovis est, ce semble, un des rares princes de sa famille qui aient su respecter le lit conjugal. Ses mœurs sont pures; on ne voit pas qu'il ait donné une rivale à Clotilde. Et le palais, transformé en harem après lui, a été de son vivant le sanctuaire d'une famille chrétienne.

Ajoutons, pour ne rien omettre du peu qu'il nous est donné de discerner, que le premier roi des Francs est resté un vrai Germain. Le baptême qui l'a enlevé à ses dieux n'a pas effacé en lui les traits de son origine. Chaque fois que sa personnalité se dégage assez des nuages de l'histoire pour frapper nos yeux, on reconnaît le fils des races épiques d'Outre-Rhin. Comme ses ancêtres, comme son père Childéric, dans le tombeau duquel on retrouva sa francisque, il reste fidèle à la vieille hache de guerre des Istévons; c'est elle qu'il abat sur la tête des soldats indisciplinés et des rois ennemis; c'est elle encore qui, lancée d'un bras puissant, vole de ses mains pour aller frapper le sol dont il prend possession, par un rôle marqué au coin de la plus pure liturgie barbare. Il conserve pieusement, pour les transmettre à ses fils et à ses descendants, les traditions de la dynastie. Même alors qu'il est devenu le collègue honoraire des empereurs, et qu'il a revêtu la chlamyde de pourpre et le diadème d'or, il garde intacte la royale crinière qui ondule sur ses épaules, et qui restera jusqu'au dernier jour le signe distinctif de tous les princes de sa famille. Et n'est-ce pas à lui encore qu'il faut faire remonter cette autre tradition domestique des Mérovingiens, qui ne permet pas à un seul prénom romain d'altérer l'aspect fièrement barbare de leur arbre généalogique?

Voilà les seuls traits que les brouillards de l'histoire nous permettent d'entrevoir dans la physionomie du premier roi chrétien des Francs. Ils sont bien loin de s'accorder avec l'image que nous ont tracée de lui les chants populaires des barbares. Aussi la nation française n'a-t-elle jamais connu ce Clovis païen et sanguinaire. Son Clovis à elle, ç'a été, dès le temps de Grégoire de Tours, le roi catholique, protecteur-né de tous les chrétiens opprimés, épée victorieuse au service de l'Église et de la civilisation. «Dieu prosternait devant lui tous ses ennemis, dit le chroniqueur, et ne cessait d'augmenter son royaume, parce qu'il marchait le cœur droit devant lui et qu'il faisait ce qui lui était agréable[330].»

[330] Grégoire de Tours, II, 40.

Il était pour le peuple le type anticipé de Charlemagne, dans lequel sa physionomie poétique est souvent allée se fondre, et la nation ne se l'est jamais représenté autrement que comme celui qui a réalisé le programme de saint Remi et de saint Avitus, en étendant le royaume de Dieu. Quoi d'étonnant si l'on a voulu parfois le faire participer au culte rendu à la mémoire de Charlemagne, et s'il a été l'objet, à son tour, d'une espèce de canonisation populaire? On nous dit qu'au moyen âge plusieurs églises lui étaient dédiées comme à un saint, et le chroniqueur Aymeri de Peyrac ne craint pas de l'invoquer sous ce titre[331]. Au dix-septième siècle, plusieurs écrivains allèrent jusqu'à soutenir la thèse de sa sainteté avec des arguments empruntés à l'histoire, et l'un d'eux, soit par enthousiasme sincère, soit par esprit d'adulation, proposa même formellement à Louis XIII de faire célébrer dans tout son royaume le culte et la fête de saint Louys I, de même que Philippe le Bel y avait fait célébrer le culte et la fête de Louys IX[332].

[331] Chronique d'Aymeri de Peyrac, manuscrit 4991 A de la Bibliothèque nationale de Paris, fonds latin, fol. 104, verso.

[332] J. Savaron, *De la saincteté du roi Louys, dit Clovis*, Paris, 1620. Ce livre a eu trois éditions en deux ans. Voir encore le P. Dominique de Jésus, *la Monarchie sainte, historique, chronologique et généalogique de France*, etc. etc., traduite et enrichie par le R. P. Modeste de Saint-Aimable, Clermont, 1670. Saussay, disent les *Acta Sanctorum*, cite deux écrivains du seizième siècle, Jacques Almainus et Paul Émile, qui donnent le nom de *saint* à Clovis.

L'histoire ne fait de Clovis ni un barbare sanguinaire avec les Francs du sixième siècle, ni un saint avec les Français du quatorzième et du dix-septième. Écartant l'image *stylisée* que lui présentent les uns et les autres, et constatant qu'elle ne dispose pas d'assez de renseignements pour tracer de lui un véritable portrait, elle doit s'abstenir de porter sur lui un jugement formel et absolu. Elle peut cependant reconnaître, dans le peu qu'elle sait de sa carrière, de sérieux indices d'une vie morale épurée par l'Évangile, et elle doit protester contre ceux qui le flétrissent comme un barbare brutal, pour qui le baptême aurait été une formalité inefficace. Si l'on veut absolument qu'il ait été un barbare, il ne faudra pas omettre de dire que ce fut un barbare converti. C'est précisément la rencontre, dans le même homme, du naturel indompté et de la grâce civilisatrice qui semble avoir été le trait caractéristique de sa physionomie. Sachons la respecter dans la pénombre où elle disparaît à nos regards, et, jugeant ce grand ouvrier de Dieu d'après son œuvre, reconnaissons que ni l'Église ni la France n'ont à rougir de lui.

Clovis laissait une famille jeune encore, mais en état de lui succéder d'emblée, tous ses enfants masculins ayant atteint l'âge de la majorité salique. Son fils aîné, Théodoric ou Thierry, né d'une première union, avait déjà fait une campagne, et était arrivé au moins à la vingtième année. Des trois fils de Clotilde, Clodomir, l'aîné, pouvait avoir seize ans; les deux autres, Childebert et Clotaire, les suivaient de près. A côté de ces princes grandissait une fille qui portait, comme sa mère, le nom de Clotilde, et qui était encore enfant lorsque son père mourut[333]. L'héritage paternel fut morcelé en quatre parts, dont la plus considérable sans contredit fut celle de Thierry Ier. Outre l'Austrasie, on lui attribua encore les provinces dont il avait lui-même fait la conquête pendant la guerre de 507, c'est-à-dire l'Auvergne avec le Velay, le Gévaudan, le Rouergue et le Quercy. Les héritiers du glorieux fondateur de la France eurent son énergie et ses qualités guerrières: ils continuèrent son œuvre, conquirent la Bourgogne, achevèrent la soumission de l'Aquitaine, domptèrent la Thuringe et humilièrent la Saxe. Ils comprirent aussi l'influence sociale du christianisme, et, les premiers, ils firent passer dans les lois civiles quelques-unes des principales prescriptions de la loi canonique. Si l'on ne connaissait leur vie privée, ils auraient des titres au respect de la postérité. Mais leurs tempéraments étaient d'une frénésie et d'une brutalité qui les ramenaient bien au delà de Clovis, dans les âges les plus sombres de la barbarie primitive.

[333] Sur Théodechilde, voir ci-dessus, p. 186. Sur une autre prétendue fille du nom d'Emma ou d'Emmia, qui figure dans le martyrologe d'Usard, au 4 novembre, sous cette indication: *Sancta Emmia virgo eximiæ sanctitatis filia Chlodovei regis*, voir Adrien de Valois, *Rerum francicarum libri VIII*, t. I, p. 32. Le prétendant Munderic, dont Grégoire de Tours raconte l'aventure (*H. F.* III, 14) semble avoir voulu se faire passer pour un fils de Clovis, né, comme Théodoric, d'une alliance irrégulière, peut-être de la même mère; du moins nous voyons qu'il ne veut partager qu'avec Théodoric, et non avec les fils de Clotilde. Mais Grégoire de Tours montre par son récit même qu'il ne croit pas à la parenté.

Clotilde cependant vieillissait dans l'espèce d'isolement moral qui lui faisait sa supériorité sur son milieu. Sa vie, à partir de son veuvage, fut plus que jamais une suite de bonnes œuvres. «Elle se faisait vénérer de tous, écrit un contemporain. L'aumône remplissait ses journées, et elle passait la nuit à veiller et à prier. Ses largesses ne cessèrent de se répandre sur les monastères et sur les lieux saints. La chasteté, la dignité la plus parfaite furent la marque de toute sa vie. Insensible aux vaines préoccupations du siècle, cette femme qui avait pour fils des rois était un modèle d'humilité. Ce n'était pas une reine, c'était, à la lettre, une fidèle et consciencieuse servante de Dieu[334].»

[334] Grégoire de Tours, III, 18.

Nombreuses sont les églises qui se vantent de l'avoir eue pour fondatrice. On cite parmi les plus célèbres Saint-Georges de Chelles, où elle mit une petite congrégation de religieuses qui fut plus tard augmentée par la reine Bathilde, et qui devint une des perles monastiques de la France. A Laon et à Tours, elle éleva des monastères qu'elle consacra, comme celui de Paris, au prince des apôtres. A Reims et à Rouen, elle répara et agrandit des églises qui avaient le même saint pour patron. A Andély, elle bâtit un couvent qu'elle plaça sous l'invocation de la sainte Vierge[335]. A Auxerre, elle éleva une superbe basilique sur le tombeau de saint Germain[336]. La dévotion particulière qu'elle avait toujours eue pour saint Martin de Tours l'attira de bonne heure près du tombeau de ce saint: elle finit même par s'y établir définitivement[337], et les Tourangeaux virent avec édification la veuve du plus grand roi du siècle mener, à l'ombre de leur basilique, la vie humble et retirée d'une religieuse. Il ne lui fut pas donné d'y vivre entièrement absorbée en Dieu, et de se dérober, comme Radegonde et Bathilde, à un monde qui n'était pas digne d'elle: il lui fallut traîner jusqu'au dernier jour le fardeau de sa grandeur royale et les soucis d'une maternité cruellement éprouvée. Cette barbarie à laquelle elle avait arraché son époux, elle la voyait, indomptée et farouche, envahir sa famille et s'épanouir dans le naturel des siens. Pendant qu'elle prenait son essor vers le ciel, ses enfants la ramenaient malgré elle dans l'enfer de leurs passions. Plus d'une fois, son cœur de mère et de chrétienne saigna cruellement à la vue des excès auxquels se livraient ces natures violentes et implacables. Elle vit son cousin, le roi Sigismond de Bourgogne, ramené en captivité par son fils Clodomir; elle le vit massacrer avec ses enfants, et leurs cadavres jetés au fond d'un puits[338]. Ses larmes coulèrent plus amères encore lorsque la seconde expédition que ses fils conduisirent en Burgondie revint de ce pays sans Clodomir. Frappé par la main vengeresse de Dieu, le cruel était tombé sans gloire au milieu des ennemis, et sa tête, reconnaissable à sa longue chevelure royale, avait été promenée sur une pique à la vue de l'armée franque désespérée[339]. Il laissait trois fils en bas âge: Théodebald, Gunther et Clodoald. Leur grand'mère les recueillit, pendant que leurs oncles fondaient sur l'héritage du père et le dépeçaient entre eux.

[335] *Vita sanctae Chlothildis*, c. 11-13, dans M. G. H., *Scriptores Rer. Meroving.*, t. I, pp. 346-347.

[336] *Miracula sancti Germani Autissiodorensis*, dans les *Acta Sanctorum* des Bollandistes, 31 juillet, t. VII, p. 263.

[337] Chrodéchildis autem regina post mortem viri sui Turonus venit ibique ad basilica beati Martini deserviens, cum summa pudicita atque benignitate in hoc loco commorata est omnibus diebus vitæ suæ, raro Parisius visitans. Grégoire de Tours, II, 43.

[338] Grégoire de Tours, III, 6; *Passio sancti Sigismundi*, c. 10; M. G. H., *Script. Rer. Merov.*, II, p. 338.

[339] Grégoire de Tours, III, 6; Marius d'Avenches, année 524; Agathias, *Histor.*, I, 3.

De nouvelles épreuves étaient réservées à la noble femme par la triste destinée de sa fille Clotilde. Cette princesse avait été donnée en mariage par ses frères au roi des Visigoths Amalaric, qui, se souvenant peut-être du système d'alliances politiques pratiqué par son grand-père, le roi d'Italie, avait jugé utile de devenir le parent de ses puissants voisins[340]. Mais son mariage avec Clotilde était une de ces unions contre nature, que la nature elle-même se charge de défaire. La princesse catholique devint bientôt un objet d'aversion pour son époux arien; la fille de Clovis ne pouvait inspirer que des sentiments de haine au fils d'Alaric. Les passions du sectaire et les ressentiments du fils se liguèrent contre la jeune reine, que le roi son mari accablait des plus indignes traitements, lui faisant même jeter de la boue et des immondices lorsqu'elle allait à l'église catholique. En 531, Childebert, étant en Auvergne, reçut un messager qui lui remit de la part de sa sœur un mouchoir trempé du sang qu'elle avait versé sous les coups de son mari. Saisi de douleur et d'indignation, Childebert se mit à la tête de son armée et alla fondre sur la Septimanie. Amalaric fut vaincu dans une grande bataille livrée près de Narbonne, et, peu de temps après, il périt sous les coups des Francs à Barcelone, en essayant de gagner sa flotte. Le roi de Paris rentra victorieux en France avec sa sœur délivrée. Mais l'infortunée avait été brisée par tant de cruelles émotions; elle expira en route, âgée de trente ans à peine, et son frère ne rapporta que son cadavre à Paris. La crypte de Clovis devint la dernière demeure de cette triste victime des mariages politiques[341]. Mais la France devait plus tard venger cruellement sur Brunehaut les griefs de Clotilde.

[340] Grégoire de Tours, III, 1.

[341] Grégoire de Tours, III, 10.

Toute la tendresse de la mère éplorée se reporta sur ses petits-fils, les orphelins de Clodomir. Ils étaient le lien qui rattachait à la vie cette âme sur laquelle l'infortune semblait s'acharner; ils furent, sans le savoir, la cause de ses suprêmes douleurs. Son fils Childebert s'émut de l'affection dont elles les entourait. Prévoyant que, quand ils auraient grandi, elle voudrait les faire couronner, et qu'alors leurs oncles seraient mis en demeure de leur restituer leur royaume, il s'aboucha avec Clotaire, qu'il manda à Paris. Là, il y eut entre les deux frères un colloque sinistre dans lequel fut décidée la mort des malheureux enfants.

Pendant ce temps, ils faisaient courir la rumeur que leur entrevue avait pour but d'élever leurs neveux sur le trône. Puis, ne craignant pas de se jouer de leur mère, ils lui mandèrent de leur remettre ses petits-fils, parce qu'ils avaient l'intention de les faire proclamer rois. Clotilde, remplie d'allégresse, fit venir les enfants, leur donna à boire et à manger, puis se sépara d'eux en leur disant:

«Il me semblera que je n'ai pas perdu mon fils, lorsque je vous verrai prendre sa place.»

Les enfants partirent joyeux: ils allaient à la mort. A peine arrivés au palais de Childebert, qui se trouvait dans la Cité, ils furent brutalement séquestrés et séparés de leur suite. Peu de temps après, Clotilde voyait arriver chez elle un grand seigneur clermontois attaché à la personne du roi de Paris; c'était Arcadius, petit-fils de Sidoine Apollinaire et arrière-petit-fils de l'empereur Avitus. Ce fier patricien, transformé en valet de bourreau, portait d'une main des ciseaux et de l'autre une épée nue.

«Je suis chargé par les rois, dit-il à Clotilde, de vous demander ce qu'il faut faire de vos petits-enfants: les tondre ou les mettre à mort?»

Folle de douleur et d'épouvante, et ne sachant ce qu'elle disait, la malheureuse femme laissa échapper dans son délire ces paroles irréfléchies:

«J'aime mieux les voir morts que tondus.»

Arcadius ne lui laissa pas le temps de reprendre ce propos; il courut dire aux deux rois que Clotilde consentait à la mort de ses petits-fils. Alors se passa dans le palais de Childebert une des scènes les plus déchirantes dont l'histoire ait gardé le souvenir. Les malheureux enfants de Clodomir, à l'expression de physionomie de leurs oncles, aux armes qu'ils brandissaient, devinent le sort dont ils sont menacés; ils courent à travers la chambre pour échapper aux royaux assassins, mais Clotaire, empoignant l'aîné par le bras, lui plonge le couteau dans le flanc. Pendant que l'enfant agonise, son cadet se jette aux genoux de Childebert, qui, épouvanté du drame monstrueux qu'il a mis en scène, s'attendrit sur l'innocente victime et supplie son frère de l'épargner. Mais Clotaire a respiré l'odeur du sang, il a maintenant l'ivresse du meurtre; il s'emporte, reproche à l'autre sa lâcheté, menace de le frapper lui-même s'il prétend mettre obstacle à l'exécution du projet commun. Alors Childebert mollit; il repousse l'enfant qui s'était jeté dans ses bras et l'abandonne aux mains homicides de Clotaire, qui lui fait subir le même sort qu'à son aîné. Après quoi, par un inutile raffinement de cruauté, le gouverneur et toute la suite des enfants royaux furent également massacrés. L'une des victimes était âgée de dix ans, l'autre de sept. Quant à leur frère Clodoald, qui avait cinq ans tout au plus, il fut sauvé par quelques hommes de cœur, qui parvinrent à le dérober aux fureurs de leurs oncles[342], et la tradition veut qu'il soit mort sous l'habit monastique dans l'abbaye de Saint-Cloud, à laquelle il aurait laissé son nom[343]. Ainsi la justice divine frappait encore Clodomir dans ses enfants, et réalisait la prophétie de saint Avitus de Mici:

[342] Grégoire de Tours, III, 18. Le récit du chroniqueur n'est pas sans obscurité. Clotilde paraît n'avoir livré que deux enfants, puisque Arcadius lui demande «utrum incisis crinibus eos vivere jubeas an *utrumque* jugulare». Il est d'ailleurs assez difficile de croire que, si Clodoald avait été livré, il eût pu échapper aux mains de ses oncles. Mais, si Clodoald a été sauvé avant l'extradition, tout le récit devient invraisemblable, et on est amené à se

demander si les circonstances n'en ont pas été dramatisées par la poésie populaire.

[343] Grégoire de Tours, III, 18: His, postpositum regnum terrenum, ad Dominum transiit, et sibi manu propria capillos incidens, clericus factus est, bonisque operibus insistens, presbiter ab hoc mundo migravit. Frédégaire, III, 38, écrit: Clodoaldus ad clerecatum tundetur, dignamque vitam gerens, ad cujus sepulcrum Dominus virtutes dignatur ostendere. Et le *Liber historiæ*, c. 24: Qui postea, relictum regnum terrenum, ipse propria manu se totundit. Clericus factus est, bonis operibus præditus, presbiter ordinatus, plenus virtutibus migravit ad Dominum, Noviente villa Parisiace suburbana depositus requiescit. Le *Vita sancti Clodoaldi* est un écrit du neuvième siècle, fait d'après Grégoire de Tours.

«Si vous vous souvenez de la loi de Dieu, et que, revenant à une meilleure inspiration, vous épargniez Sigismond et sa famille, Dieu sera avec vous, et vous remporterez la victoire. Si, au contraire, vous les faites mourir, vous tomberez vous-même aux mains de vos ennemis, vous périrez sous leurs coups, et il sera fait à vous et aux vôtres comme vous aurez fait à Sigismond et aux siens[344].»

[344] Grégoire de Tours, III, 6.

Clotilde surmonta sa douleur pour rendre elle-même les derniers devoirs à ses infortunés petits-enfants. Elle les fit mettre dans des cercueils, et, au son de lugubres psalmodies, fit porter leurs petits corps dans l'église du mont Lutèce, où on les déposa auprès de leur grand-père Clovis[345]. Puis, le cœur brisé, elle se hâta de regagner sa retraite de Tours. Rarement, dit l'historien, on la revit à Paris[346]. Le séjour où elle avait passé des années si heureuses à coté de l'époux aimé lui était devenu insupportable; il n'évoquait plus pour elle que la sanglante vision d'un forfait dont la seule pensée bouleversait toute son âme, puisqu'elle devait pleurer sur les assassins autant que sur les victimes.

[345] Id., III, 18.

[346] Id., II, 43 Raro Parisios visitans.

Mais on eût dit que ses fils avaient juré de lui briser le cœur. Repus de carnage, ils finirent par tourner leurs armes contre eux-mêmes. Childebert avait décidé la mort de Clotaire; il s'unit à son neveu Théodebert, et les deux rois donnèrent la chasse au malheureux roi de Neustrie. Réfugié dans la forêt de la Brotonne[347], aux environs de Caudebec, avec des forces bien inférieures à celles des deux alliés, Clotaire n'attendait plus que la défaite et la mort. Mais il avait une mère, et, devant la suprême détresse qui menaçait le fils dénaturé, Clotilde oublia tout pour ne penser qu'à le sauver. Sans pouvoir sur des âmes féroces qui semblaient se rire de ses larmes, elle courut se jeter aux pieds du céleste ami qui recevait depuis tant d'années la confidence de ses douleurs. Prosternée en prières devant le tombeau de saint Martin, pendant toute la nuit qui précéda la bataille, elle pleura et pria, suppliant le Ciel, par l'intercession du grand confesseur, de ne pas permettre cette lutte fratricide entre ses enfants. Et le Ciel exauça ses prières, car un ouragan épouvantable, qui jeta le désordre dans l'armée des alliés pendant que pas une goutte de pluie ne tombait sur celle de Clotaire, parut le signe surnaturel de la volonté d'en haut; il désarma sur-le-champ des barbares qui ne cédaient qu'à un Dieu irrité. La paix fut faite, et Clotaire fut sauvé. «Nul ne peut douter, écrit l'historien, que ce ne fût un miracle de saint Martin, accordé aux prières de la reine Clotilde[348].»

[347] Le *Liber historiæ*, c. 25, est seul à mentionner cette forêt, qu'il appelle Arelaunum; sur l'identification, voyez Longnon, p. 136.

[348] Grégoire de Tours, III, 28.

Cette grâce, obtenue au prix de tant de larmes, fut une des dernières consolations de la mère cruellement éprouvée. Plusieurs années s'écoulèrent encore pour elle, vides de joies humaines et remplies seulement, comme toute sa vie, par l'humble et assidue pratique de toutes les vertus.

Soumise à la haute volonté qui avait appesanti avec les années le fardeau de ses tribulations, elle l'avait porté sans murmure et en bénissant Dieu, et maintenant, détachée de tout lien terrestre, elle se trouvait devenue mûre pour le ciel. Elle s'éteignit enfin à Tours, le 3 juin 545[349], à l'âge de plus de soixante-dix ans, pleine de jours et de bonnes œuvres. Un cortège imposant transporta sa dépouille mortelle à Paris, où ses fils la déposèrent auprès de Clovis et de ses enfants.

[349] Id., IV, 1. Le jour est donné par le *Vita sanctæ Chrothildis*, c. 14.

Les fidèles ne cessèrent de vénérer la mémoire de Clotilde, et de porter leurs pieux hommages à son tombeau. Et quels hommages furent plus mérités? Ils n'allaient pas seulement aux vertus héroïques dont la défunte avait donné le spectacle durant sa vie; ils s'adressaient aussi à l'épouse qui avait été l'instrument providentiel de la conversion de Clovis. Si la France a quelque droit de se féliciter d'être une nation catholique, elle le doit avant tout à sa première reine chrétienne. Il est vrai, les poètes populaires, qui entonnaient sur les places publiques des chants faits pour des auditeurs grossiers, n'ont pas su comprendre cette suave physionomie rencontrée par eux dans l'histoire de leurs rois. Ils ont transformé l'épouse chrétienne en virago barbare; ils ont mis dans son cœur tous les sentiments de leur propre barbarie; à la noble veuve agenouillée sur des tombeaux, à la douce orante qui, semblable aux chastes figures des catacombes, prie les bras ouverts pour des enfants cruels, ils ont substitué la furie germanique altérée de sang, la valkyrie soufflant la haine et la vengeance, et armant ses parents les uns contre les autres pour des guerres d'extermination. Leurs récits sont parvenus à se glisser dans les écrits des premiers historiographes, et à jeter comme une ombre sur l'auréole radieuse de la sainte. Mais l'histoire est enfin rentrée en possession de ses droits, et elle ne permettra plus désormais à la légende de calomnier ses noms les plus beaux.

Avant que la femme et les enfants de Clovis fussent allés le rejoindre dans le repos du tombeau, la crypte royale avait donné l'hospitalité à une gloire qui devait faire pâlir la leur aux yeux de la postérité. Quand Geneviève mourut après avoir été pendant plus d'un demi-siècle le bon génie de Paris, la reconnaissance publique ne trouva pas d'abri plus digne de ses cendres que le souterrain où dormait son roi. La vierge de Nanterre y fut donc déposée dans un sarcophage; mais dès que cette royauté pacifique eut pénétré dans le caveau, son nom et son souvenir y éclipsèrent tous les autres. L'église Saint-Pierre du mont Lutèce ne fut plus pour les Parisiens que l'église Sainte-Geneviève. Ce nom, le plus populaire de tous ceux du sixième siècle, se communiqua au monastère et à la montagne elle-même. Du haut de sa colline, Geneviève fut la patronne céleste de Paris adolescent; de là, comme un phare tranquille et lumineux, sa pure et touchante mémoire brilla sur la grande ville qu'elle aimait, et sur la dynastie dont le fondateur reposait à son ombre, comme un client fidèle. Aucune gloire française n'est composée de rayons plus purs; aucune n'a pénétré à une telle profondeur dans l'âme du peuple, pas même celle de Jeanne d'Arc, cette Geneviève du quinzième siècle, sœur cadette de la vierge de Paris. Quoi d'étonnant si, dès les premières générations après sa mort, elle était pour la foule la seule habitante de la basilique du mont Lutèce, tandis que le tombeau de Clovis, isolé de la série des sépultures royales qui s'alignaient à Saint-Denis, s'oubliait peu à peu et ne fut bientôt plus connu que des moines qui le gardaient?

Que devinrent les sarcophages royaux de la crypte de Sainte-Geneviève, et que devint en particulier celui de Clovis? Abandonné aux heures du danger par les moines, qui fuyaient avec la châsse de la sainte, il resta exposé trois fois en un siècle aux outrages des Normands, qui vinrent piller les environs de Paris en 845, en 857 et en 885. Fut-il violé à l'une de ces occasions, ou les cendres échappèrent-elles à la triple profanation du sanctuaire? Nous l'ignorons; mais les multiples tourmentes du neuvième siècle et la sécularisation des chanoines au dixième ne durent pas augmenter à Sainte-Geneviève la sollicitude pour un souvenir qui n'était pas protégé contre l'oubli par l'auréole de la sainteté.

C'est seulement au douzième siècle, quand une réforme profonde et salutaire eut rappelé les chanoines réguliers dans le cloître tombé en décadence, qu'on se souvint enfin du trésor national que la France avait confié à la garde des Génovéfains. L'illustre abbé Étienne de Tournai, qui gouverna la communauté de 1176 à 1191, consacra ses quinze années de prélature à la restauration morale et matérielle de la maison. Le sanctuaire portait encore les traces lamentables des profanations d'autrefois; sur les murs calcinés apparaissaient par espaces les restes des mosaïques primitives. Étienne répara ces ruines, orna l'église d'un nouveau plafond lambrissé, et couvrit le tout d'une toiture de plomb[350]. Par ses soins, le tombeau de Clovis fut transporté dans l'église supérieure à l'entrée du chœur. C'était un monument d'élévation médiocre, sur lequel était couchée la statue de ce roi[351]. La base en était ornée d'une inscription en vers latins, due à la plume d'Étienne lui-même[352]. Ce mausolée subsista pendant plusieurs siècles dans la basilique restaurée, où l'ont encore vu les plus anciens historiens de Sainte-Geneviève. On ne sait s'il contenait en réalité les cendres de Clovis, ou si c'était un simple cénotaphe.

[350] Sur les travaux d'Étienne à Sainte-Geneviève, il faut lire sa propre correspondance, lettres 176, 177, 178, 181 et 182, édition Desilve, Paris-Valenciennes, 1893.

[351] Étienne ne parle pas de ce tombeau, mais il est décrit comme un monument de peu d'élévation avec une statue royale couchée dessus, par Lejuge, *l'Histoire de sainte Geneviefve, patronne de Paris*, 1586, fol. 174, verso, et par Dubreuil, *le Théâtre des antiquitez de Paris*. 1612, p. 271, qui donne une reproduction de la statue, p. 272.

[352] Cette inscription, faussement attribuée à saint Remi, se trouve dans un manuscrit d'Aimoin du quatorzième siècle (Bibliothèque nationale, manuscrit 5925, ancien fonds latin): mais les meilleurs manuscrits de cet auteur ne la contiennent pas, et elle n'est manifestement pas de lui, quoi qu'en dise l'*Histoire littéraire*, t. III, p. 161 (voir dom Bouquet, t. II, p. 538, note, et t. III, p. 44, note). Elle a donc été composée entre le onzième et le quatorzième siècle. De plus, elle s'est réellement trouvée sur le tombeau de Clovis, où l'a vue Robert Gaguin, *Compendium super gestis Francorum*, fol. 6, verso. Nous savons en outre qu'Étienne était poète; v. sur ce point ses propres paroles dans ses lettres 43 (au cardinal Pierre de Tusculum), et 277 (à l'abbé de la Sauve). Nous possédons de lui l'épitaphe du roi Louis VII (Desilve, *Lettres d'Étienne de Tournai*, p. 443) et celle de Maurice de Sully, évêque de Paris. Il a composé aussi un office de saint Giraud (V. lettre 278). Tout donc le désigne comme le véritable auteur de l'épitaphe de Clovis.

Mais une nouvelle décadence de la maison appela, au commencement du dix-septième siècle, une nouvelle réformation. Le cardinal de la Rochefoucauld, devenu abbé de Sainte-Geneviève, entreprit cette grande tâche avec la même énergie et le même zèle qu'y avait apportés Étienne de Tournai. Lui aussi voulut s'occuper du tombeau de Clovis, qui était alors en assez mauvais état, et dont la statue, rongée par le temps, était devenue presque entièrement fruste[353]. Il en fit faire une autre à l'imitation des modèles du douzième siècle, exhaussa le monument et en renouvela les inscriptions[354]. Aux grandes fêtes, les moines venaient encenser le tombeau[355], et tous les ans ils chantaient, le 27 novembre, pour le repos de l'âme du roi, une messe solennelle qui contenait l'oraison suivante:

[353] «Sur le caveau où le corps du roi Clovis, fondateur de cette abbaye, fut inhumé, l'on voioit ci-devant le tombeau de ce roi eslevé à la hauteur de deux pieds ou environ, au-dessus duquel estoit sa statue. Mais l'Ém. cardinal de la Rochefoucauld, abbé de ladite abbaye, fit lever ce tombeau mangé et defformé d'antiquité, et en faisant fouiller quelques fondemens du cloistre, s'y trouvèrent deux hautes et grandes statues de marbre blanc, de l'une desquelles il fit tailler la statue de Clovis, qui se voit aujourd'hui couchée sur le mesme tombeau au milieu du chœur.» Dubreuil, *le Théâtre des antiquitez de Paris*, édition de 1639. Millin, *Antiquités nationales*, Paris, an VII, t. V, article LX, p. 85, démontre par des arguments archéologiques que la statue exécutée par ordre du cardinal de la Rochefoucauld est copiée sur des modèles plus anciens.

[354] L'inscription en vers, par Étienne de Tournai, ne se trouvait plus sur le tombeau au temps de Lejuge, p. 175, qui en a lu une autre en prose. Celle que fit faire le cardinal est donc la troisième.

[355] Le P. Modeste de Saint-Aimable *la Monarchie sainte*, t. I, p. 23.

«O Dieu et Seigneur des miséricordes, accordez à votre serviteur, le roi Clovis, un séjour de rafraîchissement, avec la béatitude du repos et la clarté de la lumière éternelle[356].»

[356] Voir le texte de cette oraison et de deux autres presque semblables dans Dubos, III, p. 403.

Cette grande voix de la prière catholique s'élevait depuis près de treize siècles autour de la tombe la plus française qu'il y eût en France, lorsque la révolution éclata. Les restes de sainte Geneviève furent brûlés en place publique, les sarcophages royaux profanés, la congrégation dissoute et l'église vouée à la destruction. La honte de cette œuvre impie, qui était un outrage au patriotisme plus encore qu'à la religion, ne retombe cependant pas sur les seuls révolutionnaires. C'est en 1807, en plein empire, sous le règne de l'homme qu'on a justement appelé la Révolution couronnée, que l'entreprise sacrilège fut consommée par un acte à jamais irréparable: la destruction de l'édifice sacré! La crypte fut visitée à cette occasion; on y trouva une quinzaine de sarcophages jetés pêle-mêle et qui ne contenaient plus d'ossements; quelques-uns de ces sarcophages, pris pour ceux de Clovis et des siens, furent transportés au Musée des monuments français, d'où ils ont disparu quelques années après, vers 1817, sans laisser de traces[357]. Seule, la statue couchée qui datait du temps du cardinal de la Rochefoucauld put être sauvée; elle repose aujourd'hui dans la crypte de Saint-Denis. Pas une voix ne s'éleva en France pour protester contre un vandalisme qui n'avait plus même à cette date l'excuse des fureurs politiques, et des barbares d'une espèce nouvelle purent tranquillement abattre, sous les yeux d'un peuple muet et indifférent, le plus antique et le plus vénérable monument de son histoire. Aujourd'hui, une rue à laquelle on a donné comme par dérision le nom de Clovis occupe l'emplacement du vieux sanctuaire patriotique, et rien ne rappelle au passant qui la traverse qu'il foule aux pieds une poussière sacrée. Les nations qui détruisent leurs autels et leurs tombeaux ignorent-elles donc qu'elles arrachent leurs propres racines, et qu'espèrent-elles gagner à extirper tous les souvenirs qui rendent la patrie chère à ses enfants?

[357] A. Lenoir, *Rapport sur la démolition de l'église Sainte-Geneviève de Paris* (*Mémoires de l'Académie celtique*, t. I).

CONCLUSION

Clovis est, en un sens, le créateur de la société politique moderne. Il en a fondé l'état le plus ancien, celui qui a eu la direction des destinées du monde pendant des siècles, et duquel sont sorties les principales nationalités de l'Occident. Son nom est indissolublement lié au souvenir des origines de cette société, dont il ouvre les annales. Tant qu'il y aura une histoire, sa place y sera marquée, non seulement parmi les conquérants fameux, mais surtout parmi les créateurs de nationalités et les fondateurs de civilisation. Voilà sa gloire, qu'on ne peut ni contester ni diminuer.

Sa grandeur, il est vrai, est tout entière dans son œuvre. L'ouvrier nous échappe en bonne partie; nous ne sommes pas en état, on l'a vu, de juger de ce qu'il peut avoir mis de talent et de vertu dans l'accomplissement de sa tâche providentielle. Mais l'œuvre est sous nos yeux, telle qu'elle est arrivée jusqu'à nous à travers quatorze siècles, avec ses gigantesques proportions, avec sa vivante et forte unité, avec sa durée à toute épreuve. Au cours de cette longue époque, elle a été agrandie et embellie sans relâche par le travail des générations; mais toute cette riche floraison se développe sur les fondements jetés par la main conquérante de Clovis. Cachés dans le sous-sol de l'histoire, ils se révèlent dans toute leur solidité par l'ampleur majestueuse du monument qu'ils supportent.

A cette indéfectible pérennité de la monarchie créée par le fils de Childéric, il faut opposer, pour en bien saisir la signification, la caducité de tous les autres royaumes barbares qui sont nés vers le même temps que le sien. Le seuil de l'histoire moderne est jonché de leurs débris, et on les voit s'écrouler aussitôt que disparaît leur fondateur. Les Ostrogoths d'Italie, les Vandales d'Afrique, les Visigoths d'Espagne, les Burgondes, les Gépides, les Rugiens, ont eu, eux aussi, des royautés qui croyaient hériter de l'Empire, et l'on nous dit que parmi ces peuples il s'en trouvait qui étaient les mieux doués de tous les Germains. On se plaît aussi à nous vanter le génie de plus d'un de leurs fondateurs; on exalte l'esprit supérieur et le talent exceptionnel d'un Théodoric le Grand, et on le place très haut, comme homme d'Etat, au-dessus de Clovis. Mais cette supériorité réelle ou prétendue ne sert qu'à mettre dans un jour plus éclatant le contraste que nous signalons ici.

A quoi donc tient-il en définitive? Ce n'est ni l'aveugle hasard, ni un concours de circonstances purement extérieures qui en fournit une explication suffisante. Nous devons en demander le secret aux différences que présente la constitution interne de chacune de ces nationalités. Rien de saisissant, rien d'instructif comme la leçon qui se dégage d'une étude de ce genre. Dans tous les autres royaumes barbares, c'est une soudure maladroite d'éléments hétérogènes et incompatibles, qui ne tiennent ensemble que par l'inquiète sollicitude d'un seul homme, et dont la dislocation commence d'ordinaire sous ses propres yeux. Dans le royaume franc, c'est une fusion si harmonieuse et si profonde que toute distinction entre les matériaux qui entrent dans l'œuvre disparaît dans son unité absolue. Là, ce sont des Romains d'un côté, et des barbares de l'autre; ceux-ci opprimant ceux-là, ceux-là répondant à la tyrannie par une haine sourde et implacable. Ici il n'y a ni Romains ni barbares; tous portent le nom de Francs, tous possèdent les mêmes droits, tous se groupent avec une fierté patriotique autour du trône royal. Là, l'état de guerre intérieure est en permanence, et le moindre conflit devient une catastrophe irrémédiable; ici, la paix entre les races est tellement grande, et leur compénétration tellement intime, que dès les premières générations elles ne forment plus qu'une seule et même nation.

Ce n'était pas une politique ordinaire, celle qui a d'emblée élevé le royaume franc si haut au-dessus de tous ceux de son temps, lui permettant de soutenir seul l'effort des siècles, pendant qu'autour de lui les nationalités nouvelles croulaient avant d'être édifiées. Elle a reposé sur deux principes qui étaient méconnus partout en dehors de lui, et dont la dynastie mérovingienne a fait la loi fondamentale des rapports entre les deux races sur lesquelles elle régnait: le principe de l'unité religieuse et celui de l'égalité politique.

Ce double et rare bienfait n'était pas l'œuvre de la force. Fondé sur la violence, le bienfait aurait été un fléau. L'unité religieuse avait été obtenue par la conversion spontanée du vainqueur; l'égalité politique était le résultat d'un pacte que la conversion avait facilité. Les barbares, jusqu'alors, pénétraient dans les populations romaines à la manière d'un glaive qui déchire et meurtrit tout; les Francs y entrèrent en quelque sorte comme un ferment qui soulève et active tout. Les Francs devinrent des Romains par le baptême, et les Romains devinrent des Francs par la participation à tous les droits des vainqueurs. Ils se prêtèrent mutuellement leurs grandes qualités. Les populations romaines retrouvèrent au contact des barbares le nerf et la vigueur d'une nation jeune; les barbares acquirent dans le commerce des civilisés la forte discipline qui fait les grands hommes et les saints. L'une des deux races fut régénérée et l'autre civilisée, et c'est cette parenté ainsi créée entre elles qui a amené, avec une promptitude incroyable, la fusion merveilleuse. Avant la fin du sixième siècle, l'on ne pouvait plus reconnaître en Gaule à quelle race appartenait un homme, à moins qu'il ne le sût par des traditions de famille! La dynastie mérovingienne était acceptée par tous comme l'expression de la nouvelle nationalité, comme l'image de la patrie. Il naissait un vrai loyalisme, qui se traduit parfois d'une manière touchante dans les écrits des contemporains[358]. Et les plus vieux sacramentaires de l'Église franque nous font entendre la voix des évêques de la Gaule, demandant à Dieu, avec les paroles consacrées de la liturgie catholique, de bénir le roi chrétien des Francs et son royaume[359].

[358] Grégoire de Tours, IV, 50; V, *init.*; VII, 27: ne quis extraneorum Francorum regnum audeat violare.

[359] Ut regni Francorum nomenis secura libertas in tua devotione semper exultet.—Et Francorum regni adesto principibus. Et Francorum regum tibi subditum protege principatum.—Protege regnum Francorum nomenis ubique rectores, ut eorum votiva prosperitas pax tuorum possit esse populorum.—Et Francorum regni nomenis virtute tuae compremas majestatem.—Hanc igitur oblationem servitutis nostræ quam tibi offerimus pro salute et incolomitate vel statu regni Francorum, etc. V. L. Delisle, *Mémoire sur d'anciens sacramentaires français* (*Mém. de l'Académie des Inscriptions et Belles-Lettres*, 1886, pp. 71 et 72.)

A vrai dire, l'initiative d'une politique aussi généreuse et aussi hardie n'appartient pas à Clovis. L'honneur en revient tout d'abord à l'épiscopat des Gaules, et en particulier, à ce qu'il semble, à l'illustre métropolitain de la deuxième Belgique. Ce sont les évêques, selon le mot célèbre d'un écrivain protestant, qui ont fait la France[360]; telle qu'elle a traversé les siècles, elle est l'œuvre de leurs mains. Ils ont fondé son unité politique sur la base d'une parfaite égalité des races; ils ont assis son unité morale et religieuse sur l'adhésion sans réserve à la loi de Jésus-Christ. Devant cette nation jeune et ardente, ils ont placé un grand idéal, celui que les meilleurs de ses enfants poursuivront pendant des siècles, et pour la réalisation duquel ils verseront joyeusement les flots de leur sang.

[360] C'est le mot de Gibbon, *Hist. de la décadence de l'Empire romain*, t. VII, ch. 38, p. 24, Paris 1812. Il ne faut pas cependant, comme l'ont fait depuis un siècle une multitude d'écrivains (en dernier lieu Lecoy de la Marche, *La fondation de la France*, 1893, pp. 64 et 100, qui fait sur l'origine du mot des raisonnements hors de saison) lui faire dire que «*les évêques ont fait la France comme les abeilles font leur ruche.*» Sous cette forme, le mot est le produit de la collaboration très involontaire de Gibbon et de Joseph de Maistre, ou plutôt de la légèreté avec laquelle on a lu ce dernier. Voici comment s'exprime Gibbon en parlant des évêques: «Les progrès de la superstition augmentèrent leur influence, et l'on peut attribuer en quelque façon l'établissement de la monarchie franque à l'alliance de cent prélats qui commandaient dans les villes révoltées ou indépendantes de la Gaule.» Et voici ce qu'écrit J. de Maistre dans le livre *Du Pape* (éd. Pélagaud, 1870, p. 7): «Les évêques, c'est Gibbon qui l'observe, *ont fait le royaume de France*; rien n'est plus vrai. Les évêques ont construit cette monarchie, comme les abeilles construisent une ruche.»

Quel vain travail, par conséquent, que celui qui consiste à faire l'analyse chimique du génie de la France, en cherchant, avec certains historiens, à y démêler l'apport de Rome et l'apport des barbares, combinés avec l'apport chrétien! On peut décomposer ainsi les organismes matériels, mais l'âme d'une nation n'est pas faite à la manière d'une mosaïque; elle est le souffle immatériel envoyé d'en haut, qui vient animer le limon terrestre et qui y fait retentir à travers toutes les parcelles son commandement de vie.

Cela ne veut pas dire, cependant, qu'il faille renoncer à décrire le *comment* de cette incarnation créatrice. Si le principe de vie est un et indivisible, les éléments matériels qu'il a mis en œuvre, fécondés et organisés en corps vivant, sollicitent au contraire l'analyse de l'historien. Et nulle part, mieux qu'à la fin d'un livre consacré à l'origine de la nation franque, un travail de ce genre ne semble réclamé par le sujet.

Le nouveau royaume n'est ni romain ni germanique, et on aura caractérisé sa vraie nature en se bornant à dire qu'il est moderne. Étranger ou, pour mieux dire, indifférent aux anciennes oppositions entre le monde romain et le monde barbare, il emprunte à l'un et à l'autre les éléments constitutifs, les choisissant avec une souveraine liberté selon les besoins. Semblable à un architecte bâtissant son édifice au milieu des ruines antiques, il prend de toutes parts les pierres qui conviennent le mieux à sa construction, tantôt les encastrant purement et simplement dans ses murs sans leur enlever leur marque de provenance, tantôt les retaillant pour les faire servir à leur destination nouvelle. Nul parti pris de faire prévaloir un monde sur l'autre, non plus que d'établir l'équilibre entre eux. L'œuvre sera la fille des besoins du jour, et l'expression des aspirations d'un monde qui commence à vivre.

La royauté franque ne se considère pas comme l'héritière des Césars, et elle ne cherche pas davantage à continuer la tradition des monarchies barbares de la Germanie. Elle a renoncé à la fiction du césarisme, qui n'est plus comprise et qui ne répond plus à l'état des esprits. Le roi n'est ni l'incarnation de l'État, ni le mandataire de la nation. Il est roi de par sa naissance et de par la conquête à la fois, et son royaume est son patrimoine comme l'alleu est celui de l'homme libre. Ses enfants sont les héritiers naturels de sa qualité royale, qui fait partie de leur rang, et de son royaume, qu'ils se partagent à sa mort comme on ferait de tout autre héritage.

Est-il un roi absolu? Cette question ne se posait pas. Aucune théorie n'affirmait ni ne contestait son absolutisme. En fait, l'Église, placée en face de lui avec sa puissante organisation et avec son immense prestige, créait à son arbitraire des bornes qu'il devait respecter. L'aristocratie, qui devait entrer en scène bientôt après, offrait un autre obstacle à l'extension de son autorité. Le roi, malgré qu'il en eût, devait compter avec ces deux forces. Il ne se résignait pas toujours à observer les limites dans lesquelles elles le renfermaient, parce que l'orgueil, l'ambition, le tempérament le poussaient à n'en respecter aucune. Mais chaque fois qu'il les avait franchies, il y était ramené bientôt. Ses abus étaient des accès temporaires de violence, et nullement un exercice légitime de son pouvoir.

La dynastie n'était ni germanique ni romaine; c'était la dynastie nationale du peuple franc. Sans doute, elle gardait avec fierté ses traditions de famille, et comme elle était d'origine barbare, ces traditions étaient barbares aussi. Les armes, le costume, la chevelure royale, l'entourage, tout rappelait l'époque de Clodion. Les rois petits-fils de Clovis, parlaient encore la vieille langue d'Outre-Rhin, et leur cour aussi[361]. Mais dans tout cela il n'y avait pas l'ombre d'une réaction contre la romanité des milieux où ils vivaient. S'ils restaient fidèles à tous les vieux usages, c'est parce que c'étaient ceux de leur famille, et non parce qu'ils étaient germains. Jamais on ne remarque ni chez eux, ni chez leurs familiers, le moindre esprit de race. Le titre de Francs qu'ils portent ne désigne pas un groupe particulier de leurs sujets, il leur appartient à tous sans exception. Eux-mêmes, d'ailleurs, ils n'avaient pas craint, plus hardis et plus heureux qu'Antée, de quitter le sol paternel, les plaines de la Flandre et de la Campine, pour venir s'établir au milieu des Romains. Ils ne reparaîtront plus sur la terre salienne, ils n'auront plus un regard pour leur berceau. Dispargum, la ville des souvenirs épiques, est abandonnée pour toujours, ainsi que Tongres et même Tournai. Leurs résidences seront désormais les villes romaines: Soissons, Paris, Reims, Orléans. Et ces Francs de la première heure qui les ont aidés à conquérir la Gaule, ces barbares des bords de l'Escaut rentreront dans la pénombre pour longtemps. Sans culte et même sans culture, ils attendent les civilisateurs qui leur apporteront du fond de l'Aquitaine, au septième siècle, les lumières de l'Évangile et les biens de la civilisation. Le centre de gravité du peuple franc sera pendant toute la durée de la dynastie mérovingienne en terre française.

[361] On se rappelle les vers de Fortunat, *Carm.*, VI, 2, 7, 97 sur Charibert:

Hinc cui barbaries, illinc Romania plaudit,
Diversis linguis laus sonat una viri.
Cum sis progenitus clara de gente Sicamber.

Floret in eloquio lingua latina tuo.
Qualis es in propria docto sermone loquella.
Qui nos Romanos vincis in eloquio.

Sur Chilpéric, *Carm.*, IX, I, 91:

Quid quodcumque etiam regni dicione gubernas
Doctior ingenio vincis et ore loquax
Discernens varias sub nullo interprete voces.
Et generum linguas unica lingua refert.

Sur le duc Lupus, *Carm.*, VII, 8, 63, 69:

Romanusque lyra, plaudat tibi barbarus harpa...
Nos tibi versiculos, dent barbara carmina leudos.

Le gouvernement du nouveau royaume aura le même cachet d'originalité. Cette originalité sera plus réelle qu'apparente, et ceux qui le disent germanique ou romain trouveront sans peine, dans ses institutions et surtout dans le nom de celles-ci des arguments pour défendre les systèmes les plus opposés. Mais, à y regarder de près, on voit sur les débris de l'organisation impériale apparaître un système d'institutions simple et rudimentaire, qui se développera tout seul au cours des circonstances.

Maître du pays, le roi l'administre au moyen de gens qui ont sa confiance, et qu'il choisit comme il lui plaît, tantôt parmi ses familiers et même parmi ses esclaves, tantôt parmi les grandes familles locales. Il ne pense pas un instant à ressusciter les anciennes divisions administratives, et les dix-sept provinces de la Gaule ne seront plus même un souvenir dans le royaume franc. Si le roi prend pour unité administrative la cité, ce n'est pas pour se conformer aux traditions romaines, c'est parce que la cité est un cadre existant qui a survécu à la ruine universelle. Pendant les destructions du cinquième siècle, grâce à l'Église, la cité est devenue le diocèse et n'est plus que cela. Son individualité collective trouve son expression dans son évêque, le gouverneur des âmes. La société politique, se modelant sur la société religieuse dont elle calque l'organisation, place un gouverneur laïque à côté de chaque pasteur spirituel, un représentant du roi auprès du dignitaire de l'Église. Sous le nom romain de comte, ce personnage sera tout autre chose qu'un fonctionnaire selon le type antique. Ce sera un agent du roi et non pas un fonctionnaire de l'État. Son mandat cessera avec le règne du maître qui l'a nommé. A la différence du gouverneur romain, il réunira de nouveau dans ses mains les pouvoirs civil et militaire: il sera gouverneur, général, juge et administrateur tout à la fois. Le divorce du civil et du militaire, expression atténuée mais toujours redoutable du divorce du Romain et du barbare, tel que l'avait connu l'Empire agonisant, sera chose ignorée dans le royaume franc. Il faut le remarquer, dans l'Empire, comme dans les royaumes ariens fondés sur ses ruines, le barbare seul servait, et seul aussi commandait. Ici, tout le monde participe aux charges et aux honneurs. Romains et barbares sont égaux devant le roi, devant l'impôt, à l'armée, à l'autel. Si le droit reste personnel, c'est encore un résultat de l'égalité: pour que personne ne soit lésé, il faut que personne ne soit arraché à son atmosphère juridique.

Sans doute, dans la vie quotidienne de la nation, les grandes lignes de cette organisation à la fois simple et féconde semblent souvent rompues, brouillées ou effacées. Dans ce monde en formation, la violence est partout à côté du droit. Le trône, les fonctions publiques, la haute société, le clergé même, jusque dans les rangs supérieurs de sa hiérarchie, nous donnent plus d'une fois l'impression d'une barbarie indomptée. Les abus sont nombreux et graves; ils apparaissent plus graves et plus nombreux encore qu'ils ne sont, parce qu'ils ont trouvé un observateur qui, avec une merveilleuse puissance de reproduction, les a fait vivre à jamais dans ses naïfs et dramatiques tableaux. Tout cela n'empêche pas que la nation prospère et grandisse sous les giboulées printanières. Elle a conscience de son avenir; elle est fière d'être le premier des peuples catholiques, et nous avons entendu l'expression juvénile et ardente de ce sentiment, se traduisant pour la première fois dans l'histoire sur la première page d'un vieux code barbare.

Tel est, tel sera au cours des siècles le royaume fondé par les évêques et par Clovis. La gloire de celui-ci, c'est de s'être fait sans hésitation l'agent de la politique épiscopale. Que cette attitude soit due, chez lui, à un sûr instinct de l'avenir ou à une souveraine intuition du génie, il n'importe. La grandeur des hommes d'État consiste moins dans leurs aptitudes individuelles que dans la décision avec laquelle ils correspondent aux circonstances, ces mystérieux interprètes des volontés supérieures. Qu'on ne diminue donc pas le rôle de Clovis en ne voyant en lui qu'un barbare plus heureux que d'autres. En politique, c'est un mérite encore que le bonheur. Les pilotes à qui la Providence confie les destinées des peuples ont pour devoir de les faire arriver au port, et l'histoire a celui de constater comment ils ont rempli leur itinéraire. La fortune du peuple franc n'a point périclité aux mains de Clovis: il avait reçu une peuplade barbare, il a laissé une grande nation chrétienne.

APPENDICES

LES SOURCES DE L'HISTOIRE DE CLOVIS

Dans les pages qui vont suivre, je me propose de donner au lecteur un aperçu complet des sources de l'histoire de Clovis. Il n'y sera pas question de tous les écrivains dans lesquels on peut trouver des renseignements généraux sur l'histoire du cinquième et du sixième siècle; mais je signalerai tous les écrits où il est question de Clovis, j'en ferai connaître la valeur, et je dirai ce que la critique moderne a fait pour en élucider la connaissance. Celui qui voudra contrôler ou refaire mon livre trouvera ici tous les moyens d'information triés et classés selon leur valeur respective.

§ I.—CHRONIQUES

GRÉGOIRE DE TOURS

(Éd. Dom Ruinart, Paris, 1699; Arndt et Krusch, M. G. H., *Scriptores Rerum Merovingicarum*, t. I, Hanovre, 1884; Omont et Collon, Paris, 1886-1893.)

L'*Histoire des Francs* de Grégoire de Tours est de loin le plus important de tous les documents historiques relatifs à Clovis. A elle seule, elle dépasse en importance et en intérêt tous les autres réunis. Si nous ne la possédions pas, c'est à peine si nous saurions de ce roi autre chose que son existence, et çà et là un trait curieux. Sans elle, ce livre n'aurait pu être écrit. Il est donc indispensable de connaître la valeur d'un témoignage si précieux.

Grégoire de Tours, né à Clermont en Auvergne, vers 538, d'une famille patricienne apparentée aux plus illustres maisons de la Gaule, grandit dans un milieu foncièrement romain; mais l'éducation qu'il reçut dans sa ville natale, chez les évêques Gallus et Avitus, était plus ecclésiastique que mondaine, et le tourna beaucoup plus vers les lettres sacrées que vers les poètes profanes. Sans ignorer l'antiquité classique, il n'en fut pas nourri comme les écrivains l'avaient été avant lui, et, sous ce rapport, l'on peut dire qu'il représente dans la littérature en langue latine le premier des écrivains modernes. Devenu évêque de Tours en 573, il a été mêlé activement aux principaux événements de son temps; il a parcouru une bonne partie de la Gaule, il s'est fait raconter l'histoire par ceux qui étaient à même de la connaître, il a vu de près les rois et a vécu dans la familiarité de plusieurs, il a dû à ses relations, à son esprit de recherche, une connaissance approfondie de la Gaule du sixième siècle, et son *Histoire des Francs* a profité de tout cela.

Mais l'histoire de Clovis échappait à son regard. Clovis était mort deux générations avant le moment où Grégoire prit la plume, et c'était un laps de temps considérable à une pareille époque, où les légendes défiguraient si rapidement la physionomie des événements. Grégoire ne trouva nulle part une biographie de Clovis conservée par écrit: il lui fallut rassembler péniblement les rares notices qu'il lui fut donné de trouver dans les chroniqueurs du cinquième et du sixième siècle, dans les vies de saints, et dans un petit nombre de documents officiels. Avec ces débris incohérents, venus de toutes parts, il fit ce qu'il put, et le récit qu'il a élaboré n'a cessé de dominer l'historiographie.

Grégoire est d'ailleurs bien loin de connaître toute l'histoire de Clovis. Il ne sait rien de la guerre de Provence, il ignore le siège de Verdun, ainsi que le concile d'Orléans. Les événements qu'il raconte ne sont généralement pour lui qu'un point dans l'histoire. De la guerre de la Gaule, il ne mentionne que la bataille de Soissons et la mort de Syagrius, plus une anecdote, celle du vase de Soissons. De la guerre de Thuringe il ne sait que le nom, de la guerre contre les Alamans il ne connaît qu'un épisode. Il est d'autres événements sur lesquels il ne possède que des légendes fabuleuses, comme la mort des rois de Tongres, de Cambrai et de Cologne.

Voici les sources dont Grégoire de Tours s'est servi pour écrire sa vie de Clovis:

I. ANNALES D'ANGERS, continuées à Tours.—Grégoire paraît avoir eu à sa disposition un recueil d'annales fort sèches et gardant surtout le souvenir de faits locaux; c'est manifestement à ce recueil qu'il a emprunté ce qu'il dit, aux chapitres 18 et 19 de son livre II, des combats de Childéric. C'est là aussi qu'il doit avoir trouvé la rapide mention de la bataille de Soissons (486), de la guerre contre les Thuringiens (491), de la bataille contre les Alamans (496), de la guerre d'Aquitaine (506) et de la mort de Clovis (511). Ces mentions ont dû être sommaires, et telles qu'on les trouve dans les recueils de ce genre. Les détails que Grégoire y ajoute paraissent puisés ailleurs.

La grande raison qui me fait regarder Angers comme la patrie de ces annales, c'est que l'existence d'annales d'Angers est rendue presque manifeste par *Hist. Franc.*, II, 18 et 19; c'est aussi parce que plusieurs faits qui ont dû se passer simultanément un peu partout sont signalés seulement pour Angers. Ainsi VI, 21 et VII, 11, il est parlé de tremblements de terre à Angers, alors qu'il est bien certain que la terre a encore tremblé ailleurs que là, et que même la chute des murs de Soissons, mentionnée dans le premier de ces deux passages, paraît due au même accident. Si je suppose que les annales d'Angers auront été continuées à Tours, c'est à cause du grand nombre de dates relatives à l'histoire de Tours; on ne s'en expliquerait pas l'existence si l'on n'admettait des annotations chronologiques. Ces annotations peuvent avoir constitué un recueil indépendant; mais en général, au moyen âge, on aimait à continuer ceux qu'on possédait, et l'hypothèse que nous avons admise avec Junghans rend compte, nous semble-t-il, d'une manière assez naturelle de la familiarité de Grégoire avec les *Annales d'Angers*. Elle ne plaît pas à M. Lair, qui m'appelle de ce chef «*l'Œdipe du sphinx mérovingien*», (*Annuaire-bulletin de la Société de l'Histoire de France*, t. XXXV, 1898, p. 4 du tiré à part), et qui, pour son compte, s'est vainement attaqué à l'énigme.

II. ANNALES BURGONDES.—Grégoire de Tours et son contemporain Marius d'Avenches offrent un récit parallèle des événements qui ont eu la Burgondie pour théâtre, et les nombreuses ressemblances de ces récits ne peuvent s'expliquer que par des rapports entre les deux auteurs. Après avoir tour à tour supposé que Marius avait copié Grégoire, et que Grégoire avait copié Marius, on a finalement conclu, avec raison, que l'un et l'autre avaient consulté une source commune, à savoir, un recueil d'*Annales burgondes* contenant des notices sèches et sommaires. Tout ce que Grégoire nous dit de la guerre de Clovis en Burgondie semble emprunté à cette source, à l'exception toutefois du récit du siège d'Avignon, qu'on ne retrouve pas dans Marius d'Avenches, et qui est, selon toute probabilité, puisé dans la tradition populaire. V. Monod, *Études critiques sur les sources de l'histoire mérovingienne*, 1ᵉ partie p. 161, rectifié par Arndt, *Historische Zeitschrift* de Sybel, t. XXVIII, p. 421.

III. VIE DE SAINT REMI.—Il existait, du temps de Grégoire de Tours, une précieuse vie de saint Remi, écrite, à ce qu'il paraît, par un clerc de l'église de Reims peu de temps après la mort du saint, et qui, ayant disparu d'assez bonne heure, a été remplacée par une biographie sans valeur historique, mise, on ne sait pourquoi, sous le nom de l'évêque Fortunat. Grégoire de Tours a connu la vieille vie, au sujet de laquelle il écrit: *Est enim nunc liber vitæ ejus, qui eum narrat mortuum suscitasse.* (*Hist. Franc.*, II, 31.) Il n'est pas douteux qu'il ait lu ce document, et qu'il lui ait emprunté l'histoire de la conversion et du baptême de Clovis. Peut-être même y a-t-il trouvé aussi l'épisode du vase de Soissons. La supposition de M. Monod, *o. c.* p. 99, qui, pour des raisons d'ailleurs fallacieuses, suppose que sa source aurait pu être un poème latin sur la conversion de Clovis, et celle de Schubert, *Die Unterwerfung der Alamannen unter die Franken*, pp. 134-140, qui serait disposé à admettre aussi une vie en vers de sainte Clotilde, n'ont guère de vraisemblance.

IV. VIE DE SAINT MAIXENT.—Grégoire de Tours a connu aussi la biographie de saint Maixent, abbé d'un monastère dans le Poitou. Il dit au sujet de ce saint: *Multasque et alias virtutes operatus est, quas si quis diligenter inquiret, librum vitæ illius legens cuncta repperiet.* (*Hist. Franc.*, II, 37.) Le texte primitif de cette vie a disparu, mais il en reste deux recensions, dont la première, qui paraît la plus ancienne, a été publiée par Mabillon (*Acta Sanctorum O. S. B.*, t.

I), et la seconde par les Bollandistes (*Acta Sanctorum* 26 juin, t. V). Toutes les deux ont amplifié dans un sens légendaire l'épisode emprunté à cette vie par Grégoire de Tours lui-même, et mettent en scène Clovis d'une manière moins vraisemblable que dramatique.

V. TRADITIONS ORALES.—Les souvenirs conservés par la bouche des contemporains ont été transmis de différentes manières à Grégoire de Tours. Quelques-uns ont été trouvés par lui dans sa famille ou dans son entourage clermontois; de ce nombre est, sans contredit, la mention de la part prise par les Clermontois à la bataille de Vouillé, et du nom de leur chef Apollinaire (*Maximus ibi tunc Arvernorum populus, qui cum Apollinare venerat, et primi qui erant ex senatoribus corruerunt* (*Hist. Franc.*, II, 37). Il en a emprunté d'autres aux souvenirs du clergé de Tours, comme les preuves de respect données par Clovis à saint Martin dans la guerre d'Aquitaine (*Hist. Franc.*, II, 37), ou les détails de l'inauguration consulaire de Clovis à Tours (*Ibid.*, II, 38); à ceux du clergé de Poitiers, comme l'épisode du signe de feu donné par saint Hilaire à Clovis, raconté aussi par son ami Fortunat, évêque de cette ville (*Liber de Virtutibus sancti Hilarii*, VII, 20, dans M. G. H. *Auct. antiquiss.*, IV); à ceux du clergé d'Angoulême (*Hist. Franc.*, II, 37: chute des murs de cette ville).

Parmi ces traditions orales, il en est plusieurs qui portent les traces de l'élaboration considérable que leur a fait subir l'imagination populaire. L'histoire du siège d'Avignon est de ce nombre: c'est de la légende et non de l'histoire. Plus d'une fois, la légende a été l'objet de chants populaires, et est devenue l'occasion d'un petit poème épique: de ce nombre semble avoir été l'histoire du mariage de Clovis (*Hist. Franc.*, II, 28), y compris celle des malheurs de Clotilde et de la vengeance qu'elle en tira par la suite (*Ibid.*, III, 6), et celle de la manière dont Clovis se débarrassa des autres rois francs (*Ibid.*, II, 40-42.)

Pour les preuves de ce travail de dépouillement des sources de Grégoire de Tours, je renvoie à mon étude intitulée: *les Sources de l'histoire de Clovis dans Grégoire de Tours*, parue à la fois dans la *Revue des questions historiques*, t. XLIV (1888), et dans le tome II du *Congrès scientifique international des catholiques, tenu à Paris du 8 au 13 avril 1888* (Paris, 1889), ainsi qu'à mon *Histoire poétique des Mérovingiens* (Paris-Bruxelles, 1893).

Pour la connaissance plus approfondie de Grégoire de Tours, lire: G. Monod, *Études critiques sur les sources de l'histoire mérovingienne*, 1re partie. Paris 1872 (8e fascicule de la *Bibliothèque de l'école des hautes études*), et Arndt-Krusch, M. G. H., *Scriptores Rerum Merovingicarum*, t. I; Hanovre, 1884, (préface de la 1re et de la 2e partie de ce tome).

CHRONIQUE DITE DE FRÉDÉGAIRE

(Éd. Ruinart, à la suite de son *Grégoire de Tours*, Paris, 1699; Monod, dans la *Bibliothèque de l'école des hautes études*, fascicule 63, Paris, 1885; Krusch, M. G. H., *Scriptores Rerum Merovingicarum*, t. II, Hanovre, 1888)

La compilation historique que depuis Scaliger (1598) il est convenu, on ne sait pourquoi, de mettre sous le nom de Frédégaire, est l'œuvre de trois auteurs différents. La magistrale démonstration de cette vérité est due à Krusch, dans *Die Chronicæ des sogenannten Fredegar* (*Neues Archiv der Gesellschaft für aeltere deutsche Geschichtskunde*, t. VII, 1882), dont la substance a passé dans la préface de l'édition de Frédégaire par le même savant. Selon Krusch, le premier de ces trois auteurs est un Burgonde qui, vers 613, a fait un résumé du *Liber generationis* de saint Hippolyte, de la chronique de saint Jérôme et de celle d'Idacius; il y a ajouté la légende sur l'origine troyenne des Francs, et quelques menus faits empruntés à des *Annales burgondes*.

Le deuxième est un Burgonde d'outre-Jura qui, vers 642, a ajouté à cette compilation un résumé des six premiers livres de l'*Historia Francorum* de Grégoire de Tours, sous le nom d'*Epitome*, et l'a fait suivre d'une continuation originale allant jusqu'à 642. C'est lui qui nous intéresse, tant à cause du résumé en question que des additions qu'il y a faites.

Le troisième enfin est un Austrasien dévoué à la famille carolingienne, qui, vers 658, a ajouté quelques chapitres, en particulier 84-88, destinés à glorifier ses héros.

Ces résultats viennent d'être en partie confirmés, en partie complétés ou rectifiés par M. G. Schnürer dans son ingénieuse dissertation intitulée: *Die Verfasser der sogenannten Fredegar-Chronik*, Fribourg en Suisse 1900, (fascicule 9 des *Collectanea Friburgensia*).

L'*Epitome* de Frédégaire qui forme le livre III de la chronique dans l'édition de Krusch, est un résumé consciencieux, mais non toujours exact, des six premiers livres de Grégoire de Tours. Il s'y est glissé plus d'une bévue, et l'auteur a inséré des légendes puisées à la source populaire, qui amplifient le côté épique de certains récits. Dans l'ensemble, Frédégaire ajoute très peu de chose à l'histoire authentique de Clovis; mais il ne manque pas d'intérêt par rapport à son histoire poétique, pour laquelle il nous a conservé de précieux éléments.

Ranke a essayé de prouver, dans l'appendice du tome IV de sa *Weltgeschichte*, que l'*Epitome* n'est pas un résumé de Grégoire, mais un texte original reposant sur la base d'un récit historique antérieur à la rédaction de l'*Historia Francorum* de ce dernier. Dans cette hypothèse, Frédégaire, là où il s'écarte de Grégoire, mériterait plus de confiance que ce dernier. Je crois avoir réfuté d'une manière péremptoire cette bizarre et insoutenable opinion, dans mon étude intitulée: *l'Histoire de Clovis d'après Frédégaire* (*Revue des questions historiques*, t. XLVII, 1890).

LIBER HISTORIÆ

(Éd. Dom Bouquet, *Recueil des historiens de Gaule et de France*, t. III; Krusch, M. G. H., *Scriptores Rerum Merovingicarum*, t. II, Hanovre, 1888).

Cet ouvrage, connu jusque dans ces derniers temps sous le titre de *Gesta regum Francorum*, que M. Krusch eût peut-être bien fait de lui laisser dans l'intérêt de la clarté, est l'œuvre d'un moine de Saint-Denis qui paraît originaire du pays de Laon ou de Soissons, et qui l'acheva en l'année 727. Un Austrasien, chaud partisan de la maison carolingienne, l'a remanié quelques années plus tard, et l'a en partie abrégé, en partie complété. L'ouvrage est, comme l'*Epitome* de Frédégaire, un résumé des six premiers livres de Grégoire de Tours, continué par le récit des événements qui s'écoulèrent de 584 à 727. Le résumé, qui seul nous intéresse, n'est pas toujours exact, car l'auteur n'a pas toujours compris Grégoire; lui aussi est retourné puiser à la source populaire indiquée par l'évêque de Tours, et a ajouté à sa narration divers ornements légendaires. Il a visé encore à augmenter la précision géographique d'un bon nombre de renseignements donnés par ce dernier, et il les a complétés le plus souvent par conjecture. Comme Frédégaire, il n'ajoute rien à l'histoire réelle de Clovis; mais il nous sert à constater une nouvelle phase de son histoire poétique. Voir sur l'auteur et sur son ouvrage Krusch, dans la préface de son édition, et mon mémoire intitulé: *Étude critique sur le* Gesta regum Francorum (*Bulletin de l'Académie royale de Belgique*, 3ᵉ série, t. XIII, 1889).

Le *Liber Historiæ Francorum*, confondu de bonne heure avec la chronique de Grégoire de Tours, est devenu, au moyen âge, et déjà chez Hincmar, la source de presque tous les auteurs qui se sont occupés des origines franques.

Les écrivains que nous avons à citer encore ne peuvent plus être regardés comme des sources de l'histoire de Clovis; tout au plus méritent-ils de nous intéresser en ce qu'ils nous montrent la manière dont cette histoire a été conçue au cours des temps, et les efforts consciencieux d'une érudition dépourvue de critique pour arriver à la reconstituer au moyen des matériaux dont on disposait. Sous ce rapport, la tentative la plus remarquable est celle d'Aimoin, moine de l'abbaye de Fleury-sur-Loire, qui vivait encore en l'an 1008, et duquel nous possédons plusieurs ouvrages, tels que les livres II et III (en partie) des *Miracles de Saint Benoît* (éd. de Certain, Paris, 1857), ouvrage écrit en 1005, et la *Vie d'Abbon de Fleury*, fragment d'une histoire inachevée de l'abbaye de ce nom (Mabillon, *Acta Sanctorum O. S. B.*, t. VI). Avant ces deux ouvrages, Aimoin avait écrit son *De Gestis regum Francorum libri IV*, à la demande de son abbé Abbon (1004), auquel il l'a dédié. L'ouvrage, qui devait aller jusqu'à Pépin le Bref, est interrompu à la seizième année du règne de Clovis II (653). C'est un travail de compilation, dans lequel il a fondu tout ce qu'il a pris dans les meilleures sources, à savoir, Grégoire de Tours, Frédégaire, le *Liber Historiæ* et autres. On n'y trouve naturellement rien de nouveau, mais on devra y constater une mise en œuvre qui ne manque pas d'intérêt, et le premier essai sérieux d'une histoire de France. L'ouvrage d'Aimoin nous est conservé en deux versions: l'une, qui représente son travail original, se trouve éditée par A. Duchesne, t. III, et par Dom Bouquet, t. III. L'autre, interpolée et continuée jusqu'en 1165, contient, au livre I, l'épitaphe de Clovis attribuée à saint Remi. La meilleure notice que nous possédions sur cet intéressant écrivain est toujours celle de l'*Histoire littéraire*, au tome VII.

Roricon est beaucoup moins connu qu'Aimoin, et mérite moins de l'être. Il paraît avoir été prieur de Saint-Denis, à Amiens, vers l'an 1100, et il est auteur d'un *Gesta Francorum* en quatre livres allant depuis les origines de la nation jusqu'à la mort de Clovis, en 511. Il ne fait guère qu'amplifier le *Liber Historiæ* et certains épisodes légendaires de Frédégaire. Il ne faut pas prendre ses préfaces idylliques pour autre chose que des fictions littéraires. La seule chose qui lui appartient en propre, c'est d'avoir placé à Amiens la capitale de Clodion et de Childéric; mais cette hypothèse, que nous avons rencontrée ci-dessus, t. I, p. 183, note, et p. 220, ne sert qu'à nous faire connaître le séjour de Roricon lui-même. Son œuvre a été publiée par A. Duchesne, t. I, et par dom Bouquet, t. III. La meilleure notice sur cet auteur est toujours celle de l'abbé Lebeuf dans les *Mémoires de l'Académie des Inscriptions*, t. XVII (1751).

Il est inutile de continuer cette énumération. L'histoire des Mérovingiens gardera à travers tout le moyen âge la forme que lui ont donnée le *Liber Historiæ* et Aimoin, et tous les auteurs qui l'étudieront la raconteront d'après eux. Les *Chroniques de Saint-Denis* ne sont, pour la période qui nous occupe, que la traduction d'Aimoin. Sigebert de Gembloux, Hermannus Contractus, Otton de Frisingue et tous les autres chroniqueurs ayant quelques vues générales se bornent à copier ces sources de seconde main, fidèlement mais servilement. Le premier progrès de la science historique, ce fut de percer la couche sous laquelle a été enterrée la vraie source, qui est Grégoire de Tours, et de faire de nouveau jaillir ses informations originales dans l'historiographie. Le second, auquel je crois avoir contribué, consiste en ce qu'au lieu de reproduire simplement Grégoire de Tours, on s'est informé de ses sources à lui, et qu'on a tâché de se rendre un compte exact de la valeur respective de ses divers renseignements. Une histoire scientifique de Clovis ne pouvait pas être écrite avant que ce travail fût terminé.

§ II.—VIES DE SAINTS

Nous sommes obligés de faire une classification à part pour les nombreuses vies de saints dont les héros ont été en rapports réels ou fictifs avec Clovis. L'intérêt et la valeur de ces documents sont fort variables, selon le degré de leur authenticité, et aussi selon la nature des relations qui y sont consignées. On trouvera ci-dessous, rangées par ordre alphabétique de sujets, les notices que je leur ai consacrées. L'ordre adopté n'est certes pas le plus scientifique: j'eusse de beaucoup préféré les ranger d'après la date des documents, si celle-ci était connue pour tous, ou encore d'après la place que les divers saints prennent dans l'histoire de Clovis, si cette place était vraiment attestée par l'histoire. Je crois n'avoir omis aucun document. Ma liste est plus complète que celle de dom Bouquet, III, 369-405. Je ne me suis d'ailleurs pas contenté des extraits de dom Bouquet, mais mon étude critique a porté sur les textes entiers. Le travail ci-dessous, sans être original, est toujours personnel, et les indications sont tenues au courant de la science.

SAINT ARNOUL DE TOURS (18 juillet)[362].—Le texte le plus ancien de la vie de saint Arnoul de Tours est celui que les Bollandistes ont publié dans le *Catalogus codicum hagiographicorum... bibliothecæ Parisiensis*, t. I, pp. 415-428, et dont celui des *Acta Sanctorum* n'est qu'un résumé. Cette histoire de saint Arnoul n'est qu'un roman pieux, qui semble dépourvu de tout fondement historique; elle contient un tissu d'invraisemblances et de fictions manifestes. Le *Translatio sancti Arnulfi* (*Analecta bollandiana*, t. VIII, p. 97) augmente encore le caractère légendaire de la vie, en identifiant l'évêque Patrice, oncle de sainte Scariberge, qui est la femme d'Arnoul, avec saint Patrick, apôtre de l'Irlande. Il est d'ailleurs inutile d'ajouter que les diptyques de l'Église de Tours ignorent absolument le nom d'Arnoul. (Voir Mgr Duchesne, *les Anciens catalogues épiscopaux de la province de Tours*; Paris, 1890.)

[362] Les dates marquées entre parenthèses à la suite des noms des saints sont celles de leur fête; on les trouve sous ces dates dans le recueil des Bollandistes; *S. R. M.* désigne le recueil des *Scriptores Rerum Merovingicarum*, éd. B. Krusch, qui contient aux tomes II et III un bon nombre de vies de saints du sixième siècle.

SAINT CESAIRE D'ARLES (27 août).—Sa vie se trouve dans Mabillon, *Acta Sanctorum O. S. B.*, t. I, dans les Bollandistes, *Acta Sanctorum*, t. VI d'août (1743), et dans *S. R. M.*, t. III. Écrite par ses disciples quelques années après sa mort (pas après 549) et dédiée à sa sœur l'abbesse Césarie, elle est divisée en deux livres, dont le premier, de beaucoup le plus important, est le seul qui intéresse l'histoire de Clovis. Ce livre premier a pour auteurs les évêques Cyprien de Toulon et Firmin d'Uzès, sans compter un inconnu du nom de Viventius. Il y a peu d'écrits hagiographiques de cette valeur; il mérite une entière confiance, et il nous a raconté, dans un tableau plein de vie, l'épisode le plus intéressant de la guerre de Provence, faite par le fils de Clovis aux lieutenants de Théodoric. Saint Césaire a trouvé de nos jours deux biographes de valeur: ce sont C. F. Arnold, *Cæsarius von Arelate und die gallische Kirche seiner Zeit*, Leipzig, 1894, et l'abbé Malnory, *Saint Césaire, évêque d'Arles*, Paris, 1894, (103e fascicule de la *Bibliothèque de l'École des Hautes Études*.)

SAINTE CLOTILDE (3 juin).—La vie de sainte Clotilde (Mabillon, *Acta Sanctorum O. S. B.*, t. I; *Acta Sanctorum* des Bollandistes, t. I de juin; *S. R. M.*, t. II) n'a guère été écrite que vers le dixième siècle, à preuve la légende de la sainte Ampoule, qu'elle emprunte, en l'amplifiant encore, à la vie de saint Remi par Hincmar, et une allusion à la filiation mérovingienne de Charlemagne et de ses descendants. La partie purement biographique de ce texte n'est qu'une reproduction du *Liber Historiæ*; mais, ce qui lui donne de l'intérêt, c'est qu'il a conservé un certain nombre de traditions relatives à des fondations d'églises par sainte Clotilde. Bien qu'on ne puisse revendiquer pour toutes ces traditions un caractère de rigoureuse authenticité, leur âge et leur accent de sincérité les rend hautement respectables, et je n'admets pas le jugement sommaire de M. Krusch écrivant au sujet de l'auteur: *Omnes quas novit sancti Petri ecclesias gallicanas a Chrotilde vel constructas vel ampliatas esse finxit.* M. Krusch oublie que l'immense majorité des églises du haut moyen âge était dédiée à saint Pierre, tantôt seul, tantôt associé aux autres apôtres, et qu'il n'est pas étonnant que quatre ou cinq fondations connues de Clotilde soient sous son patronage. Il y a quantité de vies modernes de sainte Clotilde, mais, reposant toutes sur des données légendaires, elles n'ont plus aujourd'hui aucune valeur. Celle que j'ai écrite moi-même pour la collection *Les Saints* (*Sainte Clotilde*, Paris, 1897), a rencontré deux espèces de contradicteurs: ceux qui, comme M. l'abbé Poulain, étrangers à la méthode critique et à la bibliographie du sujet, ont ignoré que les légendes racontées par Grégoire de Tours sont définitivement rayées de l'histoire, et ont cru pouvoir les raconter une fois de plus d'après lui, (*Sainte Clotilde*, Paris, 1899), et ceux qui refusent à l'historien le droit de reconstituer une physionomie d'après les quelques traits qui en restent, en s'aidant des indications fournies par ceux-ci et des lois psychologiques.

SAINT DIE, solitaire à Blois (24 avril).—La vie de saint Dié, en deux rédactions dont la plus développée est, comme d'ordinaire, la plus récente, veut que Clovis ait recherché ce saint lors de son expédition contre les Visigoths, se soit recommandé à ses prières, et, à son retour victorieux, lui ait fait des libéralités en terres et en argent, *sigillo suo largitate communita*, dit-elle au sujet de la donation en terres. Le saint aurait fondé un monastère, et sur son tombeau aurait surgi une église qui, détruite par les flammes, aurait été rebâtie sous Charles le Chauve. On avait oublié la date de sa mort; selon l'hagiographe, elle fut révélée en songe à l'abbé Blodesindus. Ce document, en ce qui concerne la partie relative à Clovis, semble s'inspirer de la vie de saint Solein, dont on gardait le corps à Blois; il mentionne même ce saint et rappelle qu'au moment où Clovis fit la connaissance de Dié, il n'était encore que le catéchumène de l'évêque de Chartres.

SAINT ÉLEUTHERE DE TOURNAI (20 février).—Les documents relatifs à ce saint ont été publiés par les Bollandistes dans les *Acta Sanctorum* au tome III de février, et reproduits d'après eux par Ghesquière, *Acta Sanctorum Belgii*, t. I. La plus ancienne rédaction de sa vie serait, d'après Henschenius, antérieure aux invasions des Normands. La seconde, qui contient et qui continue la première, est d'un auteur qui se dit contemporain de Hédilon, évêque de Noyon-Tournai (880-902). C'est dans cette dernière que se trouve le récit de la confession faite par Clovis à saint Éleuthère, avec quantité d'autres épisodes invraisemblables. La valeur historique de cet ouvrage est très faible, quoi qu'en dise Ghesquière, *o. c.*, p. 453. On en jugera par ce seul fait que, dans les deux rédactions, le saint est donné comme contemporain à la fois de Dioclétien et de Clovis!

SAINT EPTADE (24 août).—Sa vie est dans les *Acta Sanctorum* des *Bollandistes*, au t. IV d'août (lire le commentaire de Cuperus) et dans les *S. R. M.*, t. III. Ce document, bien que le texte en soit fort corrompu, présente divers caractères de bonne ancienneté, et le récit paraît bien reposer sur une base historique. C'est l'opinion de Pétigny, *Études sur l'histoire, les lois et les institutions à l'époque mérovingienne*, t. II, p. 647, de Binding, *Das Burgundisch-Romanische Kœnigreich*, pp. 188 et 196, de Lœning, *Geschichte des deutschen Kirchenrechts*, t. II, p. 176, de Kaufmann, *Forschungen zur deutschen Geschichte*, t. X, pp. 391-395, d'Arnold, *Cæsarius von Arelate*, p. 242, et de Mgr. Duchesne, *Bulletin critique*, 1897, pp. 451-455. Binding, *o. c.*, est le premier qui en ait constaté la valeur historique. A. Jahn, *Die Geschichte der Burgundionen und Burgundiens*, t. II, pp. 106-112, a essayé vainement de contester l'authenticité de ce document. M. Krusch, qui fait sienne la démonstration de Jahn en y ajoutant de nouvelles considérations, n'est pas plus heureux dans la préface qu'il a mise en tête de la Vie (*S. R. M.*, t. III) et dans une dissertation du *Neues Archiv.* (t. XXV, pp. 131-257) en réponse à l'article ci-dessus mentionné de Mgr Duchesne. Ses deux raisons sont: 1° que le *Vita* fait du saint un évêque-abbé, dans l'intention d'arracher son monastère à la juridiction de l'évêque, alors que c'est seulement à la fin du septième siècle que la Gaule a connu ce genre de dignitaires; 2° que le passage du *Vita*, c. 6: *Erat beatissimus vir totius prudentiæ, in sermone verax, in judicio justus, in consiliis providus, in commissu fidelis, in interventu strenuus, in veritate conspicuus et in universa morum honestate praecipuus* est emprunté à Grégoire de Tours, *Historia Francorum*, II, 32, où il est dit d'Aredius: *Erat enim jocundus in fabulis, strenuus in consiliis, justus in judiciis et in commisso fidelis.* A quoi l'on peut répondre: 1° que nulle part le *Vita* ne parle de saint Eptade comme d'un abbé, et que l'accusation d'avoir voulu étayer l'immunité du monastère de Cervon sur la double qualité revendiquée pour le fondateur s'évanouit devant cette simple constatation; qu'au surplus, même dans l'hypothèse que le biographe aurait considéré le saint comme le premier abbé de Cervon, l'intention qui lui est prêtée est absolument chimérique, attendu que c'est en qualité d'évêque d'Auxerre, élu canoniquement, et non d'évêque-abbé qu'il figure ici. Quant au second point, l'identité d'une formule probablement très répandue dès le sixième siècle ne prouve rien, d'autant plus que le texte du *Vita* est fort défiguré et que M. Krusch lui-même l'appelle *einen ausnehmend verzweifelten Fall von Textcorruption* (*o. c.*, p. 157). Il faudrait d'autres arguments pour démentir l'auteur, qui dit formellement au c. 14 qu'il fut un contemporain du saint et qui insinue au c. 22 qu'il fut son familier (*qui erat illi familiaris, quem nominare necesse non est*).

Il y a quelques années, M. A. Thomas, dans un article intitulé: *Sur un passage de la Vita sancti Eptadii* (*Mélanges Julien Havet*, Paris, 1895, pp. 593 et suivantes), a discuté l'interprétation du passage du *Vita Eptadii* qui est relatif à l'histoire de Clovis. Il ne veut pas y lire le nom de la Cure (*Quoranda*) mais celui du Cousin (*Quossa*), son affluent.

Je lui emprunte le texte de ce passage d'après les deux manuscrits conservés à la Bibliothèque nationale de Paris, parce qu'il a été défiguré d'une manière fort arbitraire par les conjectures de M. Krusch dans l'édition des *S. R. M.*

Ms. 17002, fonds latin.	Ms. 3809, fonds latin.
Eodem tempore quosse ad	Eodem vero tempore ad fluvium
fluvium quorundam pacis mediante	quendam pacis mediante
concordia duorum regum	concordia duorum regum potencia,
supersticiosa complexa potentia	id est Burgundionum et
id est Burgondionum genus et	Francorum, convenit ac regem
Francorum hec rege Gundobado	Gondebadum precellentissimus
precellentissimus rex Francorum	rex Francorum Clodoveus suppliciter
Clodoveus suppliciter exoravit	exoravit ut beatissimum
ut hunc beatissimum virum	virum Dei Eptadium civitati sue
Dei Eptadium civitatis sue	Autissiodorensi concederet antistitem
autisiodorense prestaret antestitem	ordinandum.
ordinandum.	

On trouve de bons renseignements sur le culte local de ce saint dans Henry, *Vie de saint Eptade*, Avallon, 1863.

SAINTE GENEVIEVE DE PARIS (3 janvier).—Cette vie a été diverses fois rééditée depuis 1643, qu'elle a paru dans le 1er volume des *Acta Sanctorum* des Bollandistes. Trois éditions critiques en ont paru coup sur coup dans les vingt dernières années: celle de M. Ch. Kohler (*Etude critique sur le texte de la vie latine de sainte Geneviève de Paris*, dans le 48e fascicule de la *Bibliothèque de l'École des Hautes Études*, Paris, 1881), celle de M. l'abbé Narbey (*Quel est le texte de la vie authentique de sainte Geneviève? Étude critique suivie de sa vie authentique et de la traduction*, dans le *Bulletin d'histoire et d'archéologie du diocèse de Paris*, 1884), et enfin celle de M. Krusch dans *S. R. M.*, t. III, 1896. Ces savants sont totalement en désaccord sur le point de savoir comment il faut établir le texte de la vie. M. Kohler, qui en a étudié vingt-neuf manuscrits, les classe en quatre familles dont la première représente, selon lui, le texte le plus ancien, diversement interpolé ou altéré dans les trois autres familles. Selon M. Narbey, au contraire, suivi par M. Krusch, le plus ancien se retrouverait dans les manuscrits de la seconde famille de M. Kohler, et c'est d'après ceux-ci, dont le nombre est porté à treize par les recherches de M. Krusch, que ce dernier, comme M. Narbey lui-même, a établi son texte. Cette discussion n'est pas close d'une manière définitive, car, comme le fait remarquer Mgr. Duchesne, rien n'empêche que les manuscrits de la deuxième famille Kohler, tout en présentant un texte moins altéré au point de vue de la langue et de l'orthographe, ne fût-ce que parce qu'ils sont en général plus anciens, aient été d'autre part l'objet des interpolations dont les manuscrits de la première famille Kohler sont exempts d'après ce dernier éditeur. On ne peut donc pas dire que malgré tous les travaux sur ce document hagiographique, nous soyons aujourd'hui en possession d'une édition définitive. MM. Kohler et Krusch ont d'ailleurs mis parfaitement en lumière, chacun dans un sens opposé, les indices qui plaident en faveur de l'antériorité de l'une et de l'autre des deux familles.

La question de la date à laquelle fut composée la vie de sainte Geneviève présente une importance capitale. L'auteur, qui avoue n'avoir pas connu la sainte, nous dit qu'il écrit dix-huit ans après la mort de celle-ci, c'est-à-dire, par conséquent, en 519 ou 520. C'est sur la foi de cette affirmation qu'on a été à peu près unanime à considérer son travail comme ayant la valeur d'une œuvre presque contemporaine. Toutefois, certaines assertions de l'auteur, qui semblaient difficiles à concilier avec ce que nous savons de l'histoire des Mérovingiens, et en particulier les épisodes où il est parlé de Childéric et du siège de dix ou cinq ans soutenu par la ville de Paris contre les Francs, avaient déjà inspiré de la défiance à Adrien de Valois (*Rerum Francicarum, libri VIII*, Paris, 1646, t. I, pp. 317-319), sans que cependant il s'avisât de contester l'authenticité du document. Bollandus, lui, n'avait pu se persuader totalement que la Vie qu'il publiait était le texte primitif (*Eademne tamen sit quæ est in manibus ingenue fateor mihi non liquere*, p. 137), mais ces doutes, exprimés en passant, avaient été peu remarqués. Vers la fin du dix-septième siècle, le génovéfain Claude du Molinet, dans son *Histoire de sainte Geneviève et de son abbaye royale et apostolique*, conservée en manuscrit à la bibliothèque de Sainte-Geneviève à Paris, et, quelque temps après lui, Claude du Moulinet, abbé des Tuileries, dans une *Lettre critique sur les différentes Vies de sainte Geneviève*, également en manuscrit à la même bibliothèque, émirent l'opinion que l'ouvrage était tout au plus du neuvième siècle. Mais ces deux livres, n'ayant jamais vu le jour, restèrent sans influence sur la conviction générale; au surplus, tous les deux partaient d'un faux point de vue en prenant le texte de la quatrième famille Kohler, rempli d'interpolations et d'anachronismes, pour le texte original. Enfin, un protestant suédois du nom de Wallin porta la question devant le public dans une véhémente dissertation intitulée: *De sancta Genovefa..... disquisitio historico-critico-theologica*, Wittenberg, 1723, in 4°. Pour Wallin, qui travaillait selon l'esprit des centuriateurs de Magdebourg et avec une rare absence de sérénité scientifique, l'auteur de la Vie était un faussaire du neuvième siècle qui l'avait inventée de toutes pièces, et il n'était pas même certain que sainte Geneviève eût jamais existé (*si qua unquam fuit*, p. 55). Wallin alléguait contre l'authenticité divers arguments dont quelques-uns ne laissent pas d'être spécieux, mais il était beaucoup plus faible dans la réfutation de ceux qu'on alléguait en sa faveur; c'est ainsi que, d'après lui, si l'auteur parle une langue manifestement mérovingienne, c'est une ruse de plus pour se donner un vernis d'antiquité. L'opinion de Wallin était d'ailleurs restée sans écho jusqu'à nos jours, et un seul érudit à ma connaissance, M. L. Lœning, dans sa *Geschichte des deutschen Kirchenrechts*, Strasbourg, 1878 (t. II, p. 6, note) avait cru devoir, mais sans insister, lui contester le caractère de source historique pour l'époque mérovingienne. Le vrai débat ne commença en réalité que lorsqu'en 1893 M. B. Krusch se jeta dans l'arène avec sa retentissante dissertation intitulée hardiment: *Die Faelschung der Vita Genovefae, Neues Archiv.*, t. XVIII.

Reprenant la thèse de Wallin, que d'ailleurs il ne mentionnait pas[363], mais en s'appuyant sur une connaissance approfondie des manuscrits, il concluait, comme le Suédois, que l'auteur est un audacieux faussaire, moine de sainte Geneviève. Ce moine aurait écrit vers 767, et aurait tiré toute l'histoire de sainte Geneviève de sa cervelle, en vue de créer à son abbaye des titres de possession sur certaines terres disputées par elle à l'église de Reims. Cette thèse si aventureuse, et dont la démonstration laisse tant à désirer, a rallié tout de suite M. Wattenbach, qui s'est empressé de qualifier le *Vita Genovefæ* d'impudente fiction, *freche Faelschung* (Voir *Deutschlands Geschichtsquellen im Mittelalter*, 6ᵉ édition, t. II, p. 498.) M. Krusch a trouvé un redoutable contradicteur dans Mgr Duchesne, qui réfute point par point l'argumentation du savant archiviste de Bresslau, et qui maintient avec énergie la date traditionnelle donnée par l'hagiographe lui-même (*La vie de sainte Geneviève est-elle authentique?* dans la *Bibliothèque de l'École des Chartes*, t. 54, 1893). M. Krusch lui a répondu assez faiblement dans une dissertation intitulée, plus modestement, cette fois: *Das Alter der Vita Genovefæ* (*Neues Archiv*, t. XIX, 1894), où il maintient, d'ailleurs, toutes ses positions. Deux années plus tard, dans la préface qu'il a mise en tête de son édition du *Vita* (*Scriptores Rerum Merovingicarum*, t. III.), il rompait une nouvelle lance en faveur de sa thèse et ajoutait quelques arguments à ceux qu'il avait présentés en 1893, ce qui provoqua une courte réplique de Mgr Duchesne dans le *Bulletin critique* de 1897. Enfin, en 1898, M. Ch. Kohler à son tour entrait en lice avec une solide dissertation intitulée: *La vie de sainte Geneviève est-elle apocryphe? (Revue historique,* t. 67, 1898), où il battait en brèche la classification des manuscrits faite par M. Krusch et soutenait que le passage relatif à Saint-Denis, qui se trouve dans la recension considérée par M. Krusch comme l'original, était une interpolation. A la suite de cette longue discussion, le critique bollandien qui s'est constitué juge des coups, et dont les articles très judicieux ont reflété avec la plus grande sincérité l'impression mêlée que produisait l'argumentation des divers contradicteurs (*Analecta Bollandiana*, t. XII, p. 470; XIV, pp. 334-335; t. XVI, p. 87) a finalement abandonné M. Krusch (t. XVI, p. 368), malgré la sympathie visible que lui inspirait la vigoureuse polémique du savant allemand[364]. Moi-même, s'il m'est permis de me citer, après un nouvel et consciencieux examen de la question, j'ai abandonné l'opinion mitoyenne que j'avais formulée dans l'*Histoire poétique des Mérovingiens*, p. 503, et dans l'appendice de la première édition du présent livre, p. 601. Loin de faire un pas de plus du côté de la thèse de M. Krusch, comme celui-ci l'espérait (*S. R. M.*, III, p. 685), je me suis convaincu que mes raisons pour admettre un certain remaniement du *Vita* au neuvième siècle étaient, en grande partie, écartées par la démonstration de Mgr Duchesne et de M. Kohler, et je vois contre la thèse de M. Krusch d'autres raisons que je me propose d'exposer prochainement.

[363] Dans la première édition de ce livre, p. 600, j'avais cru pouvoir conclure de ce silence à l'endroit de son prédécesseur que M. Krusch ignorait le travail de Wallin. Depuis lors, M. Krusch a protesté contre cette hypothèse (*S. R. M.*, t. III, p. 686): il n'a pas ignoré l'écrit en question, dit-il, mais *ad rem ea fere nihil facit, cum auctor doctissimus Carpentarii usus editione recensionem falsam esse demonstraverit.* Cette raison me paraît étrange; quelle qu'ait été l'opinion de Wallin, trompé comme du Molinet et du Moulinet sur le texte original de la Vie, il est certain que ce n'est pas à une recension de celle-ci, mais à la vie elle-même qu'il s'est attaqué, et cela avec des arguments que M. Krusch n'a pas dédaigné de lui emprunter tacitement.

[364] Je serais reconnaissant à M. Krusch de ne pas me dénoncer outre-Rhin comme un ennemi de la science allemande parce que je lui donne, comme à d'autres de ses compatriotes, le double qualificatif de savant allemand, ainsi qu'il l'a fait dans le *Neues Archiv*, t. XX, p, 511. Tous ses amis français lui diront que l'emploi d'une pareille expression n'implique nullement les noires intentions qu'il m'a attribuées.

Mais, de ce qu'il reste établi que la *Vie* a bien été écrite au sixième siècle, il ne s'ensuit nullement qu'elle mérite d'être crue sur parole dans toutes ses parties. Il est certain qu'écrivant, comme il le dit, dix-huit ans après la mort d'une sainte qui en a vécu plus de quatre-vingts, et, de plus, ne la connaissant que par une tradition qui avait dû, sur plus d'un point, subir l'influence de l'enthousiasme populaire pour elle, il a pu introduire dans son récit des amplifications et des légendes, tout spécialement dans l'histoire de l'enfance et de la jeunesse de son héroïne. Faire le départ de cet élément légendaire et du fond historique de la vie sera toujours un travail difficile, sinon impossible, en l'absence de presque tout moyen de contrôle, et on devra continuer de se servir des données du *Vita* avec une certaine réserve. C'est avec les mêmes restrictions qu'il faut signaler les principales vies modernes de la sainte, à savoir celle de Saintyves: *Vie de sainte Geneviève, patronne de Paris et du royaume de France*, Paris, 1846, qui reste la meilleure; celle de l'abbé Vidien, *Sainte Geneviève, patronne de Paris et son influence sur les destinées de la France*, Paris, 1889; et celle de M. l'abbé Lesètre, *Sainte Geneviève*, Paris, 1900 (Collection *Les Saints*), qui, toutes les deux, pèchent par l'insuffisance de la critique.

SAINT FRIDOLIN, abbé de Saeckingen (6 mars).—La vie de ce saint, écrite au dixième siècle par un moine de Saeckingen nommé Balther, et dédiée à Notger de Saint-Gall, se trouve au tome I de mars des Bollandistes, au tome I de Mone, *Quellensammlung der badischen Landesgeschichte*, Karlsruhe, 1848, et au tome III des *Scriptores Rerum Merovingicarum*. D'après ceux-là, il s'agirait de Notger le Bègue; d'après M. Krusch, de Notger à la Lèvre.

L'auteur raconte, à peu près à la manière de Hincmar dans sa vie de saint Remi, qu'en rentrant d'un voyage de quatre ans à travers la France jusqu'aux confins de l'Espagne, il a trouvé cet écrit dans le monastère de Helera, fondé autrefois par le saint sur la Moselle; l'exemplaire qui existait à Saeckingen même avait été, dit-il, détruit par les Normands, mais il était encore dans le souvenir de plus d'un moine de ce lieu: «Adhuc etiam supersunt multi, qui eumdem librum antequam ita, ceu dixi, perderetur, non solum viderunt sed sæpius legerunt: sicque verum esse profitentur, veluti jam per me narratur.» *o. c.* p. 434, A. Il ajoute que, comme on ne voulut pas lui laisser emporter le volume, il l'apprit par cœur, en partie textuellement, et, rentré chez lui, le mit par écrit en se servant de sa seule mémoire. Ni ces détails, qui sentent le roman, ni la vie elle-même, ne peuvent nous empêcher de constater que nous sommes en présence d'une fiction.

SAINT GERMIER DE TOULOUSE (16 mai).—La vie de saint Germier est signalée comme ayant existé avant 1245 dans un passionnaire de l'abbaye de Lézat; mais on ne la possède aujourd'hui que dans le manuscrit 477 de la bibliothèque de Toulouse, qui est du commencement du quatorzième siècle. C'est d'après une copie défectueuse de ce texte que Papebroch l'avait publiée dans les *Acta Sanctorum*, t. III de mai, p. 592. L'abbé Douais vient de la publier d'après le manuscrit 477 lui-même dans le tome L des *Mémoires de la Société des Antiquaires de France* (1890). Les auteurs de l'*Histoire générale du Languedoc* placent la composition de cette vie à la fin du onzième siècle, ce qui n'est pas de nature à lui faire accorder beaucoup de valeur. Il est vrai qu'elle semble se référer à un écrit plus ancien; car on y lit, p. 80, que saint Germier, passant la mer, vint à Toulouse accompagné seulement de deux jeunes clercs: *quorum unus Placidius alter Preciosus vocabatur... quorum unus Preciosus sanctissimi confessoris Germerii vitam vel actus longe post scripsisse peribetur.* M. Douais croit même retrouver dans le texte qu'il publie des indices d'une rédaction mérovingienne antérieure, qui aurait été fondue dans l'actuelle; j'avoue que je n'ai pas été aussi heureux que lui.

Selon M. l'abbé Douais, dans l'*Examen critique* qu'il place en tête de la vie du saint, celui-ci serait devenu évêque de Toulouse en 507 ou au plus tard en 511, et son entrevue avec Clovis aurait eu lieu pendant la guerre d'Aquitaine, soit à l'aller, soit au retour de l'armée franque. M. Douais s'attache aussi à rendre probable la tradition relative à l'amitié de saint Germier et de saint Remi de Reims. En revanche, Mgr Duchesne ne paraît pas sûr que saint Germier ait jamais existé, et, de fait, il ne l'accueille pas sur sa liste des évêques de Toulouse (Duchesne, *les Fastes épiscopaux de l'ancienne Gaule*, Paris, 1894, p. 296, cf. *Analecta Bollandiana*, t. X, p. 61.)

SAINT GILDARD ou GODARD DE ROUEN (8 juin).—La vie de ce saint a été publiée dans les *Analecta Bollandiana*, t. VIII, pp. 393-402. Elle n'est pas antérieure au premier quart du dixième siècle, puisqu'il y est parlé de Rouen comme de la capitale des Normands (*metropolis Danorum*, p. 397). Saint Gildard y est présenté comme un jumeau de saint Médard, mort le même jour et à la même heure; bon nombre de faits de la vie de saint Médard par le pseudo-Fortunat sont purement et simplement racontés ici de saint Gildard. Cette substitution de personnages paraît devoir son origine à la coïncidence de la fête des deux saints au même jour du calendrier. La partie originale de la vie de Saint Gildard, c'est un curieux passage où la conversion de Clovis est présentée comme le résultat de ses efforts et de ceux de son frère Médard: tous deux, étant du palais, auraient fréquemment exhorté le roi à se faire chrétien, et, unis à saint Remi, ils auraient fini par le décider. Je reproduis ici tout le passage, qui est peu connu:

«His crebro cum rege Clodoveo ratiocinantibus et de futura vita vel ex perceptione regni cœlestis philosophantibus vera quoque assertione quæ sunt supernæ patriæ declarantibus patienter idem princeps aurem præbebat divinis persuasionibus. Tandem tactus Spiritu sancto intrinsecus non solum monitis salutaribus consensit, sed etiam tirocinium christianæ militiæ suscepit, ac non multo post, defuncto Remorum archiepiscopo, clamore populi et providentia Dei Remedius in cathedra pontificali levatur præsul.

»Eadem tempestate accidit etiam Veromandensium pontificem obisse et Rotomagensium metropolis Danorum archipræsulem hominem exuisse. In quorum patriarchio et favore vulgi ac auctoritate regis divinique testimonio oraculi, duæ ecclesiæ statuuntur columnæ: Medardus Veromandensium, Gildardus vero Rotomagensium sedis consecrantur episcopi. Beatus itaque Remedius qui et Remigius non destitit cum beatissimo Medardo cœptum christianæ fidei iter regi propalare, donec quirent sæpe dictum principem sacri fonte baptismatis perfundere. Quod et factum est. Nam in civitatem Remorum venientes in basilica sancti Petri, quæ nunc dicitur *ad palatium*, missas celebraverunt et ea quæ Dei sunt agentes, beatus Remedius regem baptizavit, et de sacro fonte illum beatus Medardus suscepit. Persuasu denique patris, benevolentia ac devotione regia nobilissimus filius vocabulo Clotharius ejusdem fidei suscepit sacramentum, et suæ acceptionis sanctissimum patrem habere promeruit Medardum.» (*O. c.*, p. 397.)

La grosse erreur qui consiste à mentionner dans la dernière phrase Clotaire, fils catholique de Clotilde, et qui peut-être n'était pas encore né à l'époque du baptême de son père, donne la mesure qu'il convient d'attribuer à la Vie de saint Gildard.

SAINT HILAIRE DE POITIERS (14 janvier).—La vie de ce saint, mort en 378, fut écrite au sixième siècle, à la demande de l'évêque Pascentius de Poitiers, par le célèbre Fortunat; on la trouve dans l'édition des œuvres de cet auteur par Leo et Krusch, M. G. H., *Auctor. Antiquiss.*, t. IV. Elle est composée de deux parties: la biographie proprement dite, dont la paternité a été souvent contestée à Fortunat pour des raisons d'ailleurs insuffisantes, et les miracles du saint, que tout le monde s'accorde à reconnaître comme l'œuvre de cet auteur. C'est dans cette dernière partie que se trouve l'épisode du signal de feu qui, de la tour de Saint-Hilaire, vint briller sur la tente de Clovis. Écrit entre 565 et 575, d'après les traditions poitevines recueillies sur place, il a fort probablement été puisé à la même source que le récit de Grégoire de Tours, et cependant il s'en écarte considérablement. On connaît la version de Grégoire. Il est à remarquer que, d'après Fortunat, le signal de feu fut donné au milieu de la nuit (*media nocte meruit de basilica beati viri lumen super se venientem aspicere*), et que Clovis fut averti de ne pas aller au combat avant d'avoir été prier sur le tombeau de ce saint (*admonitus ut festinanter sed non sine venerabilis loci oratione adversum hostes conflictaturus descenderet*), enfin, que le saint fit entendre sa voix au roi franc (*parum illi fuit pro solatio regis signum ostendere luminis, nisi aperte monitus addidisset et vocis*). D'après cela, il faudrait admettre que Clovis était déjà maître de Poitiers lorsqu'il reçut le signe lumineux et qu'il entendit la voix du saint: il ne pouvait pas aller prier dans la basilique si Poitiers n'était à lui, et le mot *descenderet* indique bien qu'il occupait la ville. Il faudrait admettre encore que la bataille ne s'est pas livrée à Vouillé, mais au sud de Poitiers; car comment supposer que le roi franc eût pu s'emparer de la ville sans coup férir, si Alaric avait été campé dans le voisinage pour la protéger? Il faudrait donc modifier singulièrement notre récit de la bataille de Vouillé, si l'on pouvait croire que Fortunat est l'écho fidèle de la tradition poitevine.

Mais Grégoire de Tours lui-même, par la manière dont il la rapporte, semble n'avoir pas cru aux détails donnés par Fortunat. Et, de fait, ces derniers sont contradictoires: le signe lumineux devient absolument inutile, si la ville de Poitiers et la basilique de Saint-Hilaire sont aux mains de Clovis; à plus forte raison la voix surnaturelle. Aperçu de loin, et venant d'un poste encore aux mains de l'ennemi, le signe lumineux a toute sa valeur. Nous sommes donc obligé de croire que la version de Grégoire est la seule admissible, et tout ce qui se trouve en plus dans Fortunat est une superfétation oiseuse.

SAINT JEAN DE REOME (28 janvier).—La vie de saint Jean de Réomé fut écrite vers 659 par l'abbé Jonas de Bobbio, pendant le court séjour qu'il fit au monastère de Moutier-Saint-Jean, fondé par ce saint dans les environs de Semur (Côte-d'Or). Nous n'en avons possédé longtemps qu'un remaniement du neuvième siècle, publié par Mabillon (*Acta Sanctorum O. S. B.* t. I), et un second remaniement plus développé qui a été publié d'abord par Roverius (*Reomaus seu historia monasterii sancti Joannis Reomaensis*, Paris, 1637), et ensuite par les Bollandistes (*Acta Sanctorum*, t. II de février). Le texte original a été retrouvé de nos jours par Krusch et publié par lui dans *Mittheilungen des Instituts für œsterreichische Geschichtsforschung*, t. XIV. Les principales questions relatives à cet écrit ont été savamment élucidées par Stoeber dans *Sitzungsberichte der phil. hist. Classe der K. Akademie der Wissenschaften*, Vienne, 1885, et par Krusch en tête du texte publié par lui.

SAINT LEONARD, solitaire en Limousin.—La vie de saint Léonard a été publiée pour la première fois par M. le chanoine Arbellot (*Vie de saint Léonard, solitaire en Limousin*, Paris, 1863, pp. 277-289); elle vient d'être rééditée dans *S. R. M.*, t. III. Cet ouvrage, que l'éditeur voudrait faire remonter jusqu'au huitième siècle tout au moins, ne semble pas antérieur au onzième (*Histoire littéraire de France*, t. VIII). A cette date, l'évêque Jourdain de Limoges ne la connaissait pas encore, puisqu'il demandait à Fulbert de Chartres de lui procurer une biographie de son saint: «Jordanus etiam, Lemovicensis episcopus, cui olim suffragium præstiti apud archiepiscopum Bituricensem, plurima te salute impertiens, rogat suppliciter ut mittas ei vitam sancti Leonardi, in episcopatu suo quiescentis ut aiunt; sicubi reperire poteris, pulchre dicas hoc feneratum esse (*Patrol. lat.*, t. CXLI, col. 275, cité par M. le chanoine Arbellot, *o. c.*, p. 241). Ce passage n'est susceptible que d'une seule interprétation, celle que lui ont donnée les auteurs de l'*Histoire littéraire de France*, en concluant qu'il n'existait pas de vie de saint Léonard à la connaissance de Jourdain, et qu'il désirait ardemment qu'on en découvrît une. Comment le vénérable éditeur de la vie a-t-il pu traiter d'*étrange méprise* cette interprétation et écrire: «Sans doute, elle (la vie de saint Léonard) ne se trouvait pas dans la bibliothèque de l'évêque de Limoges, mais si elle n'eût existé nulle autre part, Jourdain l'eût-il fait demander à l'évêque de Chartres?» L'erreur est manifeste. Au surplus, l'ouvrage, conservé dans plusieurs manuscrits du onzième et du douzième siècle, est à peu près entièrement fabuleux, et on ne doit rien croire des prétendues relations du saint avec Clovis. M. le chanoine Arbellot montre lui-même (*o. c.*, pp. 259 et suivantes) qu'il ne peut pas être question de ce roi, bien qu'il se refuse à reconnaître le caractère légendaire de l'épisode.

SAINT MAIXENT (26 juin).—La rédaction primitive de la vie de ce saint, connue et utilisée par Grégoire de Tours (v. ci-dessus p. 237), a été remplacée de bonne heure par deux recensions plus modernes. La première se trouve dans Mabillon (*Acta Sanctorum O. S. B.*, t. I), la seconde dans les Bollandistes (*Acta Sanctorum*, t. V de juin). Cette dernière contient des indices de postériorité qui ne permettent pas de la faire remonter au delà du commencement du septième siècle. L'autre n'est guère plus ancienne, car elle a en commun avec la précédente l'amplification légendaire qui introduit Clovis lui-même dans l'épisode du soldat pillard, et le fait tomber aux genoux du saint. Sur la modernité de ces recensions, voir mon étude sur *les Sources de l'histoire de Clovis dans Grégoire de Tours*.

SAINT MELAINE (6 janvier).—Nous possédons actuellement la vie de saint Melaine en trois recensions. L'une se trouve dans les *Acta Sanctorum* des Bollandistes, t. I de janvier; une autre a été publiée par les Bollandistes dans le t. I du *Catalogus codicum hagiographicorum bibliothecæ nationalis Parisiensis*, p. 71, et en partie dans les *Scriptores Rerum Merovingicarum*, t. III, la troisième enfin dans le t. II du *Catalogus*, p. 531.

C'est cette dernière qui paraît aux Bollandistes modernes la plus ancienne, tandis que M. Lippert (*Zur Vita Melanii* dans *Neues Archiv*, t. XIV, 1889) et M. Krusch, (*S. R. M.*, t. III, p. 370) ont prouvé, d'une manière selon moi irréfutable, que c'est la première qui est la plus ancienne. Contrairement à Bollandus, qui regarde la vie comme contemporaine, et qui est suivi par dom Rivet (*Histoire littéraire de la France* t. III) et par dom Plaine (*Étude comparative des trois anciennes Vies de saint Melaine* dans *Revue historique de l'Ouest*, t. V et VIII; cf. *Analecta Bollandiana*, t. XIII, p. 179) les deux érudits allemands rendent vraisemblable qu'elle est du neuvième siècle, et antérieure à la translation des reliques du saint à Bourges en 853, mais postérieure à l'*Adnotatio de Synodis*, qui est elle-même du huitième ou du neuvième siècle et qui a servi de source à la Vie.

SAINT MESMIN, abbé de Micy (15 décembre).—Nous possédons deux Vies de saint Mesmin de Micy. La première existe dans des manuscrits du dixième siècle, et a été copiée au onzième par Hugues de Flavigny. Mabillon, qui l'a publiée dans les *Acta Sanctorum O. S. B.*, t. I, la croit du septième siècle. Nous en possédons une rédaction assez différente, dont la partie substantielle a été publiée par les Bollandistes, dans le *Catalogus codicum hagiographicorum bibl. nat.*

Paris., t. I, pp. 300-303, d'après un manuscrit du onzième siècle. Bien que cette Vie ait déjà un caractère assez légendaire, elle paraît cependant reposer sur un fond historique solide, et avoir connu un diplôme de fondation de l'abbaye, émis par Clovis. La seconde a pour auteur Bertold, moine de Micy, et est dédiée à l'évêque Jonas d'Orléans († 843). Il y aurait lieu d'examiner les rapports qu'il y a entre ces deux documents, jusqu'à présent fort peu étudiés, et dont le premier mérite une sérieuse attention.

SAINT PATERNE, évêque de Vannes (15 avril).—Sa vie se trouve dans les *Acta Sanctorum* des Bollandistes, tome II d'avril. C'est un écrit du quatorzième siècle, dû au moine Jean de Tynemouth, rempli de fables, et qui identifie de la manière la plus bizarre ce saint d'Armorique avec un saint gallois du même nom, vénéré dans le Cardiganshire. Le saint Paterne historique fut ordonné évêque de Vannes vers 465; on ne sait pas la date de sa mort, mais au concile d'Orléans, en 511, son successeur était Modestus. Au reste, le premier document qui le mette en rapport avec Clovis est un sermon prêché au douzième siècle à Vannes et contenant une description des reliques de l'église de cette ville; un fragment de ce document a été publié par M. A. de la Borderie dans *Saint Paterne, premier évêque de Vannes*, Vannes 1893, et dans l'*Histoire de Bretagne*, t. I, p. 331. Contre ce rapprochement, voyez Mgr Duchesne, *Saint Paterne, Revue Celtique*, (1893) et *Fastes épiscopaux de l'ancienne Gaule* t. II (1900), p. 371.

SAINT REMI, évêque de Reims (1er octobre).—Nous savons qu'il existait du temps de saint Grégoire de Tours une Vie de saint Remi, dans laquelle, selon toute apparence, le chroniqueur franc avait puisé une bonne partie de ses renseignements sur Clovis. (V. ci-dessus p. 236.) Cette Vie, malheureusement, disparut de bonne heure, et fut remplacée vers le commencement du huitième siècle, si je ne me trompe, par un écrit qui laissait de côté le rôle public du saint pour ne le faire connaître que comme thaumaturge (*Acta Sanctorum* des Bollandistes, t. I d'octobre; Ghesquière, *Acta Sanctorum Belgii*, t. I; *M. G. H., Auctores Antiquissimi*, t. IV, édition de Krusch dans les œuvres de Fortunat). Cette Vie, que Hincmar attribue par erreur à Fortunat, trahit sa basse époque par sa destination exclusivement liturgique et par son ignorance de la biographie du saint, et elle est presque entièrement dépourvue de valeur historique; aussi est-on étonné de voir un critique du mérite de M. Krusch s'obstiner à l'identifier avec le *Vita Remigii* lu par Grégoire de Tours. Revenant sur la question pour répondre aux objections que je lui ai présentées en 1888, M. Krusch ne trouve à m'opposer que de gros mots au lieu de bonnes raisons, et se voit finalement obligé, par la logique de son erreur et par l'impossibilité où il s'est mis d'expliquer l'origine du récit de Grégoire sur la conversion de Clovis, d'imaginer que le tout est une invention de Grégoire lui-même. (V. *Neues Archiv*, t. XX, 1895, et mon étude sur *Les Sources de l'histoire de Clovis dans Grégoire de Tours*, avec les auteurs qui y sont cités). Cette conclusion s'impose, étant donné le point de vue défendu par M. Krusch, mais elle en démontre aussi la foncière défectuosité. Aucun critique au courant des choses mérovingiennes n'admettra que Grégoire ait tiré de sa seule imagination des tableaux comme celui du baptême de Clovis. Et j'imagine que l'identification de l'œuvre du pseudo-Fortunat avec la Vie primitive de saint Remi rencontrera peu de partisans. Hincmar nous dit d'ailleurs qu'elles étaient distinctes, et ce n'est pas écarter son témoignage que de dire qu'il est un faussaire, et d'alléguer qu'il nous raconte sur ce vieil écrit un vrai roman. Même en accordant ces deux points à M. Krusch, il n'en restera pas moins établi que Hincmar était convaincu de la non-identité des deux textes. Nous le voyons qui cherche à se procurer l'ancienne Vie et qui écrit au roi Louis pour s'en informer (V. Flodoard dans *M. G. H.* XIII, pp. 511, 512); sa sincérité sous ce rapport ne fait donc pas de doute, et, s'il en est ainsi, il devient bien difficile de contester la valeur de son témoignage. Et sur quoi se fonderait-on aujourd'hui pour se croire autorisé à prétendre que Hincmar se trompait et que la Vie qui était l'objet de ses recherches n'avait jamais existé?

On comprend que, la vie primitive ayant disparu et l'œuvre du pseudo-Fortunat n'ayant aucune valeur, Hincmar se soit préoccupé de fournir au public une biographie plus sérieuse de l'apôtre des Francs. Il composa donc, vers 878, l'écrit que nous possédons sous son nom. (V. *Acta Sanctorum* des Bollandistes, t. I. d'octobre et *S. R. M.*, t. III (édition de Krusch, qui donne un texte plus complet.)

C'est un ouvrage composé selon les procédés compilatoires de l'érudition d'alors, et prenant pour principe cette parole de Beda que «*la vraie loi de l'histoire, c'est de mettre simplement par écrit, pour l'instruction de la postérité, ce que l'on a recueilli sous la dictée de la voix publique. (Vita S. Remigii præf.* p. 253, d'après Beda le Vénérable, *Hist. eccl. Angl., præf.)* Les sources principales sont le *Vita* du pseudo-Fortunat et le *Liber Historiæ*, qu'il cite sous le nom de *Historiæ* (c. 11) et auquel il renvoie ailleurs par ces mots: *Sicut lector in suo loco pluries legere potest. (Vita. S. Remigii* dans *AA. SS.* IV, 53, et dans Krusch *S. R. M.* III, p. 293.)* Il dit également avoir possédé quelques feuillets, en fort mauvais état, de la vie du sixième siècle, et il raconte au sujet de cet ouvrage une historiette qui a tout l'air, à première vue, d'un de ces lieux communs, chers aux romanciers et aux poètes du moyen âge. Par contre, il ne paraît pas avoir connu Grégoire de Tours ni Frédégaire, puisqu'il ne leur emprunte rien de ce qu'ils ont en plus que le *Liber Historiæ*, et qu'il suit pas à pas ce dernier[365]. Outre les renseignements puisés dans ces sources écrites, Hincmar a mis en œuvre bon nombre de traditions orales, les unes ecclésiastiques, les autres populaires, qui présentent un vif intérêt pour la connaissance du milieu où elles se racontaient. Enfin, ne résistant pas à l'envie d'exagérer l'importance de Remi et aussi celle du siège de Reims, Hincmar a introduit son héros dans tous les épisodes de la vie de Clovis et lui a fait honneur de toutes ses œuvres. Il serait très intéressant de faire le départ de ces trois catégories de renseignements, et d'établir, par une étude critique sur les sources du *Vita Remigii*, comment procédait l'érudition du neuvième siècle pour reconstituer l'histoire d'un passé lointain. Dès maintenant, toutefois, on est fixé sur le degré d'historicité de l'ouvrage, et l'on ne souscrira plus au jugement de Dubos, disant qu'«on doit regarder la vie de saint Remi, compilée par Hincmar, plutôt comme un monument du sixième siècle que comme une production du neuvième, puisque son auteur s'est servi pour le composer d'un ouvrage écrit dès le sixième siècle, etc.» (*Histoire critique de l'établissement de la monarchie française dans la Gaule*, livre III, ch. 19). D'autre part, traiter tout bonnement Hincmar de faussaire, et placer la *Vie de saint Remi* dans les documents apocryphes, comme font M. Krusch et à sa suite Wattenbach (*Deutschlands Geschichtsquellen*, 6ᵉ édition, Berlin 1894, t. II, p. 494), c'est une injustice manifeste, et qui ne peut s'expliquer que par la plus étrange prévention.

[365] M. Krusch *S. R. M.*, III, p. 240, croit que Hincmar a connu Grégoire de Tours et Frédégaire, mais reconnaît qu'il les a peu utilisés: *Neque vero ex ipsis deprompsit nisi pauca verba*. Et il cite Grégoire *H. F.* II, 27 et 31, et Frédégaire, II, 58, III, 16, 21 dont on retrouverait trace dans le *Vita Remigii*, cc. 11, 15, 14. Je ne puis me le persuader. En ce qui concerne Grégoire, les deux passages où la coïncidence verbale du *Vita Remigii* est un peu plus grande avec Grégoire qu'avec sa source ordinaire, qui est le *Liber Historiæ*, ils prouvent peut-être que Hincmar avait sous les yeux une meilleure recension de ce dernier ouvrage que celle que nous avons conservée. Quant à Frédégaire, que Hincmar suit pour le nom de l'évêque qui est le héros du vase de Soissons, et aussi pour la date du baptême de Clovis, qu'il place à Pâques et non à Noël comme Grégoire, le doute serait plus plausible; cependant il n'est pas prouvé que Hincmar n'ait pas trouvé ce double renseignement ailleurs, et que le premier, notamment, ne lui avait pu être fourni par des écrits de sa propre église. Par contre, si Hincmar avait connu Grégoire, ne lui aurait-il pas emprunté sa comparaison de saint Remi avec saint Silvestre, si flatteuse pour son héros, et n'aurait-il pas reproduit, d'après lui, la lettre du saint à Clovis, pour le consoler de la mort de sa sœur?

Les vies modernes de saint Remi, parmi lesquelles nous ne signalerons que celle de M. l'abbé Haudecœur: *Saint Remy évêque de Reims, apôtre des Francs*, Reims, 1896, pèchent toutes par la même répugnance que montrent leurs auteurs à débarrasser une bonne fois sa biographie de la végétation légendaire et fabuleuse qui en défigure le caractère. On trouvera l'énumération de tous ces écrits, jusqu'à 1890, dans l'excellent opuscule de M. H. Jadart: *Bibliographie des ouvrages concernant la vie et le culte de saint Remi (Travaux de l'Académie nationale de Reims*, t. LXXXVII, 1891), et on lira aussi avec fruit, du même auteur, *La Vie de saint Remi dans la poésie populaire*. (Même recueil, t. XCVII, 1895.)

SAINT RIEUL DE SENLIS (30 mars).—Les Bollandistes publient sa vie dans leur tome III de mars, et en deux textes. Le plus court, qui est aussi le plus ancien, ne contient pas l'épisode où il est question de Clovis. Les Bollandistes les regardent l'un et l'autre comme étant du dixième ou du onzième siècle. Le livre de Jaulnay, *le Parfait prélat*, contient un troisième texte, qui se retrouve aussi dans le manuscrit 5295 de la Bibliothèque nationale de Paris, du onzième siècle, et qui n'est qu'une paraphrase du deuxième des Bollandistes. On y lit ce passage:

«Venerabilis Deoque amabilis Coelestinus ex nobili Hibernorum provincia exortus, divinâ inspiratione spiritaliter dictare conatus esse [eam vitam dicitur] ob gloriosissimi regis jussionem Chlodovei, qui sanctorum confessorum Christi Remigii et Vedasti exhortatione piaque prædicatione baptizatus et ad Dei fidele servitium est conversus. Ille enim cum desiderio fuisset excitatus, aliquid particulatim de præfati sanctissimi confessoris reliquiis accipere, Deo revelante, super sarcophagum ejus duabus tabulis lapideis vitam ejus inscriptam invenit, et ad agnitionem omnium infamari præcepit.»

Il est inutile de dire que cet Irlandais Coelestinus ne se trouve nulle part.

SAINT SACERDOS DE LIMOGES (5 mai).—Sa Vie a été publiée par les Bollandistes dans le tome II de mai. Elle fut écrite au douzième siècle par Hugues de Fleury, qui dit s'être servi d'une biographie antérieure du même saint. On voit par l'épisode même où il est mis en relation avec Clovis, comme aussi par le recueil des notes prises par Hugues de Fleury pour la composition de son travail, que le saint, dans la pensée de l'hagiographe, appartient bien au sixième siècle. Sur cette question de la date, il faut lire l'article de M. Couderc, dans *Bibliothèque de l'École des Chartes*, t. LIV (1893), pp. 468 et suivantes.

SAINT SEVERIN, abbé de Saint-Maurice-en-Valais (11 février). Sa vie a été publiée dans les *Acta Sanctorum* des Bollandistes au tome III de février et dans les *S. R. M.*, t. III.—Le tombeau de saint Séverin était, dès le septième siècle, l'objet d'un culte religieux à Château-Landon, et l'on voit par la Vie de saint Éloi (I, 32) que celui-ci fabriqua la châsse de ce saint. Déjà le martyrologe d'Usuard et une recension de celui de Bède lui attribuent la guérison de Clovis: *Eodem die castro nantonensi sancti Severini abbatis monasterii agaunensis: cujus precibus cultor Dei rex Flodovæus a diutinâ infirmitate suâ liberatus est.*

La Vie de saint Séverin fut composée, au dire du prologue, sur l'ordre de l'archevêque Magnus de Sens (801-818), d'après un écrit antérieur qu'elle attribue à un prêtre Faustus. «Sacram sane libelli seriem, quam Faustus presbiter discipulus sancti Severini abbatis de ejus vita vel actibus post ipsius ediderat obitum transcribentes, jubente etiam venerabili viro Magno merito in nomine urbis senonicæ antistite, vitia scriptoris corrigere curantes, commodum duximus secundum ingenioli nostri capacitatem ejusdem historiæ textum aliquanto clariore propagare sermone.» (*O. c.*, p. 547 E.) Cette Vie toutefois ne contient pas autre chose que le récit du voyage de saint Séverin pour aller guérir Clovis, et de sa mort à Château-Landon, avec l'épisode de la guérison miraculeuse de l'évêque de Nevers. Il n'entre pas dans ma pensée d'accepter ce document sans contrôle, mais les motifs allégués contre son authenticité par M. Krusch ne suffisent pas pour lui permettre de traiter l'auteur de faussaire. (*La falsification des Vies de saints burgondes*, dans les *Mélanges Julien Havet*, p. 41-56, et *S. R. M.*, t. III, p. 166.) (Cf. Giry, *La Vie de saint Maur du Pseudo-Faustus.—Biblioth. de l'École des Chartes*, 57, 1896.)

SAINT SOLEIN DE CHARTRES (25 septembre).—Un résumé substantiel de la légende de saint Solein, contenant l'histoire de ses relations avec Clovis et de la part prépondérante qu'il prit à sa conversion et à son baptême, se trouve déjà, au neuvième siècle, dans le martyrologe de Raban-Maur.

D'autre part nous possédons une vie de ce saint que les Bollandistes tiennent pour fort ancienne, et dont le style rappelle à M. Krusch celui de Fortunat. Cette vie, que dans la première édition de ce livre je prenais à tort pour une amplification du douzième ou du treizième siècle, et que l'on trouve déjà dans un manuscrit du dixième (Bibliothèque royale de Bruxelles, n° 7984), vient d'être l'objet d'une édition critique par M. W. Levison (*Zur Geschichte des Frankenkœnigs Chlodowech*, dans *Bonner Jahrbücher*, t. CIII); il faudrait en reculer la composition jusqu'au delà du neuvième siècle s'il était prouvé, comme l'admet cet éditeur, que la notice de ce saint qui se trouve dans le martyrologe de Raban-Maur est le résumé de la Vie. Dans tous les cas, l'historicité des renseignements fournis par la Vie est très sujette à caution; la personnalité du saint, toutefois, est acquise à l'histoire, car Grégoire de Tours a vu sa tombe miraculeuse à Maillé. (*Gloria confess.*, c. 21.) Je ne sais ce qu'il faut penser de la notice donnée par un manuscrit du quatorzième siècle, d'après lequel, en faisant l'élévation de ses reliques, on aurait trouvé une inscription avec ces mots: *Hic requiescit Sollempnius episcopus, Clodovei regis tempore cum eo huc veniens hic sepultus.*

SAINT VAAST, évêque d'Arras (6 février).—M. Krusch a rendu un grand service aux études mérovingiennes en fournissant la preuve (*Mittheilungen des Instituts für œsterreichische Geschichtsforschung*, t. XIV) que la vie de ce saint qu'on trouve dans les *Acta Sanctorum* des Bollandistes au t. I de février et dans les *S. R. M.* t. III, a pour auteur l'abbé Jonas de Bobbio, qui la composa pendant son séjour à l'abbaye de Saint-Amand, vers le milieu du septième siècle. Aux nombreux arguments internes invoqués par M. Krusch à l'appui de sa thèse, je crois en devoir ajouter un. L'une des particularités caractéristiques du style de Jonas, c'est l'expression *inter incendia* suivie d'un déterminatif et prise dans un sens figuré: ainsi *inter flagrantis ignis incendia* (*Vita Columbani*, c. 58); *inter pœnæ incendia* (*V. Eustasii*, c. 18); *inter pœnas incendii* (*V. Attalæ*, c. 2, 6); *inter pœnas incendii* (*V. Bertulfi*, c. 15). Or cette expression reparaît aussi dans le *Vita Vedastis*, c. 1: *inter incendia bellorum*. Je n'ai pas souvenance d'avoir jamais trouvé cette expression ailleurs que dans les passages cités.

M. Krusch a prouvé aussi que la source de Jonas, dans l'histoire de la bataille contre les Alamans, a été soit Grégoire de Tours lui-même, soit sa source. Il aurait dû marquer cependant d'une manière plus nette que l'épisode de la guérison de l'aveugle de Rilly-aux-Oies par saint Vaast repose apparemment sur une antique tradition locale, comme l'a démontré récemment, d'une manière à mon sens concluante, le R. P. Jubaru dans son article intitulé: *Clovis a-t-il été baptisé à Reims?* (*Études religieuses*, etc., t. LXVII, 1896.) Il eût dû aussi convenir qu'il en est de même de la mention de Reims comme lieu du baptême, au lieu de prétendre, sur la foi d'une lettre de saint Nizier de Trèves mal interprétée (cf. ci-dessus, p. 324, note 2), qu'il faut absolument renoncer au baptême à Reims, qui serait dans la Vie de saint Vaast et dans Frédégaire, III, 21, le résultat d'une interprétation vicieuse du texte de Grégoire. Tout en accordant à M. Krusch que la Vie de saint Vaast cesse de pouvoir être mise en balance avec Grégoire de Tours pour l'épisode principal qu'elle raconte, nous continuerons de lui attribuer la valeur d'une tradition très ancienne sur un saint dont l'histoire est étroitement unie à celle de Clovis, et nous repoussons avec la plus grande énergie les étranges conclusions par lesquelles M. Krusch compromet la valeur de sa propre découverte.

§ III.—LOI SALIQUE

La plus ancienne rédaction latine de la *Loi salique* paraît être due à Clovis. Avant lui, cette loi était déjà arrêtée et fixée dans un ensemble de formules non écrites, mais confiées à la mémoire, et conçues dans l'idiome germanique des Francs. Cette rédaction germanique primitive, non mise par écrit, c'est évidemment celle qui fut l'œuvre des quatre prud'hommes, au dire de la tradition franque. Faite en terre germanique et par un peuple qui ne connaissait encore les Romains que comme des ennemis, elle ne pouvait être qu'en langue franque[366]. Il s'en est conservé de curieux vestiges dans les *gloses malbergiques* ajoutées au texte de la loi par plusieurs manuscrits. Cf. Kern, *Notes on the Frankish words in the Lex salica*, dans Hessels et Kern, *Lex salica*, pp. 433-435.

[366] C'est l'idée qui est à la base des traditions, et lorsque celles-ci disent que les auteurs de la loi la firent outre-Rhin, elles se trompent sans doute au point

de vue géographique, mais elles ne font qu'accentuer l'origine toute germanique de la loi.

Tout porte à croire que la première rédaction latine de la loi et sa mise par écrit sont du temps de Clovis. Le *Grand Prologue* de la loi, sans le dire explicitement, marque cependant en termes formels le souvenir de l'activité législative de ce roi; l'épilogue parle également de Clovis, bien qu'il ne le nomme pas, et tous les deux ajoutent qu'il a fait des additions à la loi. Celle-ci ne peut donc pas être postérieure à Clovis, puisqu'il l'a complétée; elle ne lui est pas antérieure non plus, puisqu'on ne prononce le nom d'aucun de ses prédécesseurs. Comme elle ne présente pas la moindre trace d'influence chrétienne, il semble bien qu'elle ait été rédigée avant la conversion des Francs au christianisme. Le *Grand Prologue* dit formellement que la nation franque fit sa loi *dum adhuc teneretur barbara*. Il est vrai qu'il semble faire ici allusion à la rédaction germanique; mais le manuscrit de Leyde se réfère à la rédaction de Clovis lorsqu'il écrit: *Non est sacramentum in Francos; quando illi legem composuerunt, non erant christiani.*

On croit retrouver la rédaction de Clovis dans le texte où la Loi salique se compose de soixante-cinq titres, dont le dernier est intitulé: *De caballo excorticato*. Ce texte est celui du manuscrit 4404 de la Bibliothèque de Paris, qui est donné pour le plus ancien dans les éditions de Pardessus, de Merkel et de Hessels. L'épilogue dit en termes formels que le roi des Francs, qu'il ne nomme pas et qui paraît être Clovis, ajouta trois titres à la loi, et que dès lors il y en eut soixante-huit. Le manuscrit de Leyde contient une notice disant que les quatre prud'hommes auteurs de la Loi salique se sont arrêtés au titre *de mitio fristito*; or ce titre est, en effet, le soixante-sixième dans le manuscrit 4404 de Paris, qui contient le texte original de la première rédaction latine.

Il est difficile de marquer avec précision le moment du règne de Clovis où eut lieu la rédaction de la Loi salique; toutefois, puisque d'une part elle paraît antérieure à sa conversion au christianisme, et que de l'autre le titre 47 indique la Loire et la Charbonnière comme limites des Francs qui se servent du texte latin, il semble bien qu'il faille placer la date de la rédaction entre 491 et 496.

La loi salique a été fréquemment éditée. Les divers textes de cet important monument législatif, y compris la *Lex emendata* de Charlemagne, ont été réunis par Pardessus, *La loi salique*, Paris, 1843, qui les a fait suivre de dissertations sur les principales questions qui s'y rapportent. A côté de ce remarquable ouvrage, qui n'a rien perdu de sa valeur, il faut placer l'édition synoptique de Hessels, *Lex salica, the ten texts with the glosses and the lex emendata, with notes on the frankish words in the lex salica by H. Kern*, Londres, 1880. Quant au texte primitif, il a été édité séparément par Waitz, *Das alte Recht der salischen Franken*, Kiel, 1846; par Merkel, Berlin, 1850; par J.-F. Behrend, Berlin, 1874.

Une seconde édition du travail de J.-F. Behrend a été publiée en 1897 à Weimar, par son fils, R. Behrend.

§ IV.—LETTRES

1. LETTRE DE CLOVIS AUX ÉVÊQUES DE SON ROYAUME

Sirmond, *Concilia Galliæ*, t. I, Paris, 1629, p. 176.—Dom Bouquet, IV, p. 54.—M. G. H., Boretius, *Capitularia Regum francorum*, t. I, Hanovre, 1883, p. 1.

Cette lettre, seul document authentique émané de Clovis qui soit arrivé jusqu'à nous, se trouve déjà dans des manuscrits du sixième et du septième siècle, en tête des canons du concile d'Orléans, en 511, et pour cette raison on s'est persuadé qu'elle était adressée aux Pères de ce concile. Cependant rien dans son texte ne permet de le croire, et tout prouve qu'elle a la valeur d'une circulaire royale adressée à l'épiscopat franc peu après la guerre d'Aquitaine, en vue de favoriser l'œuvre de réparation de l'Église. C'est l'opinion de Sirmond, *o. c.*, et aussi de Maassen, M. G. H., *Concilia*, qui n'admet pas la lettre dans son recueil. Boretius ne veut pas se prononcer.

2. LETTRES DE SAINT REMI A CLOVIS

Il y en a deux. (Dom Bouquet, IV, p. 51.—M. G. H., *Epistolæ merovingici et karolini ævi*, t. II, pp. 112 et 113.) La première fut écrite peu après 481, pour féliciter Clovis de son avènement au trône.

La seconde est une lettre de condoléance au sujet de la mort d'Alboflède, sœur de Clovis, *o. c.* Elle a été connue de Grégoire de Tours, qui en cite un fragment. (*Hist. Franc.*, II, 31.)

3. LETTRES DE THÉODORIC LE GRAND A CLOVIS

(M. G. H., *Cassiodori senatoris Variæ*, éd. Mommsen, *Auctores Antiquissimi*, t. XII, Berlin, 1894.—Dom Bouquet, IV, p. 2 et 4.)

Elles sont au nombre de deux. La première (Cassiodore, *Variar.*, II, 41) a pour but de détourner Clovis de poursuivre davantage les Alamans vaincus. Comme il est aujourd'hui établi qu'aucune des lettres de Cassiodore n'a été écrite avant 501 (Usener, *Anecdoton Holderi*, p. 70), celle qui nous occupe est de beaucoup postérieure à la date traditionnelle de la bataille de Clovis contre les Alamans. Comme, d'autre part, cette lettre semble se rapporter à des événements récents, les uns ont imaginé, comme Vogel (*Historische Zeitschrift*, t. LVI), de contester la chronologie de Grégoire de Tours, qui place la bataille contre les Alamans dans la quinzième année du règne de Clovis (496), et de la faire descendre entre les années 501 et 507, ce qui bouleverserait toute la suite des événements, même les mieux datés. Les autres ont préféré supposer que la guerre des Francs contre les Alamans se partage en plusieurs luttes, dont la première serait marquée par la bataille de 496, et dont les autres auraient eu lieu les années suivantes. (Schubert, *Die Unterwerfung der Alamannen unter die Franken*, Strasbourg, 1884, Mommsen, préface de son édition des *Variarum* de Cassiodore, pp. XXXII et suivantes.) Je me suis rangé à cet avis.

La seconde lettre de Théodoric à Clovis (Cassiodore, *Variar.*, III, 4) est écrite pour l'empêcher de faire la guerre à Alaric, roi des Visigoths. On ne peut la séparer des lettres 1, 2 et 3 du même livre IV, adressées dans le même but à Alaric, à Gondebaud et aux autres rois germaniques, et qui ont été analysées dans le texte de ce livre.

4. LETTRE DE SAINT AVITUS DE VIENNE A CLOVIS

(Sirmond, *Sancti Aviti Viennensis archiepiscopi opera*, Paris, 1643, n° 41.—Dom Bouquet, IV, p. 49.—Peiper, M. G. H., *Alcimi Ecdicii Aviti Viennensis episcopi opera quæ supersunt*; Berlin, 1883, n° 46.—Chevalier, *Œuvres complètes de saint Avit, évêque de Vienne*, Lyon, 1890, n° 38.)

Cette lettre fut écrite peu de temps après le baptême de Clovis, dans le commencement de 497. Elle a longtemps prêté à des malentendus, parce que, par suite d'une méprise du copiste, on y avait rattaché la fin d'une lettre écrite au nom de Gondebaud à l'empereur d'Orient. Pétigny (II, 433) est le premier qui se soit aperçu de l'erreur commise et qui ait prouvé qu'il faut séparer les deux documents, et sa conjecture a été admise par Peiper et par M. l'abbé Chevalier, dans leurs éditions respectives des œuvres de saint Avitus, ainsi que par M. Krusch, *N. A.*, XII (1887), p. 296. Les protestations de Jahn (*Geschichte der Burgundionen und Burgundiens*, t. II, p. 136, note 2), de Vogel (*Historische Zeitschrift*, t. LVI, p. 392) et d'Arnold (*Cæsarius von Arelate*, p. 203, note 652) contre une correction si heureuse doivent être tenues pour non avenues.

5. LETTRE DES PÈRES DU CONCILE D'ORLÉANS A CLOVIS (511)

Se trouve en tête des actes de ce concile; voir les éditions ci-dessus mentionnées de Sirmond et de Maassen. Pour le reste, cf. le texte, p. 132.

§ V.—DIPLOMES DE CLOVIS

Nous possédons en tout six diplômes attribués à Clovis, ou huit si l'on tient compte des diverses rédactions. Ce sont:

1. et 2. Diplômes pour Saint-Mesmin de Micy.
3 — — Saint-Jean de Réomé.
4 — — Saint-Pierre-le-Vif de Sens.

5 —— Sainte Marie de Bethléem en Gâtinais.

6. —— Saint-Hilaire de Poitiers.

On trouvera la bibliographie relative à ces documents dans Pardessus, *Diplomata, Chartæ, Epistolæ, Leges*, etc., Paris, 1843, t. I, et dans K. Pertz, M. G. H., *Diplomatum imperii tomus I*, Hanovre, 1872. Pour les travaux les plus récents, voir dans le texte du chapitre XII les passages relatifs aux diverses fondations en particulier. Il est à noter qu'aucun diplôme de Clovis n'est authentique, et que tout l'ensemble aurait dû figurer sous la rubrique qui suit, si quelques-uns ne pouvaient être considérés comme étant le remaniement moderne d'un original disparu.

§ VI.—DOCUMENTS APOCRYPHES

Nous ne mentionnerons pas ici les documents apocryphes qui sont depuis longtemps reconnus comme tels, par exemple le faux Hunibald de Tritheim et autres; il serait oiseux de faire l'énumération de ces pièces, qui ne trompent plus personne. Il y a plus d'utilité à marquer que dans les derniers temps une nouvelle officine de falsifications a été découverte, et que toutes les pièces sorties de cette fabrique doivent être tenues pour apocryphes. Le faussaire n'est autre que le savant Jérôme Vignier, et parmi les documents fabriqués par lui nous avons à noter ici:

1. La rédaction la plus courte du diplôme de Clovis pour Saint-Mesmin de Micy. C'était le seul diplôme de ce roi dont l'authenticité fût admise par les critiques, et notamment par les derniers éditeurs, Pardessus et Pertz.

2. Le *Collatio episcoporum*, c'est-à-dire le document relatif à une conférence d'évêques tenue à Lyon entre évêques catholiques et ariens, en présence du roi Gondebaud.

3. La lettre du pape Anastase II à Clovis. Bien que ne portant aucun caractère interne de supposition (elle est d'ailleurs trop courte pour offrir beaucoup de prise à la critique), cette lettre doit être tenue pour suspecte à cause de sa provenance.

Le mérite d'avoir dénoncé l'officine de Jérôme Vignier et d'avoir exclu par là de la littérature historique un bon nombre de pièces fausses appartient à Julien Havet, dans ses *Questions mérovingiennes*. (*Bibliothèque de l'École des Chartes*, t. XLVI, 1885, et *Œuvres de Julien Havet*, Paris, 1896, t. I.)

LA CONTROVERSE SUR LE BAPTÊME DE CLOVIS

Pour ne pas scinder d'une manière fâcheuse l'historique du baptême de Clovis, j'ai rejeté à la fin de ce chapitre l'exposé d'une théorie très radicale qui a été défendue à plusieurs reprises, dans ces derniers temps, au sujet de cet événement. Selon les érudits qui préconisent cette théorie, le baptême de Clovis n'aurait rien de commun avec le vœu fait sur le champ de bataille, et il faudrait écarter comme légendaire le récit de Grégoire de Tours. Examinons leurs raisons.

M. Krusch (*Zwei Heiligenleben des Jonas von Susa*, dans *Mittheilungen des Instituts für œsterreichische Geschichtsforschung* t. XIV) oppose à Grégoire de Tours la lettre de saint Nizier de Trèves à Clotsinde, petite-fille de Clovis et femme d'Alboïn, roi des Lombards. Dans cette lettre, le saint exhorte la reine à tâcher de convertir Alboïn, comme sa grand'mère Clotilde a autrefois converti Clovis. «Celui-ci, en homme avisé qu'il était, ne voulut pas se laisser convaincre avant d'avoir reconnu la vérité des miracles catholiques; l'ayant reconnue, il s'agenouilla humblement dans l'église de Saint-Martin et promit de se laisser baptiser sans retard.» V. le texte ci-dessus t. I, p. 323, note. M. Krusch déduit de ce passage: 1° que Clovis a été baptisé à Tours; 2° que son baptême n'a rien de commun avec la bataille des Alamans. Nous avons déjà montré en son lieu l'inanité de la première conclusion. Quant à la seconde, nous ferons remarquer que saint Nizier ne veut nullement raconter le baptême de Clovis, et qu'il a tenu à rappeler à Clotsinde comment il s'est laissé persuader de la vérité de la religion catholique: c'est, dit-il, après avoir reconnu la réalité de ses miracles. Tout lecteur non prévenu accordera que ce passage ne prouve rien contre le vœu du champ de bataille: tout au contraire, on aurait le droit de soutenir qu'il y fait allusion, car enfin, quel miracle pouvait paraître à Clovis plus persuasif que celui de sa victoire? Chose étonnante! M. Krusch croit que son interprétation est confirmée par le passage de la lettre de saint Avitus où ce prélat écrit qu'«en vain les sectateurs de l'hérésie ont essayé de voiler aux yeux de Clovis l'éclat de la vérité chrétienne par la multitude de leurs opinions contradictoires.» Cela prouverait, selon M. Krusch, que Clovis n'a été empêché de se faire chrétien que par les divisions confessionnelles au sein du christianisme, et que, partant, le récit de Grégoire de Tours appartient au domaine de la fable: «Es existiert folglich kein Zusammenhang zwischen der Taufe und der Alamannenschlacht.» (p. 444.) De pareilles assertions portent leur réfutation en elles-mêmes. Le passage visé d'Avitus prouve que les ariens ont essayé de gagner Clovis à leur cause: en quoi cela exclut-il le vœu du champ de bataille et sa conséquence naturelle, qui est le baptême du roi franc? M. Krusch va plus loin, et par une série de raisonnements fallacieux sur la chronologie des lettres de saint Avitus, croit pouvoir conclure que sa lettre à Clovis est de 507, et que le baptême a eu lieu à Tours, après l'expédition contre les Visigoths. L'objection que dans ce cas Grégoire de Tours n'aurait pas ignoré une particularité si glorieuse pour son église, et qu'il se serait bien gardé de la passer sous silence, ne touche guère M. Krusch. Selon lui, Grégoire de Tours savait fort bien la vérité, car il connaissait la lettre de saint Nizier; s'il a soigneusement évité de prononcer le nom de sa ville épiscopale, c'est... par cléricalisme, parce qu'il fallait, pour sa thèse, que Clovis fût déjà catholique lorsqu'il remporta ses victoires sur les ariens Gondebaud et Alaric. Il me suffira d'avoir exposé la thèse; je la réfuterais plus longuement si je croyais qu'il fût nécessaire, ou si je pouvais me persuader que M. Krusch la défend sérieusement.

M. A. Hauck (*Kirchengeschichte Deutschlands*, tome I (1887), p. 108, note 2), a imaginé une autre manière de se débarrasser du récit de Grégoire de Tours. Ce récit, selon lui, est contradictoire, parce qu'il est la contamination, maladroitement faite par Grégoire lui-même, de deux versions antérieures qui racontaient d'une manière fort différente le baptême de Clovis. Selon la première, le baptême est l'œuvre des exhortations de Clotilde. Celle-ci obtient d'abord de son époux qu'il laisse baptiser son fils aîné. Malgré la mort de l'enfant, elle obtient la même faveur pour le second. La guérison de celui-ci à la suite des prières de sa mère ne laisse pas de faire une impression sur le roi: aussi Clotilde, croyant le terrain préparé, mande-t-elle en secret saint Remi, qui exhorte Clovis à se faire chrétien. Le roi est disposé à écouter le prélat, mais il objecte la difficulté de faire cette démarche sans l'aveu de son peuple. Cette difficulté ayant été écartée elle-même d'une manière presque surnaturelle, le baptême a enfin lieu. Telle serait, d'après M. Hauck, la première version qui a, selon lui, un caractère historique et qui se suffit à elle-même. La deuxième version (Grég. de Tours, *H. F.* II, 30), qui explique la conversion par le vœu fait sur le champ de bataille, vient s'intercaler dans la première de la manière la plus importune, et est de plus en contradiction avec elle. Au chapitre 30, Clovis se convertit miraculeusement, au chapitre 31, il n'est pas converti, puisque saint Remi doit l'exhorter et lui montrer la vanité de ses dieux. Au chapitre 30, Clovis fait vœu de se faire baptiser; au chapitre 31, ni lui ni saint Remi ne savent rien d'un vœu de ce genre. Voilà donc bien, selon M. Hauck, deux versions contradictoires, que Grégoire s'est donné pour tâche de concilier. Or, nous avons la bonne chance, continue l'ingénieux critique, de les posséder chacune isolément. La première se trouve dans la lettre de saint Nizier de Trèves à la reine Clotsinde; il n'y est pas dit mot du vœu fait sur le champ de bataille. «Si Nizier avait connu ce fait, l'aurait-il passé sous silence, lui qui représente les victoires ultérieures de Clovis comme la récompense de sa conversion? Ce serait raconter l'accessoire, et négliger le principal.» (p. 109.) La seconde version se trouve, toujours d'après M. Hauck, dans le *Vita Vedasti*, qui est le premier à expliquer la victoire sur les Alamans et, par suite, le baptême de Clovis, par le vœu du champ de bataille. C'est au *Vita Vedasti* que Grégoire a emprunté cette version miraculeuse, comme on peut le voir par l'identité de certains passages de son récit avec des passages correspondants de l'hagiographe. Il est inutile d'ajouter que pour M. Hauck, la vraie version, c'est la première, celle qu'il déduit de la lettre de saint Nizier de Trèves, et qui est d'ailleurs confirmée, à son sens, par la lettre de saint Avitus de Vienne à Clovis. Avitus ne dit mot du vœu fait sur le champ de bataille; au contraire, il fait allusion aux hésitations de Clovis entre l'arianisme et le catholicisme, chose qui se comprend seulement dans l'hypothèse que sa conversion est le fruit de mûres réflexions et non d'une inspiration soudaine.

Ce système est très ingénieux, et même, pour qui n'y regarde pas de près, très séduisant; par malheur, il ne contient pas un atome de vérité, et il ne résiste pas au plus rapide examen. Il est faux que la version de la lettre de saint Nizier soit en contradiction avec celle du *Vita Vedasti*; nous l'avons montré ci-dessus, et on pourrait même soutenir, sans être taxé de hardiesse excessive, qu'elle la confirme implicitement. M. Hauck serait d'ailleurs bien embarrassé de prouver que Grégoire, qui écrivait son livre II en 573, à Tours, a eu connaissance de la lettre de saint Nizier, écrite en 561 à une reine d'Italie. D'autre part, il est faux que Grégoire de Tours ait trouvé la version miraculeuse dans le *Vita Vedasti*; M. Krusch s'est chargé lui-même de prouver, d'une manière à mon sens péremptoire, que le *Vita Vedasti* est l'œuvre de Jonas, et que Grégoire de Tours, loin de le copier, lui a au contraire servi de source.

La prétention de M. Hauck, de retrouver isolées les deux versions que Grégoire de Tours aurait contaminées, croule donc par le fondement, et ce n'est pas la moindre défectuosité de sa thèse. Mais ce n'est pas tout. Les contradictions qu'il croit découvrir dans le récit de Grégoire n'existent, j'ose le dire, que dans son imagination. Aucun lecteur non prévenu ne les y verra, et, de fait, elles n'ont jamais frappé les nombreux critiques qui, depuis deux siècles, ont soumis ce récit à l'analyse la plus minutieuse. Saint Remi, d'après M. Hauck, parle comme s'il ne savait rien du vœu fait par Clovis. Mais Grégoire de Tours, lui, le sait, et comme c'est lui qui met dans la bouche du saint les paroles dont notre critique fait état, l'argument s'évanouit en fumée. Prétendre que Grégoire aurait trouvé ces paroles dans quelque source antérieure, c'est méconnaître le procédé de notre auteur, qui consiste à dramatiser et à faire le plus possible parler ses personnages. Rien, au surplus, dans le récit de Grégoire, ne permet à Hauck de soutenir que la guérison de son second fils a disposé Clovis à recevoir le baptême; c'est le contraire qui est vrai, puisqu'immédiatement après avoir raconté cette guérison, Grégoire ajoute: *Regina vero non cessabat predicare, ut Deum verum cognosceret et idola neglegerit. Sed nullo modo ad hæc credenda poterat commoveri, donec tandem aliquando bellum contra Alamannos commoveretur, in quo compulsus est confiteri necessitate, quod prius voluntate negaverat*. Voilà qui est clair: Clovis s'est toujours refusé à écouter Clotilde, jusqu'à ce qu'il a été amené, par la nécessité, à confesser une foi qu'il ne voulait pas confesser de plein gré. Je crois donc être en droit de conclure qu'il ne reste rien de l'hypothèse de M. Hauck.

M. Levison, plus récemment (*Zur Geschichte des Frankenkœnigs Chlodowech* dans *Bonner Jahrbücher*, 103) a fait une nouvelle tentative pour écarter le récit de Grégoire de Tours, en combinant les idées de MM. Krusch et Hauck. Il abandonne, à la vérité, l'hypothèse ruineuse de M. Krusch sur le lieu du baptême de Clovis, et il renonce à trouver avec M. Hauck une source de Grégoire de Tours dans le *Vita Vedasti*. Mais à part ces réserves, il adhère entièrement aux vues de M. Krusch trouvant des arguments contre le récit de Grégoire de Tours dans la lettre de saint Nizier et dans celle de saint Avitus, et à celles de M. Hauck sur les deux versions contradictoires qui auraient été contaminées par Grégoire de Tours. Il découvre même de nouvelles difficultés contre le récit de celui-ci dans l'objection faite par Clovis aux instances de saint Remi: *Populus qui me sequitur non patitur relinquere deos suos*. Clovis, dit M. Levison, parle ici comme si personne ne savait rien de son vœu (*da macht er, wie wenn niemand von seinem Gelübde wisse, das Bedenken geltend, etc.*) Cette objection ne tient pas debout: encore une fois, c'est Grégoire de Tours qui met ces paroles dans la bouche de son héros, et Grégoire de Tours vient de raconter le vœu du champ de bataille. Et puis, encore une fois, où serait la contradiction? Comme si, au moment de remplir son vœu, Clovis n'avait pas pu être frappé de certaines difficultés, comme s'il n'avait pas dû en entretenir saint Remi, comme si la manière même dont il le fait n'attestait pas de sa part une résolution déjà arrêtée, qui est, dans la pensée du narrateur, le fruit de son vœu! En vérité, on est étonné de devoir discuter de pareilles assertions. Au surplus ce ne sont là, pour M. Levison, que les bagatelles de la porte. Convaincu qu'on ne détruit que ce qu'on remplace, il imagine de construire un tout autre récit opposé à celui de Grégoire de Tours. Il part de cette prémisse que la ville de Tours, bien qu'elle ne soit pas, comme l'a voulu M. Krusch, le lieu du baptême de Clovis, a dû néanmoins jouer un certain rôle dans l'histoire de ce baptême, comme cela résulte, à son sens, de la lettre de saint Nizier de Trèves. Mais quel est ce rôle? S'appuyant sur le *Continuatio Prosperi Havniensis*, M. Levison admet une guerre franco-visigothique dont certains épisodes sont placés par l'annaliste en 496 et en 498. Or, selon Grégoire, le baptême de Clovis est de 496-497, et, selon saint Nizier, il a été à Tours peu avant son baptême. D'après cela, on pourrait supposer qu'au cours de cette première guerre avec les Visigoths, Clovis se sera trouvé, en 496, maître de Tours. Or, continue M. Levison, il se trouve précisément qu'une de nos sources établit un rapport entre le baptême de Clovis et une guerre visigothique qui ne peut être que celle-ci. Il s'agit de la vie de saint Solein de Chartres, écrite au neuvième siècle, qui raconte que, passant à Chartres au cours d'une expédition contre les Visigoths, Clovis promit à saint

Solein de se faire baptiser avec son peuple, s'il remportait la victoire. Revenu victorieux, il tint sa promesse, et avec 364 principaux de son peuple, il reçut le baptême des mains de saint Solein et de saint Remi de Reims. Quels que soient, ajoute notre critique, les embellissements de cette légende, il semble qu'on puisse affirmer ceci: c'est au cours d'une expédition contre les Visigoths que Clovis promet de se convertir s'il remporte la victoire. A son retour, il vient faire ses dévotions à Tours pour remercier Dieu et va ensuite se faire baptiser à Reims: ainsi se trouvent conciliés le *Vita Solemnis*, le *Continuatio Prosperi*, et la lettre de saint Nizier, ainsi, surtout, se trouve écarté le récit de Grégoire de Tours!

Il y a dans le travail de M. Levison une part de progrès: il a rendu vraisemblable une opinion déjà précédemment émise par moi-même (*Histoire poétique des Mérovingiens*, p. 291), et le lecteur aura pu voir qu'à mon tour j'ai profité des curieux développements donnés par M. Levison à cette hypothèse. Mais, si nous admettons la possibilité des combats entre Francs et Visigoths avant la guerre de 506, en quoi aurons-nous infirmé le récit de Grégoire de Tours sur les causes de la conversion de Clovis? Croit-on sérieusement pouvoir écarter un témoignage presque contemporain des faits par celui d'un hagiographe du neuvième siècle, et par quel hagiographe! N'est-ce pas, comme le disait quelque part M. Krusch dans une circonstance analogue, nous ramener au temps où l'on faisait d'Aimoin le père de l'histoire des Francs? Qu'il y ait dans le *Vita Solemnis* au moins un noyau historique, nous pouvons à la rigueur l'admettre, bien que cela ne soit pas prouvé; mais où faut-il chercher ce noyau? Est-ce dans la partie du récit qui est formellement contredite par le récit de Grégoire, ou bien dans celle qui se laisse concilier avec lui? La réponse n'est pas douteuse. S'il y a quelque chose qu'on puisse retenir du *Vita Solemnis*, c'est que ce saint a été en relations avec Clovis au moment où ce roi partait pour la guerre contre les Visigoths: voilà tout, et ce que l'hagiographe ajoute n'est qu'imagination pure, pour embellir et augmenter le rôle de son saint selon le procédé ordinaire des hagiographes de basse époque.

Il ne subsiste donc rien de tous les systèmes qu'on a imaginé d'opposer à Grégoire de Tours, et celui-ci reste la seule source par laquelle nous connaissons l'histoire du baptême de Clovis. Il se peut qu'il en ait embelli le détail, et il est très probable qu'il en a omis plus d'un épisode caractéristique, étant donnée sa brièveté, mais nul n'est fondé à le récuser. C'est l'opinion qu'émettait récemment M. Walther Schultze, un des connaisseurs les plus sérieux du monde mérovingien. (*Das Merovingische Frankenreich*, p. 69 dans la *Bibliothek Deutscher Geschichte*, de Zwiedineck-Südenhorst.) C'est celle aussi qu'a excellemment fait valoir M. Funk dans un court et substantiel article de la *Theologische Quartalschrift*, tome LXXVII, année 1895, pp. 351-352. «On peut admettre, écrit-il, que la version de Grégoire a embelli la réalité, mais il n'existe aucune raison pour la rejeter purement et simplement. C'est en vain qu'on invoquera la lettre de saint Nizier, où le motif allégué de la conversion n'est pas plus vraisemblable que dans Grégoire. D'ailleurs, saint Nizier n'est guère plus rapproché des faits que l'évêque de Tours. Sa lettre n'est pas antérieure à la mort de Clotaire Ier, en 561. Par contre, nous avons bien lieu de supposer chez Grégoire une connaissance plus exacte du sujet. Il ne résulte pas du texte de Grégoire que Reims doive être écarté comme lieu du baptême; ce texte, au contraire, se concilie parfaitement avec l'hypothèse opposée, surtout si, comme le fait M. Krusch, on maintient que c'est saint Remi qui a conféré le baptême à Clovis... Et, d'autre part, rien n'autorise à penser à Tours. Un événement comme le baptême de Clovis, qui eut pour conséquence la conversion d'un peuple, n'était pas de ceux qu'on oublie facilement là où il a eu lieu, et s'il y a eu un homme qui a dû en garder le souvenir, c'est assurément l'évêque de la ville même, qui était l'historiographe des Francs.»

LE LIEU DU BAPTÊME DE CLOVIS

La question du lieu où Clovis reçut le baptême n'est pas une simple affaire de curiosité historique, livrée uniquement aux investigations des érudits. Le public lui-même, si peu attentif en général aux discussions purement scientifiques, ne saurait y rester indifférent. Ce problème ne s'impose pas seulement aux recherches des savants; il intéresse aussi la piété des fidèles; les uns et les autres ont toujours été désireux de connaître l'endroit précis où s'est accompli ce grand événement qui a eu une influence si décisive sur les destinées de l'Église et de la France. Dès le moyen âge, l'attention s'est portée sur ce point; diverses solutions ont été proposées, et comme les procédés d'une critique rigoureuse étaient fort étrangers aux habitudes de cette époque, on a tiré de quelques textes mal compris des conclusions arbitraires, et l'on a créé, à côté de la vérité et de l'exactitude, certains courants d'opinion qui se sont maintenus jusqu'à nos jours. Puisque ces erreurs ont trouvé longtemps du crédit, il est utile de les réfuter; nous nous efforcerons donc de reviser la cause et d'établir de notre mieux la thèse que nous jugeons la seule vraie et la seule admissible, celle qui fait d'un baptistère dépendant de la cathédrale de Reims le théâtre de la conversion du roi des Francs. Cette thèse n'est pas nouvelle: elle a été soutenue par la plupart des anciens érudits, en particulier par Marlot[367], cet éminent bénédictin du dix-septième siècle, auquel nous devons la meilleure et la plus approfondie des histoires de Reims, et dont la science actuelle confirme très souvent les décisions, là où son esprit judicieux n'a pas trop subi le prestige des traditions locales. Si l'opinion que nous soutenons est déjà vieille,—nous la constaterons plus loin dès l'époque carolingienne,—la démonstration en peut être neuve: il est, en effet, certains détails qui ont échappé à nos devanciers, et certaines confusions dont ils n'ont pas assez nettement discerné l'origine. Aurons-nous réussi à compléter leurs recherches, et à faire la lumière sur ces points si obscurs? Tel est au moins le but que nous nous sommes proposé.

[367] *Metropolis Remensis historia*, t. I, p. 159; cf. *Hist. de la ville, cité et université de Reims*, t. II, p. 46.

Avant d'entrer en matière, une première question devrait appeler notre examen, si elle n'avait été traitée ici même par une plume plus autorisée que la nôtre: Clovis a-t-il été réellement baptisé à Reims? Cette question, nous devons le reconnaître, est de celles qui peuvent être controversées; elle n'a pas pour elle de ces témoignages contemporains irrécusables qui suffisent à enlever toute incertitude, et à mettre un fait historique hors de contestation. De nos jours, on l'a vu résoudre dans le sens de la négative, contrairement à l'opinion générale, par un érudit fort compétent dans les questions mérovingiennes[368], et sa thèse a trouvé depuis assez de faveur près de la science allemande. Mais nous ne saurions accepter cette solution comme définitive, et les arguments présentés en sa faveur sont loin d'avoir cette clarté qui fait naître une conviction absolue dans tout esprit impartial. L'un des principaux et des plus solides en apparence est tiré d'une lettre de saint Nizier, évêque de Trèves, presque un contemporain de Clovis, qui semble placer à Tours le baptême de ce monarque[369]. Ce texte mériterait d'être pris en sérieuse considération, si les termes en étaient assez précis pour autoriser cette explication et la rendre décisive; mais on en a donné d'autres interprétations qui nous paraissent aussi bien justifiées, et permettent de le concilier avec l'opinion traditionnelle fixant à Reims le lieu du baptême de Clovis[370]. Cette opinion, il est vrai, ne se manifeste pas d'une façon formelle antérieurement au septième siècle[371]; est-ce une raison pour en conclure qu'elle a été inventée seulement à cette date, et qu'elle est dépourvue de toute valeur historique? Si Grégoire de Tours ne désigne point la ville où fut baptisé Clovis et ne fait pas mention de Reims dans son récit, toutes les circonstances qu'il indique concourent implicitement à faire attribuer à Reims cette scène du baptême, dont il nous trace un si poétique tableau[372]. Et la chose est si vraie, que ceux-là mêmes qui veulent voir en cette attribution une simple invention du septième siècle lui donnent pour origine une conjecture fondée sur le texte de Grégoire de Tours[373]. Le silence de cet historien serait au contraire inexplicable, dans le cas où le baptême aurait eu lieu à Tours. Comment, en sa qualité d'évêque de cette ville, aurait-il pu l'ignorer, lui qui cherchait toujours, en écrivain consciencieux, à s'instruire de tous les faits et à recourir à toutes les sources d'informations[374]? Il pouvait encore interroger des témoins contemporains, et l'événement n'était pas assez ancien pour qu'on en ait perdu le souvenir. Et s'il en avait eu connaissance, s'il savait qu'il s'était passé dans sa ville épiscopale, comment comprendre qu'il n'ait point fait à cette circonstance la moindre allusion?

[368] B. Krusch, *Zwei Helligenleben des Jonas von Susa; die ältere Vita Vedastis und die Taufe Chlodovechs*, dans les *Mittheilungen des Instituts für œsterreichische Geschichtsforschung*, t. XIV, p. 441 et suiv.—Un doute sur le baptême de Clovis à Reims a déjà été émis au dix-septième siècle par les frères de Sainte-Marthe; voy. Marlot, *Metr. Rem. hist.*, t. I, p. 158.

[369] Dans cette lettre adressée à Clodoswinde, reine des Lombards, pour l'exhorter à convertir, à l'exemple de Clotilde, son époux Alboin à la religion catholique, Nizier (évêque de Trèves depuis 525), dit en parlant de Clovis: «Cum esset homo astutissimus, noluit adquiescere, antequam vera agnosceret. Cum ista... probata cognovit, *humilis ad domini Martini limina cecidit, et baptizare se sine mora promisit.*» Monumenta Germaniæ, Epistolæ, t. I, p. 122; *Recueil des hist. de la France*, t. IV, p. 77.

[370] Voy. l'explication proposée par Suysken, *AA. SS. Boll.*, octobre, t. I, p. 83.

[371] Elle est formulée pour la première fois dans la *Vie de saint Vaast* et dans la *Chronique* dite de Frédégaire. Ces deux ouvrages ont été composés vers 642 (Krusch, *l. cit.*, p. 440; G. Kurth, *L'histoire de Clovis, d'après Frédégaire*, dans la *Revue des questions historiques*, t. XLVII (1890), p. 62.)

[372] *Historia Francorum*, l. II, chap. XXXI.

[373] Krusch, *l. cit.*, p. 442.

[374] Sur la valeur de Grégoire de Tours comme historien, voyez le savant travail de M. Kurth sur *les Sources de l'histoire de Clovis dans Grégoire de Tours*, dans la *Revue des questions historiques*, t. XLIV (1888), p. 386; cf. G. Monod, *Études critiques sur les sources de l'histoire mérovingienne*.

C'est à tort aussi que l'on refuse toute autorité à la Vie de saint Vaast, qui place très nettement le baptême à Reims, et dont le témoignage a été fréquemment invoqué à ce sujet. Sans doute cette vie a été écrite vers 642, à une date notablement postérieure aux événements qu'elle relate; mais elle paraît s'appuyer en certains points sur d'antiques traditions locales. Il en est ainsi pour l'épisode de la guérison d'un aveugle opérée par saint Vaast près du village de Rilly, après qu'il eut franchi la rivière d'Aisne en compagnie de Clovis, «in pago Vongise, ad locum qui dicitur Grandeponte, juxta villam Reguliacam, super fluvium Axona.» C'était bien une tradition du pays; une église avait été élevée dans cet endroit, en souvenir du miracle, et elle existait encore au onzième siècle, ainsi que l'atteste un chroniqueur de cette époque[375]. Le pont dont il est ici question donnait passage sur la rivière à la voie romaine de Trèves à Reims, que Clovis n'avait qu'à suivre pour se rendre en cette dernière ville. Suivant l'itinéraire indiqué par notre hagiographe, après sa victoire sur les Alamans, il avait d'abord passé par Toul, puis avait remonté vers le nord et s'était dirigé du côté de l'Aisne et du pays de Voncq[376]. On s'est étonné de lui voir prendre un chemin si peu direct; ce voyage a semblé fort invraisemblable, et l'on a voulu en tirer un argument contre l'authenticité du récit[377]. Mais si étrange que ce détour paraisse, il a pu être déterminé par un motif qui nous est inconnu[378], et nous ne voyons pas de raisons suffisantes pour nous inscrire en faux, et pour rejeter d'une façon absolue toutes les données fournies par la Vie de saint Vaast.

[375] L'auteur des *Gesta episcoporum Cameracensium*, l. 1, ch. VI: «Cernitur usque in hodiernum ecclesia», dit-il (éd. Colvener, p. 19); voy. aussi *AA. SS. Boll.*, février, t. I, p. 797, note. Il faut observer toutefois qu'il paraît faire ici un emprunt à la Vie de saint Vaast, composée par Alcuin (*ibid.*, p. 796), dont il reproduit certaines expressions. Quoi qu'il en soit, l'existence de l'église est très réelle; l'église du village de Rilly-aux-Oies avait hérité du vocable de saint Vaast, et le conservait encore au dix-septième et au dix-huitième siècle. Un document de 1774 constate qu'on y venait en pèlerinage pour invoquer ce

saint (Archives de Reims, fonds de l'archevêché, G. 231, doyenné d'Attigny; cf. *Inventaire sommaire*, série G, t. I, p. 300).

[376] Cf. von Schubert, *Die Unterwerfung der Alamannen unter die Franken*, p. 169.

[377] Krusch, *l. cit.*, p. 430.

[378] Le R. P. Jubaru, dans l'excellent article qu'il a publié sur le baptême de Clovis (*Études religieuses*, t. LXVII, 15 février 1896, p. 297 et suiv.), présente une explication fort ingénieuse. La ville d'Attigny, située non loin de Voncq, au bord de l'Aisne, aurait été dès lors un domaine royal, et l'une des résidences préférées du monarque. S'il en est ainsi, celui-ci a très bien pu, à l'issue de sa campagne, venir y faire un séjour, et pour s'y rendre en arrivant de Toul, il devait forcément passer l'Aisne à l'endroit désigné par l'auteur de la Vie de saint Vaast. C'est à Attigny que Clotilde aurait mandé en secret saint Remi, pour achever l'instruction religieuse de son époux et pour le décider à recevoir le baptême, et de là, une fois la résolution prise, Clovis et sa suite auraient gagné Reims directement par la voie antique de Trèves. Cette hypothèse est, à première vue, assez séduisante; malheureusement, elle pèche par la base, car Attigny n'est entré dans le domaine royal que beaucoup plus tard, sous le règne de Clovis II. Helgaud dans son *Epitoma vitæ Roberti regis* (Duchesne, *Hist. Francorum script.*, t. IV, p. 59), nous apprend que Liébaud, abbé de Saint-Aignan d'Orléans, avait cédé à Clovis II la terre d'Attigny, «agellum Attiniacum, cum cunctis sibi adjacentibus, super Axonam fluvium situm», en échange du domaine de Fleury-sur-Loire (voy. Murlot, *Metrop. Remensis hist.*, t. II, p. 227; Mabillon, *De re diplomatica*, p. 248). En présence d'un texte aussi formel, il est impossible de faire remonter le palais royal d'Attigny jusqu'aux premiers Mérovingiens.

Ainsi, sans vouloir pénétrer plus avant dans le débat, nous nous en tenons à l'opinion admise jusqu'ici par la très grande majorité des historiens, et malgré les objections qu'on lui a opposées, nous pensons qu'elle a toutes les probabilités pour elle. Avec les érudits du dix-septième et du dix-huitième siècle, avec Junghans[379], avec M. Kurth[380], nous admettons que les prétentions de Reims sont fort légitimes, et que cette ville a été véritablement le berceau de la France chrétienne.

[379] *Geschichte der frankischen Kœnige Childerich und Chlodovech*, p. 57.

[380] *L. cit.*, p. 415.

Après avoir reconnu que Clovis se rendit à Reims pour recevoir le baptême, il est permis de serrer de plus près la question topographique, et de rechercher en quel endroit il a dû être logé pendant son séjour, et dans quelle église il a embrassé la foi catholique.

Plusieurs opinions sont ici en présence. Dans la dissertation que nous avons publiée à ce sujet, il y a quelques années[381], nous avons soutenu que le roi des Francs avait dû prendre gîte au palais épiscopal habité par saint Remi, et situé près de la cathédrale, sur l'emplacement de l'archevêché actuel. C'était là peut-être que se trouvait, à l'origine, la demeure des gouverneurs romains, qui avaient fixé leur résidence à Reims, dès le temps de Strabon[382]. L'évêque, devenu de bonne heure, à Reims en particulier, le personnage le plus important de la cité, a pu, au déclin de l'empire, prendre la place du gouverneur et s'installer dans son palais. On a découvert, à diverses reprises, dans les terrains de l'archevêché, des vestiges assez importants de constructions romaines. Au dix-septième siècle, quand on rebâtit,—hélas! dans le goût de l'époque,—la façade du palais, on découvrit à cinq ou six pieds de profondeur, en creusant des fondations, un pavé en mosaïque, et dans le voisinage, nous dit-on, «des fourneaux souterrains,» c'est-à-dire les restes d'un hypocauste[383]. Des travaux, exécutés en 1845, firent mettre de nouveau au jour une assez belle mosaïque, qui a été transportée dans l'une des chapelles de la cathédrale[384]. Ces trouvailles, sans apporter une preuve bien certaine, fournissent à notre hypothèse une présomption favorable. L'existence d'un édifice important par lui-même et par les souvenirs qui s'y rattachaient, n'a peut-être pas été étrangère au choix que fit l'évêque saint Nicaise de cet endroit pour y élever, au commencement du cinquième siècle, son église cathédrale, *in arce sedis ipsius*,—ce sont les expressions mêmes dont se sert l'auteur de la vie de ce prélat[385].

[381] En 1896, dans le *Clovis* de M. Kurth, appendice II, p. 616 à 628, et dans les *Travaux de l'Académie de Reims*, t. XCVII, p. 269 à 291.

[382] L. IV; voy. Cougny, *Extraits des auteurs grecs concernant la géographie et l'histoire des Gaules*, t. I, p. 128.

[383] Note de Lacourt, chanoine de Reims, dans Varin, *Archives administratives de Reims*, t. I, p. 724; Tarbé, *Reims*, p. 306.

[384] Ch. Loriquet, *La mosaïque des Promenades et autres trouvées à Reims*, dans les *Travaux de l'Académie de Reims*, t. XXXII (1862), p. 117, et pl. 3, fig. 4 et 5.

[385] *Vita sancti Nichasii*, ms. de la bibliothèque de Reims, K 792/772 (XIIIe siècle), fol. 3 r°.

Ainsi, suivant toute vraisemblance, saint Remi a eu sa résidence épiscopale à proximité de cette église, et il est permis de supposer que Clovis a pu être son hôte. Cette tradition a été suivie par ses successeurs dans la suite des âges; lorsqu'ils venaient à Reims, c'est à l'archevêque qu'ils demandaient l'hospitalité. Tel était l'usage des rois capétiens; on a un diplôme de Louis VII, de l'année 1138, daté du palais du *Tau*, ou palais de l'archevêché[386]; on lui donnait alors ce nom, à cause de sa salle principale qui rappelait, paraît-il, par la disposition de son plan, la forme de cette lettre de l'alphabet grec. Jusque dans les temps modernes, les souverains ont conservé l'habitude de loger à l'archevêché; ils y avaient leurs appartements, destinés surtout à les recevoir au milieu des pompes et des cérémonies de leur sacre.

[386] «Actum Remis publice in palatio Tau.» Original aux archives de Reims, fonds de l'abbaye de Saint-Denis, liasse 1; Varin, *Archives administratives de Reims*, t. I, p. 293.

Hincmar, dans sa *Vita Remigii*, nous raconte que le saint évêque eut avec Clovis, en la nuit qui précéda son baptême, un entretien où il acheva de l'instruire des vérités de la religion. Cette entrevue aurait eu lieu dans un oratoire consacré à saint Pierre, attenant à la chambre du roi, «oratorium beatissimi apostolorum principis Petri, cubiculo regis contiguum[387].» Nous n'avons pas à examiner si ce trait a un caractère historique. L'auteur a-t-il, en vue de la mise en scène, hasardé certaines conjectures et donné sur quelques points de détail un peu trop libre cours à son imagination[388]? L'entrevue de Clovis n'est rapportée par aucun autre chroniqueur; on ne la trouve que dans la vie de saint Remi composée par Hincmar; or, cette vie est remplie de fables, *fabulis respersa*, suivant l'expression sévère, mais rigoureusement exacte, des Bollandistes[389], et tout ce qui vient de cette source est justement suspect. Toutefois, nous croyons plutôt que l'illustre prélat s'est inspiré ici d'une tradition locale qui rattachait le souvenir de Clovis à l'oratoire de Saint-Pierre. Il y avait à Reims, de son temps, plusieurs églises et chapelles dédiées au prince des Apôtres. C'était le vocable d'une chapelle située précisément dans l'enceinte de l'archevêché, et dont l'existence à cette époque nous est confirmée par le témoignage de documents très précis.

[387] «Sed et rex... cum ipso et venerabili conjuge, in oratorium beatissimi apostolorum principis Petri, quod... cubiculo regis contiguum erat, processit.» Ch. IV, 58, *AA. SS. Boll.*, octobre, t. I, p. 146. Hincmar, un peu avant (57), représente la reine Clotilde en prière, *in oratorio sancti Petri juxta domum regiam*.

[388] Hincmar se faisait une idée assez singulière de la manière dont on doit écrire l'histoire: «Vera est lex hystoriæ, dit-il, simpliciter ea quæ, fama vulgante, colliguntur, ad instructionem posteritatis litteris commendare.» *Ibid.*, p. 132.

[389] *Ibid.*, p. 131.

Hincmar lui-même semble y faire allusion dans une lettre aujourd'hui perdue, mais dont l'analyse nous a été conservée par Flodoard, lettre de reproches adressée à un certain Rodoldus, qui avait indûment permis à d'autres prêtres de célébrer la messe «in quadam capella basilicæ cortis ecclesiæ subjecta[390]». Cette désignation n'est pas très claire, et a prêté à différentes interprétations[391]. Nous pensons que la *cortis ecclesiæ* est bien le palais attenant à l'église métropolitaine. Il ne faut pas s'étonner de voir employer ici le terme de *basilica*; réservé plus tard à des édifices importants, il n'avait pas primitivement une acception aussi restreinte, et s'appliquait parfois à de fort modestes chapelles[392].

[390] «... Pro eo quod incaute solverit quod ipse presul canonice obligaverit, et aliis presbiteris missam celebrare permiserit *in quadam capella basilicæ cortis ecclesiæ subjecta.*» Flodoard, *Historia Remensis ecclesiæ*, t. III, chap. XXVIII, ap.» *Monumenta German. hist.*, t. XIII, p. 552. Cette expression de *subjecta* ne désignerait-elle pas ici une chapelle basse située sous la chapelle principale, disposition que nous retrouverons au treizième siècle dans la chapelle du palais?

[391] Dans l'édition de Flodoard publiée en 1854 par l'Académie de Reims, M. Lejeune a traduit par «une chapelle dépendante de l'église de Bazancourt» (t. II, p. 394). Bazancourt, village de l'arrondissement de Reims, s'appelait, en effet, *Basilica Cortis* au moyen âge, mais il est douteux qu'il en soit question ici.

[392] Martigny, *Dictionnaire des antiquités chrétiennes*, p. 79.

Flodoard nous apporte aussi sa part de renseignements sur l'oratoire du palais; il le connaissait d'autant mieux qu'il le desservait en qualité de chapelain. C'était alors une crypte, une chapelle souterraine que l'archevêque Ebbon avait fait construire «opere decenti», en l'honneur de saint Pierre et de tous les saints, avec d'autres bâtiments annexes, destinés à renfermer les archives de l'église de Reims[393]. Cette construction est celle qu'a connue également Hincmar; elle avait été rétablie peu d'années avant lui par le prélat qui l'avait immédiatement précédé sur le siège de saint Remi.

[393] «Archivum ecclesiæ (Ebo) tutissimis ædificis cum cripta in honore sancti Petri, omniumque apostolorum, martirum, confessorum ac virginum dedicata, ubi Deo propitio deservire videmur, opere decenti construxit.» Flodoard, *Hist.*, l. II, chap. XIX, *Mon. Germ.*, t. XIII, p. 467.

Au commencement du treizième siècle, tandis qu'on jetait les fondements de notre admirable cathédrale, on résolut en même temps de rebâtir de fond en comble la chapelle de l'archevêché. Le nouvel édifice, qui a heureusement survécu à toutes nos révolutions, est un chef-d'œuvre de goût et d'élégance, dû probablement à Jean d'Orbais, le premier architecte de Notre-Dame de Reims[394]. Suivant une disposition qui se rencontre fréquemment au moyen âge dans les chapelles des palais et des châteaux, dans la Sainte Chapelle de Paris, par exemple, on lui a donné deux étages. La chapelle supérieure, aux légers arceaux et aux voûtes élancées, était réservée aux archevêques et aux membres du clergé attachés à leur personne; l'étage inférieur, plus simple, moins orné et en partie souterrain, était affecté aux gens de service et aux officiers subalternes. Cette chapelle basse était restée sous le vocable de saint Pierre. Un manuscrit liturgique, écrit vers la fin du treizième siècle[395], mentionne une procession que l'on faisait le mercredi des Cendres «in capellam archiepiscopi inferiorem, scilicet *in oratorium sancti Petri*», et où l'on chantait des antiennes en l'honneur de cet apôtre[396]. On remarquera ici ces mots d'*oratorium sancti Petri*; ils semblent être une réminiscence du texte d'Hincmar, qui n'a peut-être pas été sans influence pour la conservation de ce vocable.

[394] *Bulletin archéologique du Comité des travaux historiques*, 1894, p. 26, note.

[395] Bibliothèque de Reims, n° 327 (anc. C 174/185). La fête de saint Louis y est déjà indiquée, ce qui fixe sa date à la fin du treizième siècle. Les caractères de son écriture ne permettent pas de le rajeunir davantage.

[396] «... Datis cineribus, incipit cantor antiphonam *Inmutemur*, et hanc decantantes ordinate procedunt in capellam archiepiscopi inferiorem, scilicet in oratorium sancti Petri... Introitu capelle canitur antiphona *Tu es pastor*... Qua finita, procumbunt ad orationem..., quousque tacite decurrerint VII psalmos penitentiales. Quibus finitis, presbyter dicit: *Et ne nos inducas*... Postea dicit orationem de sancto Petro; qua finita, canitur in eodem reditu hec antiphona: *Quodcumque ligaveris*, que incipitur a cantore.» (Fol. 15 v°.) M. le chanoine Ul. Chevalier a publié récemment ce texte (*Bibliothèque liturgique*, t. VII, *Ordinaires de Reims*, p. 113). Il se retrouve avec quelques variantes dans un ordinaire du douzième siècle, conservé au Musée britannique (*Ibid.*, p. 274).—Cf. Mabillon, *Annales benedictini*, t. II, p. 422.

La même mention est reproduite, à peu près en termes identiques, dans un processionnel imprimé à Reims en 1624, par ordre de l'archevêque Gabriel de Sainte-Marie[397]. A cette époque, la chapelle était encore consacrée à saint Pierre, et l'usage de la procession s'est conservé jusqu'à la fin de l'ancien régime[398].

[397] Fol. 35 v°.

[398] Les cérémonies de cette procession figurent encore dans le processionne imprimé à Reims en 1780 par ordre de l'archevêque, Mgr de Talleyrand-Périgord (Propre du temps, p. 61).

Ainsi, il y a là une tradition constante qui nous permet de reconnaître, dès une date fort ancienne, l'existence, dans le palais de l'archevêché, d'une chapelle de Saint-Pierre, dont le titre s'est perpétué à travers les siècles, malgré bien des changements et des reconstructions successives.

Ici nous devons nous arrêter un instant devant une assertion étrange, qui mériterait peu d'attention, si elle ne trouvait encore dans le public trop de personnes disposées à l'accueillir. La crypte actuelle de l'archevêché serait l'oratoire même où saint Remi aurait catéchisé Clovis. Cette opinion s'est produite surtout, il y a une soixantaine d'années; des écrivains rémois, très populaires, lui ont prêté leur appui et ont contribué à la répandre[399]. On était alors sous l'inspiration du romantisme; on avait l'amour du pittoresque, et l'on sacrifiait aisément la prose de l'histoire à la poésie de la légende. Ces voûtes mystérieuses, ce demi-jour de la chapelle souterraine, ces vieux murs noircis, semblaient un cadre merveilleusement approprié à la scène retracée par Hincmar. On savait que cette chapelle avait été dédiée à saint Pierre; on n'en demandait guère plus, et la conjecture fut bientôt mise en circulation. Nous devons dire à la décharge de nos auteurs que la crypte était alors une cave remplie de décombres, et qu'ils n'ont pas eu peut-être la faculté de l'examiner de très près. Depuis ce temps, on l'a déblayée; elle est devenue accessible, et, d'autre part, l'archéologie a fait beaucoup de progrès. Aujourd'hui on ne saurait y voir un oratoire de l'époque mérovingienne sans montrer la plus profonde incompétence. Il est certain qu'il n'y a pas dans la chapelle basse de l'archevêché une seule pierre antérieure au treizième siècle[400]; elle est absolument contemporaine de la gracieuse chapelle qui la surmonte, et elle a été bâtie en même temps et d'un seul jet. Il n'est pas bien sûr non plus qu'elle occupe la place exacte de l'oratoire ancien, tant le palais archiépiscopal a subi de remaniements et de modifications dans le cours des âges; mais elle a hérité de son vocable, et cela probablement par une tradition non interrompue. Ce sont là pour elle des titres de noblesse suffisants.

[399] L. Paris, *Chronique de Champagne*, t. III (1838), p. 127 à 130; Tarbé, *Reims* (1844), p. 315. Ces auteurs ont été réfutés par M. Amé, dans sa notice sur la chapelle de l'archevêché de Reims, *Annales archéologiques* de Didron, t. XV (1855), p. 214 et suiv.

[400] *Bull. archéologique*, 1894, p. 29, note.

Donc, tout en rejetant les fantaisies imaginées vers 1840, nous avions pensé qu'Hincmar, en parlant du logement de Clovis, avait eu en vue le palais occupé par saint Remi, et qu'il faut placer dans cette antique demeure *l'oratorium Sancti Petri* et le *cubiculum regis*, voisin de l'oratoire. Ce serait par conséquent à l'archevêché, ou du moins à son emplacement, que se rattacheraient ces vieilles traditions et ces souvenirs du séjour du roi, à la veille de son baptême.

Telles étaient les conclusions qui résultaient de nos premières recherches, et que nous avions exposées dans le travail cité précédemment[401]. Elles ont été combattues depuis par le R. P. Jubaru, dans un très intéressant mémoire qu'il a fait paraître dans les *Études religieuses* sur le lieu du baptême de Clovis[402].

L'auteur de cette notice, qui a fait preuve d'une érudition solide et d'un esprit fort judicieux, a apporté dans cette discussion des arguments dont nous ne saurions nous dissimuler la valeur. Sans doute, il ne nous semble pas être arrivé à une certitude absolue; pour des événements si lointains et si obscurs, avec le peu de renseignements que les sources historiques nous fournissent à leur sujet, on est réduit forcément aux conjectures. En réfutant notre opinion, le P. Jubaru n'a pas tenu assez compte, à notre sens, de l'oratoire de Saint-Pierre du palais archiépiscopal, dont l'existence est attestée, comme nous l'avons vu, pour une époque assez reculée. Nous persistons à croire que notre hypothèse n'est pas insoutenable, et qu'il y a toujours de bonnes raisons en sa faveur. Mais d'autre part, celle qu'a émise notre savant contradicteur est très plausible, et s'appuie sur un ensemble de preuves qui méritent un sérieux examen. On a donc le choix entre les deux opinions en présence; elles peuvent se défendre l'une et l'autre. Nous devons avouer toutefois qu'après mûr examen, nos préférences vont plutôt maintenant à celle du P. Jubaru, pour des motifs que nous allons énoncer.

[401] Voyez le *Clovis* de M. Kurth, appendice, p. 619 et suiv.

[402] *Clovis a-t-il été baptisé à Reims?* dans les *Études religieuses* des Pères de la Compagnie de Jésus, t. LXVII (1896), p. 292 à 320.

Cette opinion a été proposée pour la première fois au dix-huitième siècle par l'abbé Lebeuf. Dans une de ses savantes dissertations[403], cet érudit prétend qu'il y avait à Reims un palais royal d'où Clovis sortit pour aller au baptistère, et que «c'était l'ancien palais des empereurs romains», résidence de Valentinien Ier, qui y rendit plusieurs décrets dont le texte nous a été conservé dans le code Théodosien[404]. Les décrets en question sont datés du 27 janvier, du 13 février et du 29 mars 367; ils nous montrent que Valentinien a bien en effet séjourné à Reims durant les premiers mois de cette année.

[403] *Dissertation sur plusieurs circonstances du règne de Clovis*, Paris (1738), p. 10 et 11.

[404] Marlot, *Metrop. Remensis historia*, t. I, p. 43; cf. *Hist. de la ville de Reims*, t. I, p. 554.

Plus tard, Clovis et ses successeurs ont pu occuper à leur tour la demeure impériale. Le fils de Clovis, Thierry Ier, paraît avoir habité Reims[405]; Sigebert Ier, neveu de Thierry, y avait établi le siège de son gouvernement, au témoignage de Grégoire de Tours[406]. Le séjour permanent d'un roi suppose l'existence d'un palais; Reims, qui conservait encore des restes de son antique splendeur, avait pu aisément offrir aux princes mérovingiens un abri parmi les monuments qui avaient été élevés du temps de l'empire. Le palais destiné aux empereurs était tout désigné pour leur servir de résidence; c'est là sans doute qu'ils s'étaient fixés et qu'ils tenaient leur cour; c'est bien, nous dit-on, la «*domus regia*» désignée par Hincmar, le lieu où Clovis a passé la nuit qui précéda son baptême.

[405] Marlot. *Metr. Rem. hist.*, t. I, p. 175.

[406] «... Sigiberto quoque regnum Theuderici, sedemque habere Remensem.» L. IV, ch. XXII. Voy. D. Bouquet, *Rec. des historiens de la France*, t. II, p. 214, note e.

Mais en quel endroit se trouvait ce palais? On a pensé qu'il devait être voisin de la porte Basée, l'antique *porta Basilica*, l'une des entrées principales de la ville. Cette porte, détruite seulement au dix-huitième siècle, était à l'origine, comme la porte de Mars qui a eu un meilleur sort et subsiste encore aujourd'hui, un arc de triomphe érigé, dans des temps prospères, à l'entrée de la cité, au point de départ des grandes voies qui reliaient Reims aux autres villes de la Gaule[407]. A la fin du troisième siècle, sous la menace des invasions barbares, on se vit forcé, pour faciliter la défense, d'abandonner les faubourgs et leurs opulentes villas, de rentrer dans les étroites limites de l'ancienne cité, et d'entourer cet espace restreint d'une ceinture de remparts. L'arc de triomphe de la *porta Basilica* devint une porte fortifiée de la nouvelle enceinte[408]. Cette position était très importante; elle donnait accès à la *via Cæsarea*, l'une des voies les plus notables de la région; elle jouait dans la protection de la ville un rôle capital. Il n'est pas étonnant qu'un palais ait été élevé en ce lieu et compris dans ce système défensif. On connaît ailleurs d'autres exemples analogues: c'est ainsi que la *porta Nigra* de Trèves a été également transformée en palais. Au moyen âge, la tradition s'est conservée, et l'on a, de même, construit des châteaux aux portes des villes: sans quitter Reims, nous pouvons citer la demeure féodale des archevêques, construite au douzième siècle pour commander la porte de Mars[409].

[407] Voy. notre notice sur *Les Portes antiques de Reims*, dans les *Travaux de l'Académie de Reims*, t. LXV (année 1878-79), p. 442 et suiv.

[408] Elle portait aussi le nom de *porta Collaticia*, qui paraît répondre à l'expression de *porte coleïce* dans l'ancienne langue française, et qui désigne une porte munie d'une herse (*ibid.*, p. 444).

[409] Le château de Porte-Mars a été probablement bâti par l'archevêque Henri de France, d'après une chronique citée par Marlot, *Metr. Rem. hist.*, t. II, p. 401.

Des fouilles faites à différentes époques dans les terrains voisins de la porte Basée ont révélé la présence de substructions romaines assez considérables. Quand on a creusé près de la muraille antique les fondations des bâtiments de l'université et du séminaire, on a trouvé des débris de sculpture, des pans de murs incrustés de marbre et des restes de mosaïques[410]. Partout, dans ces environs, les vestiges antiques abondent et décèlent l'existence d'un édifice important.

[410] Tarbé, *Reims*, p. 221.

Mais nous avons mieux que ces documents archéologiques; nous possédons un texte historique d'une authenticité indiscutable, qui nous montre à la porte Basée une demeure encore habitée à l'époque mérovingienne. La Vie de saint Rigobert, archevêque de Reims vers le premier quart du huitième siècle[411], vie écrite antérieurement à Flodoard, nous rapporte que le prélat s'était créé une installation sur le vieux rempart, au-dessus de la porte[412]. Des fenêtres de son logis, il jouissait d'une vue étendue sur les faubourgs, et se plaisait à contempler l'aspect riant des églises qui s'offraient partout aux regards du côté du quartier de Saint-Remi, le long de l'ancienne voie Césarée[413]. Chef et défenseur de la cité, il en gardait les clefs dans cette espèce de maison forte[414], et son biographe nous raconte qu'il interdit un jour l'entrée de la ville à Charles Martel. Avait-il approprié à son usage la vieille construction romaine que l'on suppose avoir existé en cet endroit? Peut-être, et l'on est porté à en reconnaître un reste dans les assises d'un mur en petit appareil qui surmontait encore au dix-septième siècle le sommet ruiné et mutilé de l'arc de triomphe primitif, comme il paraît d'après un dessin exécuté en 1602 par l'habile artiste rémois G. Baussonnet[415].

[411] Il mourut vers 739.

[412] «... Super quam (portam), structis inibi ædibus sibi congruis, almificus manebat Rigobertus...» *Vita S. Rigoberti, AA. SS. Boll.*, janvier, t. I, p. 176.

[413] «Fenestris cœnaculi sui patefactis, eas (basilicas) inde consueverat contemplari.» *Ibid.*

[414] «... Ibique tam hujus quam singularum claves totius urbis portarum apud se reconditas pro tempore servabat.» *Ibid.*

[415] Ce dessin, gravé par Moreau, figure en tête du *Dessein de l'histoire de Reims* par Nicolas Bergier, Reims (1635). On peut consulter aussi des dessins de la porte Basée, exécutés un peu avant sa démolition, en 1751, et conservés aux archives de Reims (Diverses matières, liasse 55, n° 2).

D'autre part, certains indices permettent de supposer que les terrains adjacents à la porte Basée, à l'intérieur de la cité, faisaient partie sous l'empire romain du domaine de la couronne. Nous savons par Flodoard qu'ils continuaient au septième siècle à appartenir au domaine royal. A cette époque, un pieux personnage de haute naissance, Gombert, frère de l'évêque de Reims, saint Nivard, avait fondé en cet endroit un monastère de religieuses en l'honneur de saint Pierre: «... Monasterium in honore sancti Petri construxisse traditur, quod regale vel fiscale vocatur, eo quod in regali potestate usque ad moderna tempora fuerit habitum[416].»

[416] *Hist. Remensis ecclesiæ*, l. IV, ch. XLVI, *Mon. Germ.*, t. XIII, p. 595.— Saint Gombert vivait au VIIe siècle; son frère, saint Nivard, mourut vers 672.

Remarquons en passant que si Gombert a été le fondateur du couvent, rien n'indique qu'il l'ait été aussi de l'église. Il a pu établir ce monastère près d'une chapelle de Saint-Pierre beaucoup plus ancienne, dont le vocable existait longtemps avant lui[417].

[417] Il semblerait résulter d'un passage de la Vie de saint Gombert qu'il a, au contraire, fondé également cette chapelle: «Oratorium... inibi construxit, et in honore sancti Petri consecrans, ex janitore supernæ aulæ fecit patronum ipsius ecclesiæ.» *AA. SS. Boll.*, avril, t. III, p. 623. Mais cette vie, telle que l'ont publiée les Bollandistes, est empruntée aux leçons de l'office du saint, rédigé, suivant Papebroch, après le milieu du dixième siècle; il est permis de croire que l'auteur de ce texte, relativement peu ancien, a pu commettre ici une confusion. Flodoard, au contraire, a utilisé la première vie de saint Gombert, composée vers 800, et aujourd'hui perdue. *Ibid.*, p. 621-622.

C'est à cette chapelle, et non pas, comme l'ont pensé généralement les historiens de Reims, à l'église paroissiale de Saint-Pierre-le-Vieil, que nous rapportons maintenant le legs fait par le testament de saint Remi «ecclesiæ Sancti Petri infra urbem quæ curtis dominica dicitur[418].» Il faut dire que ce passage ne se trouve que dans le grand testament, document interpolé dont l'authenticité est rejetée aujourd'hui par tous les critiques les plus compétents, mais qui nous reporte au moins à l'époque carolingienne, date à laquelle il paraît avoir été fabriqué. L'expression de *curtis dominica*, tout en ne remontant pas d'une façon certaine au temps de saint Remi, est néanmoins fort intéressante et mérite de fixer notre attention. Nous avions jugé d'abord qu'il s'agissait de la demeure de l'évêque et de ses dépendances, mais il est peu vraisemblable que l'on ait désigné ainsi le palais épiscopal. La *curtis* en question est plutôt le domaine du fisc dont parle Flodoard, la propriété royale où s'élevait l'église de Saint-Pierre, à l'intérieur de l'enceinte et près de la muraille, «infra urbem[419].»

[418] Flodoard, *Hist.*, t. I, ch. XIX, *Mon. Germ.*, t. XIII, p. 430.

[419] On trouve l'expression de *Dominica villa* appliquée à un domaine de la couronne, situé près de Reims, dont Louis le Pieux fit don à l'abbaye de Charroux en Poitou, par un diplôme daté de 830: «... in pago Remensi villam qua dicitur Dominica villa.» Elle faisait partie de ses propriétés: «... quasdam res proprietatis nostræ.» C'est aujourd'hui Villedomange (arr. de Reims). Voy. ce diplôme dans le *Rec. des hist. de la France*, t. VI, p. 566.

L'empereur Louis le Pieux fit don de ce monastère de Saint-Pierre à sa fille Alpaïde, épouse du comte Bégon, et celle-ci en transmit la possession à l'église de Reims[420]. C'est sans doute aussi par suite d'une aliénation du domaine royal que les archevêques de Reims étaient devenus propriétaires d'un terrain assez vaste, attenant à la porte Basée et voisin de Saint-Pierre, mais situé de l'autre côté de la grande rue qui aboutissait à cette porte. Ils y avaient une grange et une cense qu'ils ont conservées jusque dans les temps modernes[421]; près de cette grange, l'archevêque Guillaume de Champagne fonda en 1201 un hôpital desservi par les religieux de l'ordre de Saint Antoine[422]. Il est permis de conjecturer que tous ces terrains, qui étaient demeurés, comme le dit Flodoard, «in regali potestate» jusque sous les souverains carolingiens, avaient eu la même destinée à l'époque romaine, et qu'ils avaient pu être compris dans les dépendances du palais construit près de la *porta Basilica*.

[420] «Quod monasterium Ludowicus imperator Alpheidi, filiæ suæ, uxori Begonis comitis, dono dedit... Quod cœnobium postea per precariam ipsius Alpheidis, vel filiorum ejus Letardi et Ebrardi, ad partem et possessionem Remensis devenit ecclesiæ.» Flodoard, *Hist.*, l. IV, ch. XLVI, *Mon. Germ.*, t. XIII, p. 595. Cf. *Vita S. Rigoberti, AA. SS. Boll.*, janvier, t. I, p. 177.

[421] Cette cense a été cédée, en 1551, par le cardinal de Lorraine aux religieuses de l'abbaye de Saint-Pierre-les-Dames (Archives de Reims, G. 25; voy. l'*Inventaire des Archives départementales de la Marne*, série G, t. I, p. 19).

[422] Voy. la charte de cette fondation dans Marlot, *Metr. Remens. hist.*, t. II, p. 449.

La Vie de saint Rigobert, déjà citée, nous fournit de curieux renseignements sur la petite église de Saint-Pierre et sur la situation qu'elle occupait. Elle était contiguë, et peut-être même adossée à la muraille antique, sur la droite de la porte Basée, en sortant de la ville; la chapelle Saint-Patrice du collège des Bons-Enfants lui a succédé plus tard sur le même emplacement, et la position de celle-ci est encore nettement indiquée en divers plans du dix-huitième siècle[423]. Saint Rigobert avait fait ouvrir une porte dans le pignon de l'église Saint-Pierre qui touchait à son logis, et de là, il descendait par des degrés jusque dans le sanctuaire pour y prier Dieu: «... Ostium in pinnaculo ecclesiæ Sancti Petri quæ finitima erat suæ domui, præcepit fieri, per quod in eamdem gradibus adjectis descendebat ad adorandum[424].» Il remontait ensuite et entrait par cette porte dans un oratoire qu'il avait bâti sur le mur de la cité, près de sa maison, et avait dédié à l'archange saint Michel: «... indeque revertens per hoc ipsum intrabat in oratorium quod juxta domum suam fecerat super civitatis murum, dedicavitque in memoriam sancti Michaelis archangeli[425].» Le comte Bégon, gendre de Louis le Pieux, fit détruire cet oratoire, parce qu'il masquait la fenêtre de l'église, et lui enlevait du jour[426].

En lisant ces descriptions, on ne peut s'empêcher de songer au récit d'Hincmar, et de rapprocher l'*oratorium Sancti Petri* qui tenait, suivant cet auteur, à la chambre de Clovis, «cubiculo regis contiguum», de l'église ou chapelle Saint-Pierre, voisine de la demeure de saint Rigobert, «quæ finitima erat suæ domui.» Il est vrai, la chapelle Saint-Pierre du palais épiscopal se présentait un peu dans les mêmes conditions; mais les diverses raisons que nous venons de passer en revue sont plutôt en faveur du séjour de Clovis dans le palais de la porte Basée, la *domus regia* distincte de la *domus episcopi*.

[423] On peut consulter en particulier un plan de la seigneurie de l'abbaye de Saint-Pierre en la ville de Reims et des lieux voisins, copie faite en 1776 d'après un plan de 1754 (Archives de Reims, fonds de l'abbaye de Saint-Pierre).

[424] *AA. SS. Boll.*, t. I, p. 176.

[425] *Ibid.*

[426] «Bego hoc oratorium dirui jussit, considerans quod præ altitudine sui, quasi quodam umbraculo obnubebat prædictæ ecclesiæ fenestram, sed potius quia quadam die caput suum in superliminari ejusdem ostioli graviter eliserit, eo quod statura fuerit procerus.» *Ibid.*, p. 177.

Cette dernière opinion permet aussi d'écarter une difficulté que l'on avait soulevée au sujet de la proximité du palais de l'évêque et du baptistère de la cathédrale où Clovis reçut le baptême. D'après la *Vita Remigii* d'Hincmar, saint Remi et Clovis se seraient rendus en grande pompe du palais au baptistère, au milieu des hymnes et des cantiques, à travers les rues somptueusement décorées[427]. Pour qu'une telle procession ait pu avoir lieu, il faut supposer une certaine distance entre le point de départ et le lieu d'arrivée, condition qui ne se trouve point réalisée, si l'on admet un baptistère voisin de la cathédrale, et par conséquent trop rapproché du palais[428]. On peut répondre, il est vrai, que le récit d'Hincmar n'a pas la valeur d'une source originale. Toute sa narration est empruntée, en substance, à Grégoire de Tours par l'intermédiaire des *Gesta Francorum*[429]; il y a seulement ajouté des traits légendaires et des développements de pure imagination[430]. Il ne peut donc fournir la matière d'une objection sérieuse. Mais le récit de Grégoire de Tours mérite plus d'égards, et s'il ne parle pas expressément d'un cortège, les termes dont il se sert paraissent du moins y faire allusion. Il nous représente la ville en fête, les grandes rues et les églises richement pavoisées: «Velis depictis adumbrantur plateæ, ecclesiæ cortinis albentibus adornantur[431].» Ces décorations ont dû être faites sur le passage de Clovis; or, entre l'évêché et le baptistère, il n'y avait pas de place suffisante pour qu'un cortège pût se déployer; on n'avait qu'un faible espace à franchir, et l'on ne rencontrait sur son chemin ni ces rues, ni ces églises qui avaient pris une si brillante parure. Au contraire, si l'on admet que le roi des Francs, avec sa suite, est parti de son palais, de la *domus regia* de la porte Basée, en suivant, pour gagner la cathédrale, la grande rue qui conduisait jusqu'au centre de la cité, alors tout s'explique, la cérémonie s'accomplit d'une façon très naturelle, la procession peut être admise et n'est plus l'objet d'aucune discussion[432].

[427] «Eundi via ad baptisterium a domo regia præparatur, velisque atque cortinis depictis ex utraque parte prætenditur et desuper adumbratur. Plateæ sternuntur et ecclesiæ componuntur... Sicque, præcedentibus sacrosanctis evangeliis et crucibus, cum ymnis et canticis spiritalibus atque letaniis, sanctorumque nominibus acclamatis, sanctus pontifex, manum tenens regis, a domo regia pergit ad baptisterium, subsequente regina et populo.» Ch. IV, 62, *AA. SS. Boll.*, octobre, t. I, p. 146. Flodoard n'a fait que copier ce passage, *Hist.*, l. I, ch. XIII.

[428] Notice sur le *Baptême de Clovis*, par M. le chanoine Cerf (1891), p. 6 et suiv.

[429] H. Schrörs, *Hinkmar Erzbischof von Reims*, p. 448.

[430] Pour ce qui concerne le récit de la cérémonie; quant au lieu de la résidence de Clovis et à l'oratoire de Saint-Pierre, il paraît, comme nous l'avons dit, s'inspirer de traditions locales.

[431] *Hist. Francorum*, l. II, ch. XXXI.

[432] Le P. Jubaru, *l. cit.*, p. 316-317.

Nous avons attribué plus haut à l'église de la porte Basée, et non à la chapelle du palais, le legs fait dans le grand testament de saint Remi «ecclesiæ Sancti Petri infra urbem.» C'est à elle aussi que nous assignons le legs de trois sous d'or fait au septième siècle par l'évêque Sonnace «ad basilicam Sancti Petri in civitate[433],» et le don de l'évêque Landon à l'église «Sancti Petri *ad cortem*[434].» Cette *cortis* est bien incontestablement la *curtis dominica* nommée dans le grand testament.

[433] Flodoard, *Hist.*, l. II, ch. V, *Mon. Germ.*, t. XIII, p. 454.

[434] *Ibid.*, l. II, ch. VI, *Mon. Germ.*, t. XIII, p. 455.—L'évêque Sonnace, mourut le 20 octobre 631, et Landon le 14 mars 649.

Il faut aussi sans doute identifier avec cette église l'«ecclesia Sancti Petri quæ est infra muros urbis Remensis» de la Vie de sainte Clotilde[435]. Peut-être cependant, à la date assez tardive où écrivait l'auteur de cette vie, s'était-il déjà produit avec l'église Saint-Pierre-le-Vieil une confusion que nous verrons prendre corps à une époque plus avancée du moyen âge.

[435] *Mon. Germ.*, *Scriptores rerum merovingicarum*, t. II; *Rec. des hist. de la France*, t. III, p. 401.

La multiplicité des églises et des chapelles consacrées à saint Pierre, qui existaient jadis à Reims, en rend souvent la distinction très difficile. Ainsi, quand l'auteur de la *Vita sancti Gildardi*, composée vers le dixième siècle et récemment mise en lumière par les Bollandistes[436], parle de la «basilica Sancti Petri *quæ nunc dicitur ad palatium*», nous ne saurions dire au juste quel édifice il a en vue. En raison de la date de ce texte, nous inclinons à croire qu'il s'agit ici de la chapelle du palais de l'archevêché.

[436] *Analecta Boll.*, t. VIII, p. 397.

A la fin de la période carolingienne, il s'est produit une opinion qui voulait associer au récit du baptême de Clovis le souvenir d'une ancienne église dédiée à saint Pierre. Elle n'a aucune valeur traditionnelle et est née d'une méprise qui s'est manifestée postérieurement à Hincmar. Ni Grégoire de Tours ni Hincmar ne laissent supposer que Clovis ait été baptisé dans une basilique de Saint-Pierre. Hincmar nous représente seulement, ainsi que nous l'avons vu, Clovis, à la veille de son baptême, conférant avec saint Remi dans l'«*oratorium Sancti Petri*», contigu à ses appartements. Ce passage a été la source de toute l'erreur. On a retenu vaguement, un peu plus tard, ce nom de saint Pierre; on en a exagéré la portée, et l'on en a fait à tort l'application au lieu du baptême de Clovis. Et l'auteur de la Vie de sainte Clotilde, par exemple, est venu nous dire que la pieuse reine avait une grande prédilection pour l'église de Saint-Pierre, parce que son époux y avait reçu la grâce du baptême: «*Hanc itaque ecclesiam cunctis diebus quibus advixit, multum dilexit et excoluit, pro eo quod vel suus rex Ludovicus in ea sancti baptismatis gratiam accepit*[437].» Il se fait ici évidemment l'écho, non d'une tradition sérieuse, mais d'une conjecture erronée. Au reste, cette Vie de sainte Clotilde n'est qu'une compilation sans caractère original, rédigée vers le dixième siècle[438]. Un autre ouvrage, qui est à peu près du même temps et n'a pas plus d'autorité au point de vue historique, la Vie de saint Gildard, semble placer aussi la cérémonie du baptême dans la «*basilica Sancti Petri*[439].» On aurait tort d'attribuer quelque importance à ces deux textes; ils ne prouvent rien, sinon qu'il s'était produit sur ce point, au dixième siècle, une croyance absolument fausse.

[437] *Ibid.*

[438] B. Krusch, *Script. rerum merov.*, t. II, p. 341.

[439] «... In civitatem Remorum venientes, in basilica Sancti Petri, quæ nunc dicitur ad palatium, missas celebraverunt, et ea quæ Dei sunt agentes, beatus Remedius regem baptizavit, et de sacro fonte illum beatus Medardus suscepit.» *Analecta Boll.*, t. VIII, p. 397.

L'idée du baptême de Clovis dans l'église de Saint-Pierre une fois admise, il s'est formé,—et cela dès le moyen âge,—un courant d'opinion en faveur de l'église paroissiale de Saint-Pierre-le-Vieil. Un chanoine de Reims, du dix-septième siècle, Pierre Cocquault, dans un vaste recueil historique dont le manuscrit est aujourd'hui conservé à la bibliothèque de cette ville, nous révèle à ce sujet un détail assez curieux. En l'année 1486, les paroissiens de Saint-Pierre-le-Vieil faisaient courir le bruit que Clovis avait été baptisé dans leur église. «Le 22 novembre, ajoute notre chroniqueur, leur fut imposé silence comme estant chose non véritable, car Clovis fut baptisé à l'église de Reims.» Et il fait observer, en s'appuyant sur le vocable de saint Pierre, conservé de son temps à la chapelle basse de l'archevêché, que l'*oratorium Sancti Petri*, indiqué par Hincmar, était dans le palais de l'évêque et à proximité de l'église cathédrale[440].

[440] «Les parrochians de l'église de Saint Pierre le Vielle de Reims faissoient courir un bruict contre toutes apparences de vérité, que la Sainte Ampoule avoit esté aultrefois en ceste paroisse, et que Clovis, premier roy de France chrestien, y avoit esté baptissé et coronné roy de France. Le 22 novembre leur fut imposé silence comme estant chose non véritable, car Clovis fut baptissé à l'église de Reims, et en ce lieu la Sainte Ampoule y fut apportée à saint Remy.» *Chronique de Pierre Cocquault*, t. IV, fol. 75 v°.

Ainsi tout ce que l'on a dit de Saint-Pierre-le-Vieil, à propos du baptême de Clovis, est inexact, et l'on doit, en la question, mettre cette église complètement à l'écart. Nous ignorons, du reste, entièrement son origine et le temps de sa fondation. L'épithète de *Vieil* (Sancti Petri Veteris) lui a été appliquée de bonne heure: on la trouve dès le douzième siècle[441]; mais la vieillesse d'un monument est une chose relative, et l'on se tromperait peut-être en assignant à notre église une date trop reculée. En tout cas, nous ne voyons dans Flodoard aucune mention qui puisse lui être rattachée avec certitude. Les plus anciens documents qui la concernent ne nous permettent pas de remonter au delà du douzième siècle. En 1172, on y établit une confrérie, dite de Saint-Pierre-aux-Clercs, dont les titres originaux furent brûlés en 1330, dans un grand incendie qui consuma plusieurs maisons de la ville[442]. Par suite de cet événement, la série des pièces comprenant l'ancien chartrier de l'église Saint-Pierre ne s'ouvre plus qu'au quatorzième siècle, et encore les pièces de cette dernière date sont-elles rares, car ce fonds, tel qu'il existe maintenant aux archives de Reims, offre bien des lacunes. Les matériaux dont nous disposons sont donc insuffisants pour reconstituer toute l'histoire de cette paroisse, et surtout pour éclaircir le mystère de son origine.

[441] Ordinaire de l'église de Reims du douzième siècle, Ul. Chevalier, *Bibliothèque liturgique*, t. VII, p. 298-299; cf. une charte du 4 février 1259, citée dans Varin, *Archives administratives de Reims*, t. I, p. 788.

[442] Archives de Reims, fonds de la paroisse Saint-Pierre, Inventaire des titres et papiers de la confrérie du Saint-Nom-de-Jésus et de Saint-Pierre-aux-Clercs, 1724, p. 9 à 11.

Nous savons qu'on a parlé aussi d'une prétendue fondation, faite par saint Remi en l'église Saint-Pierre-le-Vieil; mais c'est une simple conjecture, sans aucun fondement, ainsi que Marlot l'a fort bien vu en son histoire de Reims: «On tient, dit-il, que cette église servit autrefois d'un monastère où saint Remy logea quarante vefves, dont il est parlé en la vie de saint Thierry, et qu'elle devint paroisse, lorsque ces vefves furent transférées à Sainte-Agnès; mais... Floard ne dit rien de tout cela[443].» Flodoard, effectivement, garde sur ce point un silence complet, et la Vie de saint Thierry ne dit rien non plus qui autorise cette supposition. Nous sommes encore en présence d'une de ces fausses légendes dont on a encombré les histoires locales, et qu'il appartient à la critique d'éliminer.

[443] *Histoire de la ville, cité et université de Reims*, t. I, p. 689.

Pour en revenir à Clovis, il est certain qu'aucune église de Saint-Pierre n'a été témoin de son baptême, et que les traditions invoquées en faveur de cette opinion n'ont rien d'historique. Ainsi s'écroulent par la base toutes les raisons accumulées pour démontrer que la cérémonie a eu lieu dans un baptistère situé près de l'ancienne cathédrale, dédiée aux Apôtres, et devenue plus tard l'église Saint-Symphorien[444]. Cette opinion s'appuie surtout sur les passages précédemment cités des Vies de saint Gildard et de sainte Clotilde; c'est là un étai bien fragile, sur lequel on ne peut se reposer en sécurité. On pourrait observer au surplus que le vocable des Apôtres n'est pas tout à fait identique au vocable de saint Pierre; mais à quoi bon, puisqu'il ne doit plus être question ici de saint Pierre lui-même?

[444] Voy. la notice de M. le chanoine Cerf sur le *Baptême de Clovis*, p. 16 et suiv.

Clovis n'a pas été baptisé davantage dans l'église de Saint-Martin de Reims, ainsi que l'a supposé Adrien de Valois[445], pour expliquer une allusion de la lettre de saint Nizier, dont nous avons parlé plus haut, et d'après laquelle Clovis, décidé à embrasser la foi chrétienne, se serait rendu «ad limina domini Martini[446]». Cette expression ne peut assurément désigner autre chose que la basilique de Saint-Martin de Tours, qui reçut, en effet, une visite solennelle du roi des Francs[447].

[445] *AA. SS. Boll.*, octobre, t. I, p. 82. Cf. Krusch, *Zwei Heiligenleben des Jonas von Susa*, p. 443.

[446] Voy. ci-dessus.

[447] En l'année 508, au retour de sa campagne contre les Visigoths, Grégoire de Tours, *Hist. Francorum*, l. II, chap. XXXVII et XXXVIII.

Ainsi ces diverses solutions doivent être écartées, et Clovis, suivant toute vraisemblance, a reçu le baptême dans un baptistère attenant à la cathédrale qui existait de son temps, à celle que saint Nicaise avait bâtie en l'honneur de la sainte Vierge[448]. Il n'y avait alors sans doute à Reims, comme dans les autres villes épiscopales, qu'un seul baptistère, où l'évêque administrait le sacrement à des époques déterminées[449]. C'est bien là le *templum baptisterii*, désigné par Grégoire de Tours dans son récit de la conversion de Clovis[450]. Toutes les présomptions sont en faveur de cette assertion; pour la combattre, il faudrait avoir des preuves, or on n'en découvre nulle part.

[448] Il ne serait pas impossible, à la rigueur, que l'on ait conservé alors un baptistère dépendant de la cathédrale antérieure, celle qui était dédiée aux Apôtres; mais il était plus naturel qu'en construisant une nouvelle cathédrale, au commencement du cinquième siècle, on lui eût annexé un nouveau baptistère.

[449] Martigny, *Dict. des antiquités chrétiennes*, p. 74.

[450] *Hist. Francorum*, t. II, chap. XXXI.

Du reste, cette opinion avait déjà cours au neuvième siècle, Louis le Pieux, dans un diplôme donné à l'archevêque Ebbon, entre les années 817 et 825[451], pour lui permettre d'employer les pierres des murs de Reims à la reconstruction de la cathédrale, rappelle que Clovis, son prédécesseur, a été dans cette église régénéré par le baptême[452]. Nous n'insistons pas, bien entendu, sur un témoignage aussi tardif, et nous ne lui attribuons aucune force probante; nous nous bornons à reconnaître que, malgré les divergences qui allaient bientôt se manifester, la vérité historique avait dès lors reçu une sorte de consécration officielle.

[451] Telle est la date assignée par Sickel, *Acta Karolin.*, II, p. 150 et 330.

[452] «... Metropolis urbis sancta mater nostra ecclesia, in honore sanctæ semperque virginis ac [Dei] genitricis Mariæ consecrata,... in qua, auctore Deo et cooperante sancto Remigio, gens nostra Francorum, cum æquivoco nostro rege ejusdem gentis, sacri fontis baptismate ablui... promeruit.» Flodoard, *Hist.*, l. II, chap. XIX, *Mon. Germ.*, t. XIII, p. 469.

Il nous reste à rechercher en quel endroit au juste s'élevait le baptistère. Deux textes peuvent nous fournir quelques indices à ce sujet. On lit dans une continuation de la chronique de Flodoard que l'archevêque Adalbéron fit détruire, en l'année 976, un ouvrage muni d'arcades, qui était voisin des portes de l'église de Notre-Dame de Reims, et près duquel se trouvait un autel dédié au Saint Sauveur, et des fonts d'un admirable travail: «Destruxit

Adalbero arcuatum opus quod erat secus valvas ecclesiæ Sanctæ Mariæ Remensis, supra quod altare Sancti Salvatoris habebatur, et fontes miro opere erant positi.» Ce passage semble bien s'appliquer à un baptistère primitif, construction isolée, située en dehors et à proximité de l'entrée de l'église, et telle a été l'interprétation adoptée par Marlot[453]. Mais Richer, en rapportant le même fait dans sa chronique, se sert de termes assez obscurs, qui viennent compliquer un peu la question. Il nous parle d'arcades élevées qui s'avançaient depuis l'entrée jusqu'au quart environ de la basilique entière, et que l'archevêque fit démolir pour donner à celle-ci plus d'ampleur: «Fornices qui ab ecclesiæ introitu per quartam pene totius basilicæ partem eminenti structura distendebantur, penitus diruit. Unde et ampliori receptaculo et digniore scemate tota ecclesia decorata est[454].» On pourrait croire, en lisant ces lignes, qu'il s'agit d'une construction intérieure qui encombrait l'église, d'une tribune peut-être, ainsi que le pensait Jules Quicherat[455]. A vrai dire, on ne se représente guère ce que pouvait être une semblable disposition, et l'explication est en somme peu satisfaisante. Le P. Jubaru, dans l'article déjà cité[456], émet à ce sujet d'autres vues qui nous semblent fort justes, et qui concilient très bien les données fournies par nos deux chroniqueurs. Nous croyons qu'il a eu le mérite de découvrir la vraie solution du problème.

[453] *Metr. Remens. hist.*, t. I, p. 160.

[454] L. III, ch. XXII.

[455] *Mélanges d'archéologie, moyen âge*, p. 133.

[456] P. 301 à 310.

La cathédrale bâtie par saint Nicaise, celle qu'a vue Clovis, avait des dimensions restreintes dont on peut se faire aujourd'hui encore une idée assez exacte. On a conjecturé non sans raison que l'autel, situé dans l'abside, devait être à la place qu'occupe maintenant le maître-autel de la cathédrale actuelle[457]. La tradition a gardé aussi un souvenir précis de l'endroit où s'ouvrait la porte de la basilique. C'était là, sur le seuil même, que saint Nicaise avait été massacré par les Vandales, et le lieu de son martyre était resté l'objet d'une vénération non interrompue à travers les âges. Ce lieu correspond à la sixième travée de notre cathédrale à partir du portail; au treizième siècle, il était indiqué par un petit monument commémoratif; une dalle de marbre le désigne de nos jours à la piété des fidèles. Le P. Jubaru pense que la basilique primitive, suivant l'usage du temps, était précédée d'un atrium, parvis carré entouré de portiques; au milieu de ce parvis ou sur l'un des côtés s'élevait l'édicule du baptistère[458]. D'après lui, l'église reconstruite par Ebbon et achevée par Hincmar au neuvième siècle, aurait été prolongée vers le chœur, mais la façade n'aurait pas changé de place, et l'atrium ancien, ainsi que le baptistère, aurait été respecté. Leur destruction a été l'œuvre d'Adalbéron; l'*arcuatum opus*, l'ouvrage garni d'arcades qu'il démolit, doit s'entendre des galeries cintrées du portique qui régnait autour du parvis. Avec ce portique, il supprima le baptistère qui renfermait l'autel du Saint Sauveur et les fonts, sans doute richement décorés de marbres et de mosaïques, dont on admirait le beau travail. La préposition *supra*, employée ici par le continuateur de Flodoard, n'a pas évidemment son sens habituel; on ne comprend pas comment l'autel et les fonts auraient pu être superposés à l'*arcuatum opus*. *Supra*, dans le latin du moyen âge, indique souvent la juxtaposition, le voisinage immédiat; c'est ainsi qu'on doit l'interpréter dans notre texte; il exprime la contiguïté du baptistère aux arcades de l'atrium[459].

[457] Tourneur, *Description historique et archéologique de N.-D. de Reims* (1889), p. 94.

[458] P. 304 et 308. C'est la disposition qu'a conservée jusqu'à nos jours l'antique basilique de Parenzo en Istrie.

[459] P. 308.

Ces arcades, Adalbéron les sacrifia pour augmenter de ce côté la nef de la cathédrale et la rendre plus imposante,—«ampliori receptaculo decorata.» Elles commençaient alors près de l'entrée de l'église, et se développaient sur le quart environ de la longueur totale de la basilique, c'est-à-dire en y comprenant le parvis. Telles devaient être, en effet, à peu près les dimensions de cet atrium. Ainsi s'explique le texte de Richer qui devient plus intelligible, si on en fait l'application, non pas uniquement au vaisseau intérieur de l'église, mais en même temps à la place close qui la précédait au dehors.

De l'hypothèse que nous venons d'exposer à la suite du P. Jubaru, il résulte que l'emplacement de l'ancien atrium de l'église contemporaine de Clovis peut être représenté dans la cathédrale actuelle par une surface carrée qui s'étendrait au milieu de la nef, à partir de la dalle qui rappelle le martyre de saint Nicaise. C'est dans cet espace restreint, mais en un point indéterminé, que s'élevait le baptistère de Clovis. On connaît donc, à quelques mètres près, ce lieu mémorable, auquel s'attachent de si grands souvenirs. Peut-on espérer encore davantage et compter sur une découverte imprévue ou sur d'heureuses fouilles qui nous montreraient les substructions du vénérable édifice? Le sol de la cathédrale a été si remanié que nous n'osons prédire cette joie aux archéologues de l'avenir.

L. DEMAISON.

Milton Keynes UK
Ingram Content Group UK Ltd.
UKHW010709240424
441619UK00004B/384